U0957858

教育部“新世纪优秀人才支持计划”（2013）资助项目成果
教育部人文社会科学研究项目“中国共产党国际传播思想研究”（项目编号：13YJA860028）研究成果

软力量丛书
UNIVERSITY
THINK TANK UNION

教 育 部 人 文 社 科 重 点 研 究 基 地 智 库 联 合 体

胡正荣 丛书主编

IDEAS FOR INTERNATIONAL COMMUNICATION

国际传播

思想谱系与实践迷思

张毓强◎著

中国传媒大学出版社
·北京·

知识生产、社会转型与中国“形”“像”

(代序)

> 提升国家形象似乎陷入了一个窘境——越想说自己好,越想表现自己,在传播中越是努力往好的方向说,越是加大对国际传播的投入,国家形象的“提升”越困难。

进入21世纪以来,关于国家形象宣传的争论此起彼伏。而提升国家形象似乎陷入了一个窘境——这个国家或民族越想说自己好,越想表现自己,在传播中越是努力往好的方向说,越是加大对国际传播的投人,国家形象的“提升”越困难,甚至出现了“倒退”。牵涉到国家相关部门、主要媒体机构等方面的工作似乎也因此饱受诟病。问题在哪里?

中国对于国家和民族形象的关注始自20世纪90年代。彼时,苏联解体,世界两极格局瓦解,全球化如一匹脱缰的野马,在知识经济的支撑下迅速推进。几乎在同时,中国逐渐摆脱政治风波的阴影,诚心拥抱世界。改革开放的深化犹如一支强力兴奋剂,使得整个国家和民族在提升实力的道路上狂奔。在经济快速发展的过程中,我国的自我认知与全球的他者认知之间却出现了巨大鸿沟。这种鸿沟所带来的直接问题体现于中国国际交往的各种领域,如“市场经济国家”认定问题,“国家主权与人权”关系之争等。其在社会表层的体现,则是“国家形象”问题的提出。

经济的发展带来的启蒙意识,首先在知识分子尤其是媒体从业者中引发了关于国际“负面”报道所带来的“妖魔化中国”的争论。在过去10年中,这一话题逐渐成为新闻传播学、政治学、外交学、文学等各个领域的焦点话题。而党和政府也逐渐弃用“对外宣传”“舆论斗争”的纯粹意识形态话语，并向“国家形象”“软实力”“公共外交”等话语转变。

上述所有问题的提出，主要是基于对国家“像”的研究，也就是外国媒体、受众如何看待中国的问题。这种研究往往以媒体报道和社会调查为依据展开，具有一定的科学性。如美国佩尤调查公司、英国广播公司以及国内各种层面的调查公司所做的调查确实提供了很多参考依据。但是，且不论这种研究方法的利弊，仅是调查的受众范围及对熊猫、功夫等问题的设定就有先天的局限性。即使将其做到极致，也未必能够全面反映这个千变万化的动态的“像”。

所谓“形”，核心问题是主体的自我认知。自20世纪90年代以来，社会转型给中国带来了巨变，主体的自我认知一直在不断变化中。近年来，国学兴盛，我们力图在老祖宗的话语中寻求自我认知，但在“和”字之外，也没有找到更多可以使用的现代传播话语。在主流意识形态的描述中，在社会主义核心价值的表述中，在国家与民族精神的提炼中，似乎也难见精准、具有共识性的话语表达。

自我认知的不定性带来了诸多的问题。从国家的外交战略制定、国家传播战略的制定，到新闻传播实践性话语表达都出现了些许尴尬和困窘。如在传播的内容选择中，“以正面为主”的方针在具体执行过程中遇到了一些困难。主流国际传播媒介机构在全力扩张的过程中，内容选择缺乏标准和核心的话题体系支撑；媒介从业人员在被要求以适合于国际传播语境的词汇描述中国时不得要领，往往选择“和谐社会”“和”甚至是“熊猫”“功夫”等政治话语和具象性词汇。

如果说冷战时期，大家所获得的信息更多地来自各个国家的立场不同的媒体，更多地看“像”；那么在信息全球化的时代中，作为国际关系主要行为体的国家，“遁形”更难，因此“形”则成为更重要的问题。相比于对“像”的完美需求，我们更需要“形”的完善及对其认知的清晰化。中国传统文化认为“大音希声，大象无形”，因此，以更为民主、开放的心态处理好中国现阶段的社会矛盾和问题，是更为现实和可取的路径。

当前中国的国家形象面临困境的一个重要缘由是社会转型期诚信缺

失、道德滑坡等带来的一系列社会矛盾。而社会转型带来的问题远不止于此。国际媒体对于“人咬狗”新闻的偏好导致我国媒体更多是被动应付,主动性传播则成为国际传播实践领域的短板。我们应以更为成熟的心态面对国际社会和国际媒体的“非议”。

我们是一个如此爱好和平及“爱面子”的民族,甚至不惜以屡屡放弃国际权利的方式换取一个相对平和的发展环境和友好的他者认知。殊不知,“形”中的妥协与退让会被西方媒体如何解读呢?“韬光养晦”都被用作中国威胁论的注脚时,我们又如何去讲述更为深刻的“和”的哲理呢?美国多年来一直是国际媒体非议的主要对象,美国政府虽然重视所谓的“公共外交”,但往往是在可能影响国家形象的重要问题上,至于国际舆论,常常是不理不睬,特立独行。

处于转型期的中国社会和中国政府,需要以更为稳健、成熟的心态面对国际社会的是是非非,面对国际媒体的“负面”偏好,而不是急于争辩,急于表现,急于澄清。

目 录

第一编 国家形象的迷思

第二编 国际传播研究:思想谱系与实践路径

第三编　公共外交的理论与实践反思

第一编

国家形象的迷思

国家形象——一个概念及其存在的前提

20世纪90年代初,冷战的结束标志着一个时代的结束和另一个时代的开始。在之后的十几年中,国际关系和国际传播领域都发生了翻天覆地的变化。全球化的深入发展以及国际社会秩序的日益进步,使得每一个国家在这个世界上的责任意识和角色意识日益增强。国际关系学界和国际传播学界的很多学者注意到了日益突出的国家形象问题。

一、国家形象的内涵

在对国家形象概念进行界定时,由于研究角度不同,界定层面也不同,学者们对此概念没有一个统一的认识。但是各个定义之间并非完全剥离,若仔细品味,便能品出其中内在的与必然的联系。

徐小鸽教授提到的国家形象,向我们透露出这样的信息:首先,当今时代,国际传播产品的生产和传播已经进入一个数字流动状态。在这种流动状态中,国家形象不断发生变化。新技术革命带来的传播技术的提高,从信息工业的跃进到媒介产业的发展,足以证明传播对现代社会的渗透是一种工业化的生产方式。不断地生产信息,不断地推进信息循环,再不断地生成新的信息。在信息流中,国家形象得以逐渐形成。其次,一国的国家形象与他国的传播媒体有着必然的联系,并受其影响和制约。虽然世界已经进入"媒介全球化"的神话时代,但是,由于民族国家的存在以及各国之间的利益冲突,全球化过程中凸现出来的传播问题明显地带有国家和民族色彩,并受到国家和民族利益的制约。因此，在进行“国家形象”研究时，必须考虑国际传媒的影响。

李寿源教授的定义强调国家形象是国际社会对于作为整体的国家行为的一种反馈。国家在世界舞台和国际环境中通过自己的行为表现，在特定环境产生了特定的影响，并最终形成舆论反馈。如果把国家看作一个物质的综合体，那么这一综合体便会形成信息源，并发出信息，经过一系列传播和反馈过程，最终形成国家形象。

杨伟芬教授更加注重对传播结果和国家形象状态的研究。她强调了几个基本的概念，首先，国家形象的评价体系来自国际社会公众；其次，他们根据自己得到的信息，会对一国行为做出自己的判断和评价，而各种判断和评价综合在一起便形成了一国的国家形象；最后，国家形象作为一种“总体评价”具有一定的稳定性。也就是说，新的信息到来之后，总要和原有的信息进行结合，如果方向一致，则会对原有的信息和国家形象进行加固；而反向信息则要和原有的信息和国家形象产生对抗，这种对抗的结果便是形成新的国家形象。

张桂珍教授从综合国力的角度对国家形象进行了界定。实质上，国家形象的传播很大程度上建立在一国的综合国力基础之上，而国家形象实质上也是综合国力的反映。

综合考察学者们对于国家形象的定义，虽然其方向各异，侧重点不同，但是大家的概念普遍都涉及这样几点：

第一，大家都承认国家形象研究的对象是“主权国家”或者说是近代“民族国家”的形象。

第二，离开了外部环境，国家形象的传播就无从谈起。也就是说，大家都认为国家形象的外向性是在全球化背景下讨论的一个概念。

第三，国家形象是国家综合国力的反映，并构成了综合国力的一个部分，也就是承认国家形象的物质本源性。

于是，国家形象的物质本源性决定了国家运动所发出的基本信息。基于研究的需要，笔者试图把“国家”抽象出来，将其看作一个运动的整体，则国家形象的形成过程与普通物质形象的形成过程具有了某些相似性。

结合以上对于国家形象的界定分析以及国际关系研究中的系统论观点，笔者试将国家形象定义为：一个“主权国家系统”在运动过程中发出的信息被公众[1]映像后，在特定条件下通过特定媒介（medium）的输出。在上述背景之下，民族国家的国家形象在不同层面、不同种类因素的制约和影响下进行传播。每一个国家的国家形象的具体传播过程和影响因素在微观层面上有所不同，但是其基本影响因素和总体过程是相似的。

二、国家形象的外延

无论是在政治学还是在传播学意义上，考察国家形象都需要对国家和国家形象的基本特点予以认定，否则相关的研究可能会变得没有边际或者无据可依。这里，笔者试图通过对经典政治学中国家概念的特点以及信息时代国家概念的特点变化的考察，来透视国家形象研究的背景与大环境。

之所以要从国家形象研究的角度重新审视国家这一概念，是基于以下三方面原因：

第一，国家形象研究跨越政治学、传播学等多个领域，仅仅利用经典政治学中国家的概念不足以解释国家形象研究中的诸多现象和问题。

第二，国家形象问题的出现具有特殊的历史背景。从很大程度上说，它是随着全球化的推进，在传播国际化和信息全球化的背景下才成为一个问题被提出来的。传统政治学中的一些基本概念，如国家主权、利益、行为等，都为国际传播因素所表征。在信息化时代，国际社会中直接“交手对抗”的很大程度上是这些表征因素。一个近于虚拟的“星球大战”计划让冷战中的苏联为军备竞赛而拼命就是一个典型的例子。

第三，全球化背景给国家形象问题研究提供了足够的素材，这同样昭示着在此背景之下，“国家”这一概念在国际政治层面和国际传播层面上都发生了重要变化。所以，有必要在新的形势下探讨国家概念的基本特点。

因此，国家形象研究不能脱离以下几个基本前提：一是威斯特伐利亚体系确立的现代民族国家的基本原则；二是政治经济全球化的大背景；三是信

① 这里，“公众”的概念是广义的，包括国际社会中民族、国家、国际组织、国际受众个体等在内。

息传媒全球化的背景；四是国际体系制度化背景下的国家。这几个前提构成了国家形象研究中的背景因素。

（一）国家形象研究的前提是民族国家的统一性和国民文化的同质性

在近代民族国家出现以前，传统政治学意义上的国家有四个基本特征——定居的居民、确定的领土、政府和主权，随着国家形态的变化逐渐成型。1648年威斯特伐利亚和约的签订标志着近代国际关系史的开始，“在欧洲，近代民族国家已经普遍形成”①。在此后的300多年中，民族国家成为国际关系中最重要的行为主体。

在民族国家确立，以及民族国家体系形成之后，国与国之间精确的疆界才逐渐固定下来。在一定的领土范围内，统治者能够利用军队以及其他暴力手段建立受到法律制约的权力机构，在固定的区域内享有最高的管理权限。此后，国家通常宣布自己的统治代表了国民的需要、意愿和利益，因而拥有统治的合法性。随着时代的变迁，统治者借以证明这种合法性的方式和方法不断发生变化。这种合法化的过程逐渐和民族意识切合起来。

在这个过程中，由于“自欧洲中世纪晚期以来建立的民族国家成为普遍的历史趋势，‘民族’一词逐渐地成为‘民族国家’一词的同义语”②，作为一般社会群体意识共同特征的民族族群意识实际上和一国的国家意识统一了起来。因而，民族国家并不单单是拥有一定领土、一定居民的政治实体，而是具有同一语言、同一文化的稳定的人类共同体。国民文化同质性③成为民族和民族国家趋向同一的基本表征。国民文化的同质性和国家的统一性，“就是国民对于国家的文化、政治的普遍认同”④意识构成了民族国家的本质内容。

只有统一的民族国家以及其国民文化的同质性确立之后，不同国家个体之间的认同才成为一个必要的问题，而这也是国家形象问题存在的前提。

---

① 王绳祖.国际关系史（十卷）本：第一卷［M］.北京：世界知识出版社，1995：9.
② 宁骚.民族与国家［M］.北京：北京大学出版社，1995：85.
③ 同②277.
④ 同②269.

在这个意义上，我们把国家形象研究中的国家界定为现代民族国家。第二次世界大战以后，民族国家成为国际社会的主要行为体。也只有在这个时候，战争的进行、传播学的发展、全球化的深入发展以及初露端倪的信息全球化使国家形象逐渐被作为一个问题提了出来。

（二）全球化背景下的国家

全球化背景下的国家具有以下两个基本特点：

其一，国家之间在政治、经济等方面的联系日益加强，因而，彼此在对方国民中的形象合法化成为一个重要议题。

民族国家的世界秩序的确立和稳定也依赖于各个民族国家的相互承认。“任何个别国家恰好不是产生于自己的主权，而是产生于所有其他国家对领土国家世界秩序的确认，以及在此范围内对该国家的承认。”①由于国家间交往日益密切，就有必要让个别国家的身份得到其他国家的承认。只有在此基础上，才能组织国家之间的贸易、交通和交流。

以 1492 年哥伦布远航美洲为标志的 15 世纪的地理大发现，强烈刺激了早期资本主义国家的商品和资本输出，促进了世界贸易，拓展了世界市场，从而揭开了全球化的序幕。18 世纪的工业革命，不仅全面启动了现代化进程，同时也加快了资本主义生产方式挺进世界的步伐。到 19 世纪末，世界市场在全球范围内最终得以形成，帝国主义的殖民活动已遍及世界各地。“不断扩大产品销路的需要，驱使资产阶级奔走于全球各地。它必须到处落户，到处开发，到处建立联系。资产阶级，由于开拓了世界市场，使一切国家的生产和消费都成为世界性的了。”②此后的一百多年中，全球化不断深入发展。到 20 世纪 90 年代初，随着冷战和两极格局的结束，全球化成为每一个民族国家必须面对的问题。

“全球化的概念是相互渗透的，包括经济、政治、文化、意识形态等。”③各个民族国家之间，不但经济上的相互依赖越来越强烈，而且政治上的关系也

① 贝克，哈贝马斯.全球化与政治[M].柴方国，等，译.北京：中央编译出版社，2000：12.

② 马克思恩格斯选集：第 1 卷[M].北京：人民出版社，1995：276.

③ 米特尔曼.全球化的挑战：在边际上的生存[J].第三世界季刊，1994(3)：8.

越来越密切。各国经济均被卷入世界市场,诸生产要素在世界范围内优化配置,经济活动的诸环节在世界范围内运作,各国经济相互依赖、密不可分,呈现出某种整体化、一体化趋势。同时,各国政治交往扩大并日益频繁,其相关性空前加强,以至于开始展现出被称为“全球政治”的景象。

其二,全球化背景要求民族国家在国际社会结构中“占据一个位置,并且以符合行为规范的方式与具有反向身份的人互动,才能具有这种身份”①。而这种身份直接关系到民族国家在国际社会中的地位、利益等,并实际上构成了一个国家的集体自尊,这对于国家至关重要。

因而,民族国家必须在国际社会和全球政治中取得合法性的身份与地位,以谋取自己应得的利益,这是每一个民族国家的紧迫任务。这种合法性必须通过两种身份取得,一是在国际社会(包括世界性和地区性的国际组织、国际重大事件)中具有行为能力,并遵守(至少是宣称遵守)已有的国际法或者国际关系准则所规定的基本准则;二是对自己国家的行为有合理的解释。由于“国内政治与国际政治的界限日益模糊,超国家权力日益强化”②,因此,这种解释也包括对于国内政治、经济等相关问题的解释。

在上述行为过程中,一国采取的行动、对于关键事件的态度以及对于国家行为的解释能力,直接影响到这个国家在国际社会中的形象和声望。

(三)信息与媒介全球化时代的国家

跨国交往固然重要,但今天我们直接感受到的全球化似乎更多是指另外一层含义:“一个事件,只有当它作为大众传媒的经验同时波及全球时,才称得上全球事件,例如切尔诺贝利核电站事故或‘戴安娜悲剧’。后者使所有地理距离和社会距离失去了意义,几乎全球各地都在颂扬这位美丽王妃的事迹,各国人民都因此深受震动。”③我们真切地感受到,信息与媒体在经济全球化与政治一体化的过程中扮演了帮手、参与者、促动者等多个角色。身处全球化时代,考察民族国家的国家形象,我们需要把信息与媒介的全球

---

① 温特.国际政治的社会理论[M].秦亚青,译.上海:上海世纪出版集团,2000:285.

② 蔡拓.全球化与当代世界[J].南开学报(哲学社会科学版),1999(6):51-56.

③ 贝克,哈贝马斯.全球化与政治[M].柴方国,等,译.北京:中央编译出版社,2000:58.

化作为重中之重来进行研究。

信息与媒介全球化所具有的几个特点使民族国家遇到了前所未有的挑战。

首先,信息与媒介全球化本身意味着信息的高度密集化和国家行为的高度透明化。“无论身在何处,人们只要为短波收音机安上天线,或是给电视机装上能连接到互联网的调制解调器,便都在信息与媒介覆盖的范围之内。”①一个国家和国际社会结合得越紧密,这种信息密度就越高,国家行为和信息就越透明,民族国家对信息与媒介的依赖性也越强。信息的高密度在使民族国家获益的同时,也使其处于高度的信息风险之中,一旦发生国际社会无法接受的事件,国家形象就会面临被严重损害的危机。而大部分国家,处理这种危机的机制并不健全。

其次,信息与媒介全球化意味着信息将以更大规模及瞬间性的速度传播。一旦事件发生,各种信息会通过媒介迅速传播,这加大了民族国家处理信息的难度。

最后,信息与媒介全球化使得国家对国际社会的依赖性越来越强。由于民族国家在国际社会中的身份和地位很大程度上依赖于彼此国民的信任、对对方形象的认同,“所以对他者的依赖性也就加大了”②。

总之,信息与媒介全球化使国家行为的合法化必须在国际范围内进行,而媒介实际上是存在着不同立场的,也是存在于不同的意识形态下的,这就使一国的国家形象维护变得困难。不仅传播过程中的各个因素起到了极大的作用,在意识形态差异存在的前提下,媒介的信息传递和其拥有权紧密联系在一起,国别的差异使这种媒介报道的差异更为明显。

信息与媒介全球化时代中的民族国家,一方面对于国际社会的依赖性空前加强,并通过这种依赖得益;另一方面,也因此遇到一个新的难题——如何更好地利用全球媒体,以实现本国行为和形象在国际社会的合法化。

---

① 哈森.世界新闻多棱镜——变化中的国际传媒[M].张苏,苏丹,译.北京:新华出版社,2000:17.

② 温特.国际政治的社会理论[M].秦亚青,译.上海:上海世纪出版集团,2000:285.

（四）国际社会制度化背景下的国家

在全球化过程中，国际组织和国际条约日益增多，国际社会的制度化[①]有所增强。国际社会制度化的直接结果是国际社会的日益有序化，国家身份和地位意识的增强，什么样的国家占有什么样的地位，有什么样的形象，需要和能够取得什么样的利益都与此有着密切的关系。虽然到目前为止，国际社会的制度化程度仍旧较低，但是我们无法忽视这一潜在的趋势。

在制度化日益加强的国际背景当中，国家的身份和地位依赖于国际组织、其他国家的共同构建。也就是说，制度化的背景使国家的身份、地位以及最终的形象必须在得到国际社会认同的前提下，才能够获得真正的合法化，正如一国政府的运作方式需要在国内政治系统的合法化原则中建立起来一样。

民族国家在得到国际社会认同的同时取得一种“集体身份”[②]，并形成集体自尊——民族国家对于尊重和地位的需求。这种集体自尊可以被看作是“生存、独立、经济财富”之外的第四种基本利益。[③]

建构主义学派认为，集体自尊可以通过多种方式表达，国家形象是正面的还是负面的，是这里的一个关键因素。这一点部分取决于与他国有意义的联系。负面的形象往往是通过认知到的、他国的蔑视和侮辱而产生的。在竞争激烈的国际环境中，这种负面形象容易出现。正面的形象往往是通过相互尊重和合作取得的。例如，首先是主权得到承认，这就在形式上得到了一个和其他国家基本平等的地位。如果民族国家要满足自己及其成员的自尊需求，就不能够长期忍受一种负面形象，否则会出现不同程度的反抗。这一点在 20 世纪 90 年代以来的中国有很明显的体现。

总之，国际社会的制度化使民族国家的集体自尊成为最基本的国家利

---

① 根据建构主义学者的观点，国际社会的制度化是指国际组织和国际规则所起的作用越来越大，从而引发的国际社会由无序到有序的一种发展趋势。温特.国际政治的社会理论[M].秦亚青，译.上海：上海世纪出版集团，2000.

② 在社会身份理论研究中，这也被称为“社会身份”。MERCER J. Anarchy and identity [J]. International organization，1995(49)：229-252.

③ 温特.国际政治的社会理论[M].秦亚青，译.上海：上海世纪出版集团，2000.

益之一。而民族国家的集体自尊的最基本和最集中的体现就是国家形象问题。

三、构建良好国家形象的意义

构建良好的国家形象对于强化民族自尊,维护社会稳定和国家统一;提高国家的国际声誉,加强其融资能力;提高国家的国际地位,增强自身影响力,以及国家在竞争日益激烈的国际环境中增强自身竞争能力有重要的意义。

良好的国家形象可以强化民族自尊。这种自尊是建立在国家的国内、国际行为合法化的基础之上的。一个国家只有具有在国际上维护自己自尊的能力,才能够取得国民的信任,以便更好地维护社会稳定和国家统一。

良好的国家形象直接影响着一个国家在国际资本市场中的融资能力以及吸引外资的能力。从某种程度上说,这直接影响着一个国家的发展速度。国际资金在流动过程中,首先关心的是投资环境。除硬件条件外,社会秩序、司法公正、人才资源等是投资者真正关心的因素,对那些动荡不安的地区,投资者不屑一顾。

今天的国际竞争是以经济和科技为核心的综合国力的竞争。这种竞争实际上已经渗透到国际关系的所有领域,良好的国家形象对于一个国家参与此类竞争无疑又是一个重量级的砝码。

对国内民众来说,良好的国家形象在增强民族凝聚力、维护一国政治稳定、提高人民参与经济建设的热情等方面都具有重要意义。国家形象对内和对外的作用相辅相成,不可分割。

正是出于以上原因,笔者展开了对国家形象的研究。由于这属于跨学科综合研究,对于一些问题的探索还处于起始阶段。但是笔者认为,随着经济全球化和政治一体化的发展,各个国家拥抱全球化速度的加快,该研究的魅力将越来越强。

国家形象研究——历史路径与话语方式

19世纪中叶以后,开始于西方国家的新技术革命和第二次工业革命的浪潮,深刻影响并改变了人类社会经济生产和政治生活的方式与进程。资本主义工业生产力的发展以及物质财富的巨大增长,使得生产与资本高度集中,垄断组织和金融资本统治最终确立。到19世纪末20世纪初,欧美各国和日本等主要资本主义国家都已完成了向以垄断为特征的帝国主义的过渡。工业化大生产使资本主义生产活动的范围大大延伸。到20世纪初,市场经济开始初步走向国际化,走向跨国经营,因而对信息的要求进一步提高。

几乎在同一时期,成形于19世纪的报业以及新兴的电影、广播等媒介逐步形成了资本主义社会独立的产业——传播业,这给社会生产带来了强烈的冲击。20世纪的两次世界大战为这一行业的发展注入了强力的催化剂和兴奋剂,于是一门新的学科——传播学在战火以及战后人们理性的思考中诞生了。与此同时,国家形象问题也开始引起人们的关注。

一、两次世界大战和传播学的兴起

第一次世界大战中,同盟国和协约国厮杀于战场的同时,在争取民心的领域也展开了激烈的斗争。美国于1917年加入战争,立即成立了“公共信息委员会”(Committee on Public Information, CPI),专门负责美国的战时宣传。该委员会设置了无线电服务处、外国新闻局和外国影片处。美国出口商在国外的650个分支机构也将CPI所提供的资料在世界范围内推广开来。在整个战争过程中,CPI用气球投递宣传品到敌军战壕,在炮弹壳内夹放传单投炸到敌军部队……他们还制造假情报,并把所谓"德国真相"的新闻大量散发到其他中立国家。当时,协约国还组建了协约国联合宣传委员会,定期召开宣传工作联席会议。

第一次世界大战是第一场利用现代大众传播手段作为宣传工具的战争。这场战争导致许多国家对这种欺骗大众、说服力强大的武器感到害怕。虽然很难评估当时宣传对于战争结果的影响究竟有多大,但是毕竟大部分参战国家的政府意识到了宣传的作用,并采取了相应的措施。

第一次世界大战结束后,政府和学界都认识到,宣传在战争中的作用巨大。英、法、德、美等国的学者从各自的领域出发研究第一次世界大战中的宣传,出现了一系列有实用价值和理论价值的著作。英国坎珀尔·史图尔特的《克尔之家的秘密》,德国施杰林·鲁贝尔特的《宣传是政治的武器》、伊·普策克的《德国宣传:关于宣传是实用社会科学学说》产生了较大的影响。到20世纪20年代中期以后,美国对于战时宣传的总结渐入佳境,出现了许多研究成果。在众多研究学者中,哈罗德·拉斯维尔的影响最大。1927年,他出版了他的博士论文《世界大战中的宣传技巧》,这是第一部系统论述和深入研究宣传问题的著作。其后,他还与人合作编著了《宣传与推行》《世界革命的宣传》等书。

到20世纪30年代中期,美国成立了"宣传分析研究所"。作为战后第一个研究宣传的学术机构,该所的主要研究成果体现于艾尔费雷德·李和伊丽莎白·李编著的《宣传的艺术》一书中。书中归纳和整理了七种常用的宣传手法。① 这些研究成果的"重要性在于,它们对态度改变理论所做的一些早期探索"②。

学界普遍认为,第一次世界大战到第二次世界大战之间的宣传研究并不是纯粹的传播学研究,但是却为传播学奠定了一个极好的基础。正如美

① 塞弗林,坦卡德.传播理论:起源、方法与应用[M].郭镇之,等,译.北京:华夏出版社,2000:109.
② 同①123.

国著名传播学者沃纳·塞弗林、小詹姆斯·坦卡德所指出的:“第一次世界大战后对宣传的分析表明了学者对大众传播效果的某种思考,这种思考我们可以视为有关大众传播效果的最初理论,在本质上,这个理论即后来被称作‘子弹’的理论……”①

鉴于宣传在第一次世界大战中所起的作用,以及第一次世界大战后各国对于传播学的总结和研究,在第二次世界大战中它直接成了“战争的工具”。

“1939年到1945年,除了整个欧洲和亚洲的陆海空大战外,各国都不忘利用国际传播系统开展攻心战。”②

希特勒在德国掌权后,就开始了为战争造势的宣传活动。他们成立“宣传部”,协调所有的宣传活动。宣传部由希特勒本人及其死党戈培尔掌握。他们发动的宣传战被学界称为“广播大战”。“希特勒和戈培尔相信,广播可以激发人民为伟大的德国而献身,同时也可以挫伤敌人的士气。”③戈培尔声称:“真正的广播是真实的宣传,宣传意味着在精神、繁殖、生长、破坏、灭绝和毁灭等战争中战斗。”④1935年,纳粹德国和意大利法西斯不停地向欧洲、非洲和美洲进行广播,掩盖有关他们侵略罪行的信息。同时,纳粹分子还通过公开的演讲、集会、印刷媒介、电影、高音喇叭等进行政治宣传。当时,在主要的西方国家,从人民到媒介都不同程度地受到了法西斯宣传的影响。最为典型的是美国全国广播公司的“小花朵圣地”,也跟随法西斯的宣传,模仿他们的论调。美国参战后,该节目被取缔。

面对法西斯疯狂的宣传战争,西方主要国家也不甘示弱,他们纷纷制定政策,利用种种适合于本国具体情况的方式,对法西斯宣传进行了有力的反击。英国广播公司于1938年开始提供外语广播服务。这一年,该公司开播了阿拉伯语、西班牙语、葡萄牙语、德语、法语和意大利语节目。相比纳粹德国广播的26种语言,这显然还是处于弱势,但是终究给了纳粹德国很大的打

① 塞弗林,坦卡德.传播理论:起源、方法与应用[M].郭镇之,等,译.北京:华夏出版社,2000:125.

② 福特纳.国际传播:全球都市的历史、冲突与控制[M].刘利群,译.北京:华夏出版社,2000:147.

③ HALE J.Radio power: propaganda and international broadcasting [M].Philadelphia:Temple University Press,1976:2.

④ 同③127.

击。战争爆发后,法国用 21 种语言,苏联用 13 种语言,英国广播公司用 10 种语言,与纳粹德国的 39 种语言对抗。

在亚洲太平洋地区,日本在 20 世纪 30 年代早期就开始了宣传的谋划。其使用的武器是东京电台、读卖新闻以及其他日本报纸。在袭击珍珠港之后的几个月里,日本的新闻界在蒙蔽美、英方面起到很大作用。日本早期宣传没有受到盟国的干扰。

美国参战较晚,因而其广播和宣传起步也比较晚。1942 年 2 月,美国的海外政治宣传开始,当时以 11 个私人短波电台对欧洲播出"美国之音"的节目。[①] 1942 年 6 月,"军事情报局"(Office of War Information,OWI)成立,并成为美国政府战时进行信息传播和宣传的最重要的部门。该局建立不久,其新任主管艾尔默·戴维斯接到指示:军事情报局应当"有准备地阐明并实施情报计划,以促进海内外对战争状况和战绩的进展,政府的战时政策、行为及目标等的广泛与明智的了解"[②]。战争期间,军事情报局不断发动政治战。例如,在艾森豪威尔的亲自关注下,美国无线电公司的总裁大卫·沙诺夫负责盟军在欧洲的广播。在诺曼底登陆之前,他的任务是监督欧洲战场上直属于盟军的广播电台,为美、英通讯记者协调所有来自大陆战区的文字和广播信息。仅仅在诺曼底登陆这一天,他主持的系统就向太平洋两岸传递了 570 000字,来报告和报道这一"辉煌"的军事行动。到第二次世界大战结束时,美国的宣传已经赢得了盟国的认同。

盟国对抗法西斯的宣传取得了巨大成功。随着战争的发展,纳粹分子发现他们的宣传越来越难做了。意大利向盟军投降时,日本政府"告诫其人民,意大利的失败,一部分归咎于英、美的宣传瓦解了(其)军心"。

在第二次世界大战中,宣传成为"例行的公事",信息垄断成为军事斗争必不可少的手段。就在战争期间,美国陆军部新闻与教育署聘请了一些社会学家、心理学家,专门研究为士兵们精心制作的四部电影是否能影响士兵对战争的认识、鼓舞士兵参战的士气。传播学的奠基人之一——卡尔·霍

---

① GREEN F.American propaganda abroad[M].New York:Hippocrene Books,1988:16.

② WINKLER A M.The politics of propaganda: the office of war information 1942-1945[M].New Heven, CT:Yale University Press,1978:34.

夫兰受军方委托,成为该研究的负责人。他带领一批心理学家针对传播技巧、传播与态度改变等展开了大规模的研究。这个集中了(美国)心理学界最出色人选的班子所从事的大型研究项目被认为是现代态度改变研究的开端,而且是大众传播理论若干重大贡献的渊源。

作为国际关系中的重大事件,两次世界大战中各国对于传播方法和技巧的需求为国际传播研究提供了重大发展机遇,国际传播研究诞生于战火之中,与国际关系有着千丝万缕的联系。如今,战争与传媒仍然是我们研究国际关系与大众传播的一个热点问题。两次世界大战中,各国纷纷成立研究机构,对国际传播方法和技巧进行系统研究,这客观上为国际传播以及国家形象问题的研究奠定了良好的学术基础。

仔细分析,可以得出如下的结论:

第一,两次世界大战作为国际关系中的重大事件,其对于传播方法和技巧的需求为传播学的产生提供了重大的发展机遇,从某种意义上说,传播学研究是从战火之中诞生的,与国际关系有着千丝万缕的联系。

第二,两次世界大战为传播学研究提供了大量的素材。战争与传媒的研究一直是传播学研究的一个热点。以英国利兹大学原传播系主任罗伯特·泰勒为首的一批学者坚持以此为基础,进行了十分深入的研究,取得了大量的研究成果。如今,战争与传媒仍然是我们研究国际关系与大众传播的一个热点问题。

第三,两次世界大战中,各国纷纷成立研究机构,对于传播方法和技巧进行系统研究,客观上为传播学产生和发展奠定了良好的学术基础。

第四,战争中,由于人们被包围在宣传之中,一国的国家实力和发展水平在报道过程中被符号化。这个时期人们观念中的"国家的国力指数实际上成为由符号所象征的生产能力",而不是传统的钢铁和铁路长度。举一个不恰当的例子:德国当时的实际军力和德国媒介报道中的军力完全不是一个概念,而大众所掌握的有关德国的信息是他们从接触的媒介(当时主要是广播)中获得的,因此,德国战时的形象和其真实国力有着巨大的差异。

于是,新的问题出现在人们的视野中——国家形象也可以造假吗?一国的实力和传播中的国家形象到底是什么样的关系?这个形象对于国家和国际关系又有怎样的影响?国家形象的形成和传播之间又有什么规律可循?

二、国家形象问题孕育于战争之中

第一次世界大战之后,研究者们普遍注意到一个操纵大众的问题:如何以最经济的方式,组织和动员大众按照既定的政治目标行动?拉斯韦尔对于宣传的定义是"通过对有意义的象征符号的操纵来支配集体态度"。他认为,宣传可以用于好的目的,也可以用于坏的目的,而无处不在的大众传媒就成了让有效力的象征符号得以循环并发挥作用的工具。在国际战争中,这种符号循环最终将综合形成一个国家的国家形象和民族形象。

战争中的传播实际上是双方所塑造的国家形象和民族形象的一个对抗过程。在对抗过程中,双方相关信息部门都力图使自己的政治目标和国家利益合法化,而由于国家的政治目标经由大众传媒被表述为一种象征符号,并最终组合成国家的形象,进行合法化对决的实际上是国家形象。任何一方的合法化力量占据优势,都将在一定程度上影响战争的进程和结果。

实际上,从第一次世界大战到后来的阿富汗战争,国家形象的问题一直为人们所关注。下面是几个在战争中塑造和改变国家形象,最终导致国际关系发生重大变化甚至发生转折的案例。

(一)第一次世界大战:卢西塔尼亚号客轮事件与德国形象在美国的转变

第一次世界大战之初,美国传承并推行孤立主义的外交政策。直到1915年,威尔逊总统带领下的美国仍然保持中立。同年5月7日,英国客轮卢西塔尼亚号从美国纽约出发,开往英国,被德国的潜水艇击沉在爱尔兰沿海。客轮上的大约1 200名乘客丧生,其中大多数是美国人。

卢西塔尼亚号早在该事件的8年前由英国海军部和卡纳德航运公司签约制造,事实上是英国皇家海军的预备巡洋舰。客轮启航前,在纽约的德国间谍得知这艘轮船上载有上千吨的军用物资。为了阻止美国加入战争,德方曾在美国报纸上发表声明,预言该客轮会沉没,警告旅客不要乘坐该客轮，但是没有引起人们的注意。

客轮被击沉的消息传到美国国内，美国人民群情激愤。美国媒体把德国人形容为独裁者和暴君，认为他们的行为惨无人道。有专家认为，该事件前后，德国在美国人心目中的形象发生了巨大改变。事件之前，德国在美国的形象不是美国人关注的焦点，但是一般的美国人都认识到了德国侵略者的本质。事件被广泛报道后，一般美国人都认为德国是侵略者，是由独裁者和暴君控制的。美国政府利用这一机会，成功地扭转了美国孤立主义外交政策的趋向。美国传播学者辛普森认为，在很大程度上，是该事件后德国形象在美国的改变，引发了美国后来的参战行为。

德国的潜艇击沉客轮，客观上说只是一种战争行为，目的是阻止英国获得战时物资。但是在该事件中，美国媒介关注的焦点在于"1 200人被德国人杀害"。媒体在对该事件进行报道的过程中，首先将其变为图片、文字等符号，如"可恶的德国人""独裁者""强盗"等反面字眼。主流的符号在传输过程中实现组合，影响了人们对德国的看法，并最终形成了德国"危险的侵略者"的形象。这一形象在人们中实现了合法化，人们的态度也随之发生了变化，从而影响了美国人对于战争的态度，并最终影响到美国的外交决策。

50 年后，解密材料显示，当时英国已经破译了德国的海军密码，截获了德国的有关电报，知道德国在大不列颠岛执行任务的区域。他们故意透露了关于卢西塔尼亚号将携带大批军火的消息，只是等到德国发动潜艇攻击后才将有关情报告知美方。美国国际传播研究学者福特纳等人认为，美国新闻界完全忽略了其他内容，该事件成了好战分子期待已久的"公然行动"。

（二）第二次世界大战："霍霍爵士"创造德国不可战胜的神话

希特勒在文、武两个方面都为发动第二次世界大战做了精心的准备。早在 1939 年 4 月，德国在紧靠英国 BBC 的频道开设了一个自称是由"霍霍爵士"主持的节目。该节目以纯正的牛津口音谈天说地，话题全是日常生活中的幽默趣闻，每天播出 15 分钟。英国百姓以为是 BBC 新开的节目，一听就放不下。每当"霍霍爵士"的节目开播时，成千上万的英国听众准时收听。即使后来明知是德国人办的节目，也割舍不下。4 个月之后，"霍霍爵士"的英国听众达到1,800万之多。

1939年9月1日,德军闪电进击波兰,掀开了第二次世界大战的序幕。"霍霍爵士"开始在打趣取乐的故事中穿插军事内容和时政评论,如抨击英国政府实行的政策只顾财阀利益,不管老百姓死活,导致物价飞涨。因为"霍霍爵士"说的都查有实据,老百姓也都深有体会,所以被它深深吸引过来。当时,英国《舆论》季刊评论说:"'霍霍爵士'的宣传,已经被人们迅速接受,都说他讲的有道理。"《纽约时报》的伦敦通讯员写道:"显然有许多不加深思的英国人,以失败主义的口气复述'霍霍爵士'的话,将其视为格言。"

德英两军直接交战后,"霍霍爵士"节目的风格变为恫吓。为配合德军对英伦三岛的持续轰炸,"霍霍爵士"威胁说:"巨大的德国战争机器,已像无法抵挡的巨人之掌,压向在劫难逃的英伦三岛。英国假如不赶快投降,必定被击成粉末。英国人究竟是愿意看到自己的原野变成坟墓,城市变成废墟,还是愿意安居乐业?是你们选择的时候了。如果英国政府不要和平而要战争,那我们只好奉之以毁灭!"

1941年,正当盟军为即将发动的诺曼底登陆战而秘密建造人工港时,"霍霍爵士"厉声说:"你们拿那些钢筋水泥设施干什么,我们一清二楚。你们想在进攻中把他们沉没在我们的沿海。那好,我们愿意帮你们一把,等你们来的时候,把你们和那些东西击沉下去。"这一消息令英美将领惊恐万状,在某种程度上瓦解了盟军的军心。"霍霍爵士"像幽灵一样,使英国人胆战心惊。英国政府警告民众不要收听"霍霍爵士"节目,英国人却都像吸毒一样,不由自主地去收听它的广播。一些民众的神经被折磨得十分脆弱,一提到德国军队,就脸色蜡黄;一听到飞机的声音,就往防空洞里钻。

"霍霍爵士"对英国所造成的心理威慑,单纯以武力无法企及。这在人们心目中造就了一个"不可战胜"的德国的形象,使人们觉得包围着自己的战争是没有打赢的希望的。

(三)海湾战争:指控杀婴案彻底损毁伊拉克国家形象

1992年,美国人权委员会上的一些证词,引发了一场捣毁伊拉克在美国的形象的运动。这些证词都与伊拉克士兵在科威特的暴行有关。其中,十几岁的女孩纳耶·热赫在做证时说,她曾经看见伊拉克士兵把几百个科威特婴儿从育婴箱中拿出来,放在医院的地板上让他们等死。美国国会人权小组的主席解释说,证人的身份保密,这是为了保护她的家人的安全。布什总统在演说中 6 次引述了这个育婴箱的故事,7 位参议员也引用了这个故事,目的是投票授权总统出兵海湾。

当时,在美国媒体上,伊拉克士兵在科威特的"暴行"和纳粹的暴行被相提并论。在美国,伊拉克的形象被塑造成发动二战时的德国,而萨达姆成了希特勒的化身。从国会到普通人民,一律支持美国出兵海湾。

伊拉克撤出科威特后,美国广播公司(ABC)采访了该医院亲历战争的几位医生。几位医生都肯定,确无此事。ABC 指出,这个故事可以肯定是编造的。随后的调查表明,这个 15 岁的科威特少女是科威特某官员的女儿。这一节目是当初科威特委托美国的一家国际公关公司进行游说过程中的产物。该游说的目的就是彻底损毁伊拉克的国家形象,使美国尽快出兵海湾。

(四)科索沃战争:拉察克村屠杀事件损坏南联盟政权形象

冷战结束后,位于战略要地巴尔干的南斯拉夫一直不肯"臣服"北约,成为美国实施其全球战略计划的一大障碍,必欲先除之而后快。但是如果就赤裸裸地打上去,将为世界和本国舆论所不容。因此,美国首先开始了舆论战争。时任美国国务卿的奥尔布赖特宣称,打好损毁米洛舍维奇形象的宣传战是打好军事战争的前提。

于是,北约国家的主流媒体开始连篇累牍地对南联盟总统米洛舍维奇进行"妖魔化"宣传。西方媒体歪曲事实,把米洛舍维奇描绘成希特勒式的独裁者,指责他对阿族实施种族灭绝政策,使大批难民流离失所。

1999 年 1 月,科索沃的拉察克村发现了 40 多具平民尸体,以美国为首的北约国家在毫无证据的情况下,把这一事件定性为南联盟解放军对阿族平民的"集体屠杀",西方媒体随即大肆炒作,并把科索沃解放军与南联盟政府军冲突所导致的难民潮也完全归罪于南联盟的"种族清洗",铺天盖地地展示难民逃离家园的"悲惨"场面。尽管后来有关调查表明,这一事件绝不是什么"集体屠杀",但是,其彻底破坏了米洛舍维奇政权在西方国家人民心中的形象，为北约发动战争提供了舆论准备。

（五）阿富汗战争：美国扛反恐大旗树正义形象

“9·11”事件发生后，白宫曾一度对媒体的宣传重视不够，从而招致了一些批评。但布什政府很快就意识到了这个问题，加大了对媒体的影响力度。像对布什在联合国演讲，在穆斯林斋月开始时致辞问候，并与伊斯兰国家的大使在白宫共进晚餐等事件，都做了电视实况转播。美国国务院也接二连三地发布各种文本的反恐报告，揭露塔利班的罪行。五角大楼还以39.7万美元的价格与兰顿集团签约，让这个著名的策划公司来帮助做舆论宣传工作。

阿富汗战争期间，布什政府要求各媒体不要过多地报道本·拉登的言论，严格规定有关战争计划、军事行动以及战况，特别是敌我双方的人员伤亡情况不得对外报道，对批评美国政府对外政策的文章也予以控制。

美国媒体则调准音调，连篇累牍地报道哀悼祈祷等情况，同时猛烈抨击塔利班的恐怖主义行为，把美国塑造成最大、最无辜的受害者，把阿富汗描绘成罪恶最深、最黑暗的国家。而他们对阿富汗难民外逃报道较少，对恐怖主义产生的根源、美国何以成为恐怖袭击的最大目标、阿富汗用兵应否经联合国安理会授权等世界其他国家关心的问题则缄口不言。

在阿富汗战争中，美国的新闻控制和形象塑造收到了明显的效果，为布什政府在美国国内赢得了极高的支持率，也为其争取国际社会对阿富汗战争的支持奠定了舆论基础。

战争是国际关系的一种特殊形式，但是，战争几乎贯穿了国际关系发展的各个历史时期。在发生于现代媒介产生以后的两次世界大战及后来的局部战争中，树立和损毁国家形象的舆论战、宣传战构成了国家形象基本的对抗面。

在这种特殊时期，传播不可避免地和政治更加紧密地结合起来，为政治服务；相比正常时期的传播，它的手段也更加多样化，并可能因为服务于战争这一特殊形式而出现更多的变种。正如前文所说，舆论、宣传之战恰恰是传播符号的合法化的对抗，这种对抗的结果直接或者间接影响着战争发展的方向。在第二次世界大战的时候,“盟军报纸最喜欢刊登关于‘凶恶德国兵’的‘残暴故事’”;而美国亲德周报《祖国》(*The Fatherland*)的主编乔治·费尔埃克指出,德国战前和战争期间对美国宣传的目的有三个:“强化、粉饰德国的形象;削弱、丑化敌人;散布德国人眼中的所谓的真实消息。”①

对抗的结果是,法西斯的宣传无法和强大的盟国的宣传抗衡。希特勒在《我的奋斗》一书中提及英国宣传的威力时也说,德国并没有输在战场上,而是被“刺中后背”。

三、国际关系中的软实力和国家形象研究

美国国际关系专家福山在《历史的终结》中说,冷战的结束、西方资本主义在全世界的胜利标志着历史的终结。在他看来,冷战的胜利以及美国文化和价值观念的全球化是通过新闻、娱乐、广告这些软实力得以实现的。美国学者在关于世界政治斗争的研究中,把国际政治力量分为硬实力和软实力。

在冷战几十年的时间里,国际关系围绕美苏争霸和两大集团的争夺展开。冷战过程中,硬实力是两大阵营竞争的焦点;冷战结束后,文化和意识形态在国际关系中的渐发性影响逐渐增大,国际关系中不仅继续存在硬实力的较量,软实力的较量也迅速升温。这种以文化传播力为焦点的综合国力的较量已成为世界发展的一个重要现象。

国家形象之争是软实力竞争的一个基本表征。从 20 世纪 60 年代到冷战结束再到 21 世纪之初,信息经济的发展进一步巩固了以美国为首的西方国家在经济上的霸权地位;而经济全球化以及他们在信息技术和信息设备占有上的霸权,给予了他们在国际话语体系中的霸权。他们以市场经济扩张为先导,以强大的文化工业为后备,以他们掌握的信息技术和设备为基本渠道,向第三世界国家人民大量输出其崇尚的价值观念,掩盖其社会存在的弊端,美化其国家形象,企图使他们所塑造的国家形象在第三世界国家得到彻底的合法化。由于意识形态和价值观念上的对立,这种合法化多数是以损毁对方的国家形象为代价的。广大发展中国家利用媒体在其力所能及的

① 福特纳.国际传播:全球都市的历史、冲突与控制[M].刘利群,译.北京:华夏出版社,2000:117.

范围内进行对抗，由于经济上的差距、文化发展的落后，第三世界国家在抵御这种挑战的过程中处于弱势地位，于是，国家形象被不断损坏，被“妖魔化”。而西方国家实际上在无形中就已经充分树立了其国家形象。一个全新的课题摆在了第三世界国家国际关系研究学者们的面前——国家形象研究。

几十年来，特别是冷战结束后的十几年间，发展中国家的众多学者站在他们研究领域的视角上对国家形象问题提出了自己的见解和理论。到20世纪90年代后期，中国成为国家形象研究的中心。之所以如此，主要有以下几个方面的原因：

首先，冷战结束以前，苏联是共产主义的代名词，它处于意识形态冲突的前沿；苏联解体之后，中国成为世界上“最强大的共产主义国家”。于是，意识形态冲突由北向南，由西向东，在改革开放日益深化的中国落脚并逐渐凸现出来。

其次，20世纪90年代以后，随着中国经济实力的增长和中国参与国际事务频率的提高，中国在世界上的形象成为国内大众所关注的问题。20世纪90年代后期以来，中国在联合国安理会上屡次投弃权票，虽然是不得已而为之，但是仍然为广大的中国人民所不能接受。在这种情况下，人民渴望中国能够再次崛起，能够在国际舞台上起到更加重要的作用。有专家指出，国家形象对于以美国为首的西方国家已经不算什么问题，对一些没有崛起愿望的国家也无重大意义，因为它们或者不存在意识形态上的严重冲突，或者没有国际形象上的迫切需求；而恰恰是对于中国这样一个发展中大国，一个意识形态和西方主流意识形态不同的国家，一个在经济上不断发展、力求振兴和崛起的国家，国家形象问题是极为关键的。

最后，20世纪70年代末80年代初，中国的改革开放使许多美国人幻想中国与共产主义越走越远。然而20世纪80年代末到90年代，苏联解体，此时，他们却发现日益强大的中国并没有走上他们所期待的“资本主义民主国家”的道路。从幻想中清醒过来，他们开始扩大对中国在经济、文化上的渗透和侵略。这种渗透和侵略伴随着全球化而来，与中国古老的民族文化形成极为剧烈的冲突。在冲突过程中，他们利用自己在经济和科技霸权上的绝对优势,结合由此而形成的话语霸权,肆意丑化中国形象。

另外,中国几千年传统文化的积淀使中国面对该类霸权冲击时,时时刻刻保持谨慎和警惕。当这样的文化霸权侵入的时候,我们不断地抗争,具体表现为知识阶层对于国际媒体上中国形象的关注以及对于其"妖魔化"中国的反击。

中国经济和文化产业的发展,培养了众多拥有国际和国内学术背景、在现代化过程中旗帜鲜明的学者。面对这种形象战争,他们义愤填膺。一场针对国际媒体的言论行为清算首先在新闻学者中爆发出来。

1996年,被美国新闻学者和国际关系学者称为"中国民族主义者杰作"的《中国可以说不》一书问世,一时间成为国内为数不多的政治、经济畅销书之一。该书反映出中国国内民众渴望中国崛起的普遍心态。他们不希望自己的国家在世界上仍旧是一个贫弱的形象,他们渴望在国际舞台上看到一个强大的、受世界尊敬的中国。该书出版后,成为当年低糜的中国图书市场的一个亮点。在这本书中,作者对美国媒体上关于中国的报道提出了尖锐的批评,认为美国媒体关于中国的报道是不公正的,是在"妖魔化"中国,破坏了中美关系。

《中国可以说不》掀起的风暴刚刚有所平息,由李希光等人撰写的《妖魔化中国的背后》一书又在全国范围内引起轰动。在该书的引言中,作者指出:"长期以来,我们在美国的报纸、杂志、图书、电视、电台、电影中以及最先进的国际互联网上可以频频看到或听到下列词汇:政治运动、极权主义、阶级斗争、钩心斗角、贪污腐化、帝王统治、异见分子、惨无人道、阴谋、荒淫无耻、侵犯人权、核扩散、走私军火、盗版、堕胎、饥饿、猥琐、愚昧、性无能、兴奋剂、西藏问题、台湾问题,等等。"他们认为,美国就是利用这样"一堆零碎而又尖锐的玻璃碴"来"构筑"中国的形象。"这不是在丑化中国,不是,比丑化更严重,是妖魔化中国。"后来,这句话被广泛引用,于是"妖魔化中国"成为时兴的名词之一。

《妖魔化中国的背后》掀起了一股批判美国媒体的狂潮。该书还在香港出版,冠以《妖魔化中国》的名字。美国学者纷纷惊呼,中国民族主义者大行其道了。随后,李希光等人又推出了《中国有多坏》和《妖魔化与媒体轰炸》两部著作,对西方媒体上的中国形象进行了进一步的考察,并开始就中国形象的维护和"塑造"问题展开了初步的思索和探讨。

国家形象传播:系统、信息及其控制

所谓国家形象的传播是指作为一个系统的国家发出的信息通过特定的国际信道传送、被加工并最终形成国家形象的过程。

如果从国家本身的角度分析,这实际上是一个国家的政治主导者——政府对于自我形象进行定位,并结合适当的方式、方法进行传播,以求使自己的国家形象得到认可的过程;从国际社会的角度分析,则是国家基本活动被国际媒体认知和传播的过程;从国与国关系的角度分析,则是这个国家的信息被其他国家的主控族群认定、传播的过程。在绝大多数情况下,三个过程同时进行,互相关联和影响。

一、形象的传播过程

形象的源本体是物质世界,次级本体是物质世界的综合表征。抛开人的因素,我们不妨把两者都看作是客观存在:前者必定是物质的,是一种现实的存在;后者虽然未必是物质的,但也是客观存在着的——也就是物质世界的"形"。当然,我们研究的关键在于"像",也就是在具体概念环境当中通过一定媒介(medium)形成的通常意义上的"形象"。

运动的物质是客观存在,物质世界在不断的运动变化中表现出不同的特征和差异,这些特征变化也是客观存在。信息形成于物质的运动过程,具有物质属性的信息也是客观存在。信息实质上就是"形象"中的"形"。那么,意识是否是"像"呢?否!意识是一些抽象的概念和观念,即大脑对信息进行加工的工具。当人们将经过加工的信息“像”通过一定的方式“输出”之后，才形成“形象”。这是“形象”最基本、最简单的形成过程(如图1所示)：

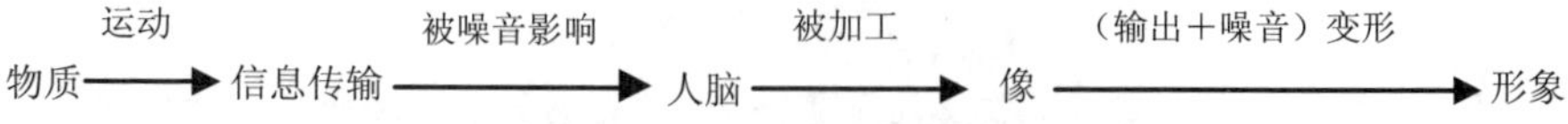

图1 形象形成过程简图

所以，形象是物质运动过程中产生的信息被人脑映像后，在特定条件下通过特定媒介的输出，如表1所示：

表1 物质、信息、意识、形象的区别与联系①

加以比较的各个领域的存在方式 / 领域	事物、基本成分等	过程	守恒原理	熵	度量
物质	电子、有机细胞、生产力等	扩散过程、发展过程等	存在于物理领域	结构熵	数目、数量单位等
信息	信号、信号序列	通过媒介传输，通讯、信息的存储等	没有守恒原理(因为I=I，+噪音决不是守恒原理)	信息熵(例如因为早已介入而产生的信息熵)	信息量度(例如根据信息流量)
意识	观念、概念等	抽象、逻辑推理等	不守恒(因为噪音过多)	存在，形式多样	无具体方式和方法
形象	众多概念、多种意识的合成	通过中介(media)的反映像过程	不守恒(因为噪音过多)	存在，形式多样	无具体方式和方法

根据上表，我们可以分析出形象的特点：

(1)形象的物质本源性。形象是建立在物质基础之上的，没有了物质的本源，形象无从谈起。

① 胡正荣.传播学总论[M].北京：北京广播学院出版社，1997：87-88.

(2)源像的客观性。物质的运动变化产生信息,这是形象的“源像”,也就是形象的次级本体。源像是客观存在的,是唯一的,但是具有不可描述性。

(3)形象的主观性。由一些符码组成的意识是信息的“加工厂”,“加工厂”首先生产出的是“模板”,出厂销售时根据不同客户或者是其他具体环境的要求进行“深加工”,并形成最终的“形象”。

根据以上对于形象特点的划分,笔者试图将形象传播的过程细化(如图2所示):物质运动产生不同类型的信息 I a(information a),Ib……I(n+1),这些就是平常所说的“形”,也可以称为“源像”。作为物质运动及其表征的信息进入传输领域之后,必须借由一定的中介而存在,于是符号介入进来。由于“社会中人们共有的都是符号的形式、符号的指说对象和符号的部分意义,而不是全部意义”①,信息发生第一次变形,并生成 Ia'(information a'),Ib'……I(n+1)',我们可以把其称为“讯息”,即“传达一个具体内容的一组信息符号”。② 讯息在传输过程中,不可避免地受到来自于外界其他符号系统或类似噪音的因素的影响,于是发生2级变形。经过两次变形的信息进入大脑。大脑中固有的符号系统成为一个“加工厂”,这个“加工厂”对进入大脑的信息进行深加工,进而形成某种“模板”。在这个过程中,信息发生3级变形,并生成模板 a/b/c……并对特定事物形成总模板 S。这些也就是信息在大脑中的映像。这些映像生成之后不会立即输出,只有在情况(时间、地点等所有相关条件)适当时,主体才会在各种因素的综合作用下,以独有的方式将这种映像输出。由于输出过程中又有符号介入,同时该过程也受到各种不同传输环境和条件的影响,所以这里有4级变形,并形成了 IMa(image a),IMb……IM(n+1)以及对特定事物总的形象 IMC(image comprehensive)。形象就此形成,但是形象的使命并没有终结——它会在特定条件下以不同的

---

① 胡正荣.传播学总论[M].北京:北京广播学院出版社,1997:102.

② 同①119.

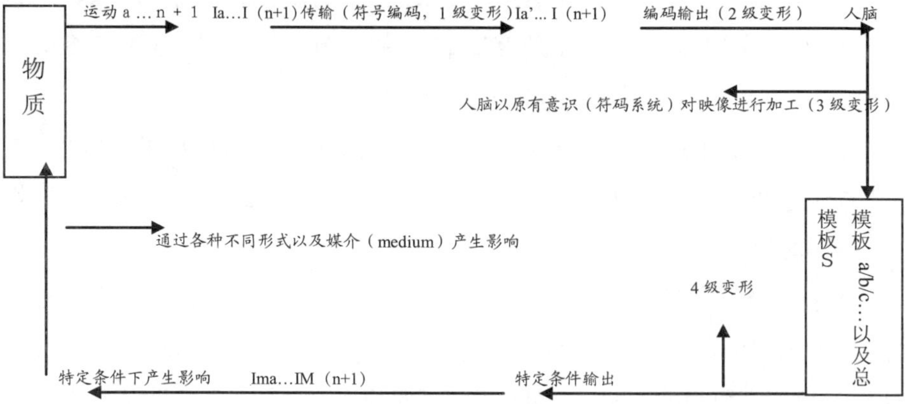

图 2　形象形成过程细图[①]

方式对物质本身产生影响，也就是对于物质及其运动产生反作用。

根据以上分析，可以得出如下结论：

第一，1 级变形和 2 级变形是不可控制的，也就是说，在源像到达大脑之前，过程不可控制。但是当源像信息一旦被人类符号化并进行了编码，就给予外界一种控制的可能。

第二，可以假定：不同社会制度、生活背景给特定的人和特定族群，以由特定符号、符号序列以及编码系统组成的意识工厂对进入大脑的各种符号进行品评，根据信息符号序列与所储存相关序列进行对照，原有符号编码被进一步强化、削弱或更换，当然也有被完整传递的可能。[②] 其变化程度与信息进入的数量、原有符号序列的"坚硬"程度、两种编码的相似程度有关。[③]

第三，由于模板输出过程及其具体内容受到各种因素的制约，包括舆论环境、政治经济条件等，模板内容输出时会因为噪音的影响而发生第 4 级变形。

第四，形象形成后，对于物质及其运动过程会产生能动的影响。这是形

---

① 据胡正荣.传播学总论[M].北京：北京广播学院出版社，1997：83-119；TAYLOR L，WILLIS A.大众传播媒体新论[M].简妙如，等，译.台湾：韦伯文化事业出版社，1999：3-117；巴特.神话——大众文化诠释[M].上海：上海人民出版社，1999：167-191；魏宏森.系统科学方法导论[M].北京：人民出版社，1982：36-45 相关内容做出。

② 由于文章主题所限，笔者不对此假定进行详细论证。

③ 参考传播学效果研究理论以及传播心理学相关内容。

象之作用所在。由于其各种影响方式都有人与媒介的参与,因而具有可控性。

第五,由符号所标明的信息根据其最终的传输效果,可以分为几个不同的类型:第一种是“核信息”,这种信息在形象形成过程中相对稳定,在一个特定的历史阶段里不会发生变化;第二种是被夸大的信息;第三种是被缩小的信息。

二、国家形象的传播过程

根据国际关系学中系统论的观点①,结合以上我们对于国家形象研究中的国家特点的分析,我们将国家以及国际社会表述如图 3 所示:每一个发出信息的国家系统最终联合组成国际社会系统。在这个系统中,国家系统面对的是外部的国际社会、国际公众或者说他国公众以及国际组织。

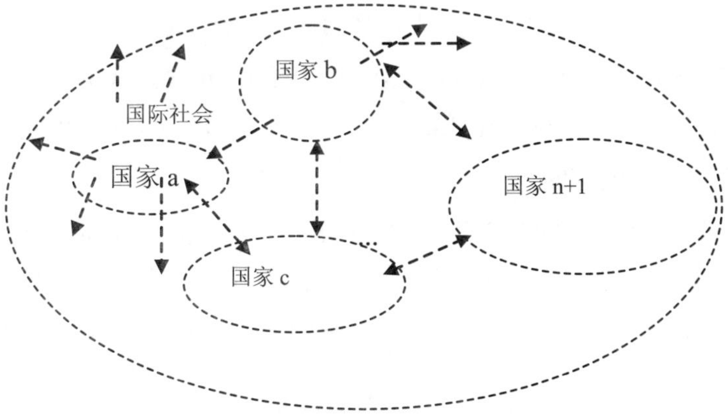

图 3 作为信息源的国家及其建构的国际社会②

假定某个国家子系统为一个抽象信息源,我们就可以把其当作一个整

① 卢明华.当代国际关系理论与实践[M].南京:南京大学出版社,1998:41-42.

② 此图的标注得益于“新现实主义”对于国际体系的理解和分析,但是笔者认为将这种系统论和信息论的基本原理结合起来,更容易说明问题。有关的内容可以参阅:沃尔兹.国际政治理论[M].胡少华,王江缨,译.北京:中国人民公安大学出版社,1992;吉尔平.世界政治中的战争与变革[M].北京:中国人民大学出版社,1994.

体来进行研究。于是国家形象的形成过程就类似于普通物质形象的形成过程(如图 2 所示)。

不同的是国家形象的形成是国家系统所发出的信息综合作用的结果,系统本身就十分复杂,系统之中对于信息身份的认定不断发生变化,外部公众也处于不断变化中,相比单纯的物质形象的形成过程,这一过程要复杂得多。

另外,国家系统本身不是单纯的物质,存在大量的意识因素,因而,很多信息在国家内部已经得到了相当多的加工(虽然由于全球化的发展,这一加工的作用在逐渐减弱,但是在可以预见的未来,不会消失),因而,第 1 级变形实际上在系统内部已经发生,而且上文中所说的第 2 级变形也已经发生。这些变形的发生与系统之中的第二、三层次有很大的关系。对于国家形象的描述必须引入政治学的系列概念,例如国家体制、意识形态、政策机制等。

同时,由于上述因素,信息被控制的可能性有了很大的加强。如果说,在单纯的物质形象形成过程中,人是通过符号以及固有意识形态来加工经过了 1 级变形的信息,在国家形象形成的过程中,外部公众加工的则是经过 n 级变形的信息,这种变形有的是夸大,有的是缩小。当然不排除变形过程中没有发生变化的可能。

由于具有比较严格的组织和制度机制的现代民族国家生来就处于国际大系统当中,相比普通的物质体,其对于信息的反馈能力更加有序,信息反馈的利益动因十分明显。此外,国家系统的四个层面本身运动所发出的信息能够相互作用。

综合以上现象可以发现,国家形象的传播有这样一个过程(如图 4 所示):国家系统内部由于物质运动、政策调整而发出信息,这些信息被系统在内部加工,发生 n 级变形,各级变形信息通过多种不同信道被传送出去。外部公众所在的国家和组织通过信道以及传播者的控制、传播者本身意识形态工厂的加工、信息接收者的接受方式等使信息在这里又发生了 n 级变形。信息发生了 n+1 次变形后,为"公众"加工形成映像,并在特定条件下通过一定的信道带着一定的意识形态的影响输出,并再次为其所在的国家系统和组织所影响而再次发生变形。映像输出后,最终形成形象。

因此,类似于物质本身,国家形象有自己的源像,也就是国家系统的三个层面在运动中相互联系时,它们就会通过自己所能够达到的信道传输出来,并最终形成一国形象。实际上,这一过程在国际社会中正在不断地进行着。

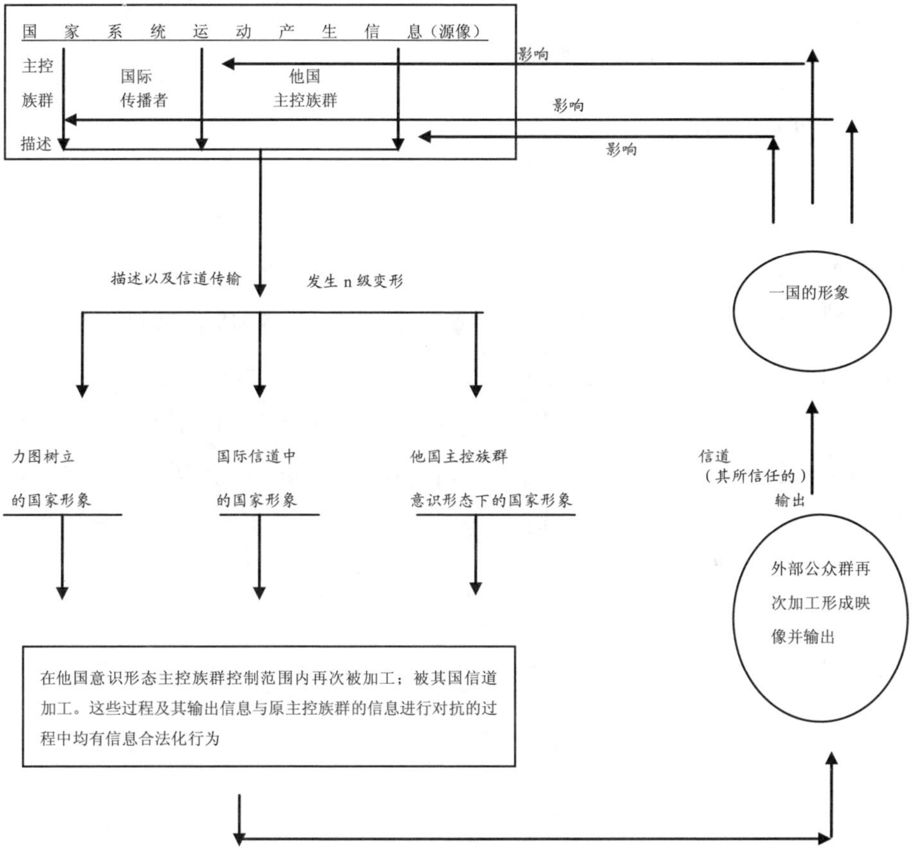

图 4 国家形象形成过程图

根据图 4 所示,我们可以找到三种国家形象:第一种是具有不可描述性的国家形象的源像;第二种是本国系统中主控族群①所力图树立的形象;第

① 指一个国家内部对于物质力量及意识形态的形成和再生产具有控制能力的族群(group)。这一概念参见 EAGLETON T.Ideology: an introduction[M]//TAYLOR L,WILLIS A.大众传播媒体新论.简妙如,等,译.台湾:韦伯文化事业出版社,1999:38.

三种是国际信道传输中和其他国家主控族群描述下的一国形象。后两者为争取在受众中的合法化而展开对抗。

笔者认为，一国的国家形象就是这种对抗的结果。这种对抗的过程涉及一国的国家信息实力，一国系统所传播信息与对象国主控意识形态切合的程度，一国系统信息改变他国主控族群的意识形态的能力，以及一国系统信息在其他族群中合法化的能力和速度等。

三、"塑造"与"传播"

这里有一点需要特别说明，国家形象的"传播"过程和"塑造"过程是两个不同的概念。国家形象的"传播"过程是国家形象客观上的描述、传输和被解读及再输出的过程，而"塑造"则是一国的主控族群或者是政治主导者利用特定的方式、方法及其控制的国际信道，实现其主观上认定的国家形象的过程。"塑造"过程包含在"传播"过程内。在现行的国际机制下，民族和国家的矛盾及对立仍然存在，因而，"塑造"对于国家形象的"传播"有十分重大的影响。

第二编

国际传播研究：思想谱系与实践路径

国际传播:思想与知识谱系

传播不仅是人类相互之间进行信息交换和相互了解的载体和表现形式,更体现了个体与个体之间以及群体之间的互动关系。自1500年哥伦布开辟新大陆起,人类进入了现代意义上的全球关联时代。自1648年民族国家原则确立始,以地域和文化差异为界定的国家之间的交流和交往构成国际传播的最初形态。

这种与国家利益相互牵连、彼此呼应的传播形态,与国际关系积极而深刻的互动"从一而终",因此,国际传播从破土而出的一瞬便与国家利益产生了千丝万缕的关联,两者在彼此的深刻互动中交融和辉映。国际传播本身带有的利益烙印,彻底抹杀了人类在交流和传播中获得平等和自由的可能性,从而使人类交流的畅通无阻和平等互动成为思想中永远的乌托邦。

国际传播在国际关系的参差交错中畅然前行,所以,从某种意义上讲,对国际传播内在规律和发展走向的研究及探索基本可以在国际关系的理论与实践的脉络中按图索骥。

虽然在20世纪初就有李普曼从国际的宏观视野来研究舆论的特点,但国际传播的研究在20世纪40年代末50年代初才渐渐进入人们的视野,并确立了它的学科地位。半个多世纪以来,中外学者对于国际传播的研究和探索彼此渐行渐远,因此,对国际传播的确切定义还没有取得广泛意义上的共识。本文在强调国际传播与国家利益关系的基础上提出,国际传播是以地域和文化差异为基本前提,以国家利益为基本指向,以大众传播媒介为主要载体,在民族国家和地区之间,及其群体与个体之间进行的信息交流及互动行为。

一、依附理论

“依附理论”本是世界经济领域关于经济结构的理论,由巴西经济学家费尔南多·亨里克·卡多索最早正式提出。该理论指出,在世界的发展进程中,发达国家凭借其经济、科技和资本等优势向发展中国家输出大量的产品,处于发展弱势地位的第三世界国家仅局限于向发达国家出口原材料、廉价劳动力和初级产品,以获取的微薄之利来发展本土经济,而对发达国家出口的一些高端文化和科技产品并无招架之功,对发达国家的经济、科技和管理保持高度依赖性。在弱者愈弱、强者愈强的马太效应中,发展中国家对发达国家的依赖性日渐增强,这深化了发达国家和发展中国家的“核心—边缘”两极经济结构。

20 世纪 60 年代初,有学者将这一理论借用于描述国际文化、传播领域的图景。发达国家向发展中国家大量输出隐含文化思想、价值观念和意识形态的文化产品,通过富有吸引力和异国文化特色的优质媒介产品来浸润、软化他国民众的精神状态和国民观念,在潜移默化中俘获别国的思想意识观念,使其成为自己的精神膜拜者。例如,以美国为首的发达国家借助其控制了世界上 90%的信息发布渠道的优势,通过国际新闻报道、介绍国际局势和世界发展态势等内容,对第三世界国家进行媒介讯息的轰炸,牵引着发展中国家对世界的认识,并调整和形塑着他们的世界观;通过输出好莱坞电影、迪士尼动画、热播电视剧集等文化产品,在世界的娱乐和狂欢中点滴渗透着大国的价值观念、文化传统甚至意识形态;通过大量广告的播出和消费品的出口,润物无声地改变着他国民众的消费观念和生活习惯。在这一过程中,美国等大国财富和人心兼得,不仅攫取了大量的经济利益,而且在某种程度上达到了“一统天下民心”的功效。美国等发达国家在经济、科技、文化等领域全方位控制发展中国家,其强大的渗透功力和霸权地位使得发展中国家在主动和被动心态的交替下俯首称臣,而两者在文化、传播、思想意识领域的“核心—边缘”结构关系深深地镂刻在第二次世界大战以后的世界格局中。

随着世界形势的变化,依附理论对发达国家和发展中国家在文化传播中的两极结构的解释受到挑战,也受到批判学派论者的质疑和批评。首先,在世界经济和科技发展的过程中,第三世界传媒,如墨西哥特莱维萨电视集团和巴西环球电视集团等迅速崛起,①并以强大的势头席卷东、西方大国,形成世界上最大的西班牙语电视市场和葡萄牙语电视市场,其拥有的竞争力在某种程度上可以与西方大国形成对峙局面;其次,正如经济领域的依附理论已由费尔南多·亨里克·卡多索的“核心—边缘”两极结构发展到伊曼纽尔·沃勒斯坦的“核心—半边缘—边缘”三级同心圆结构,传播领域发展变化后的结构状态也需要进行调整和完善,借以显示文化传播领域正在趋向于多元化的发展局势;再次,依附理论强调发达国家和第三世界国家在传播领域的经济结构上的依附关系,对传播内容、传播途径的依附以及传播影响的关注不够,而仅用经济垄断来说明国际传播,学术上也很难予以充分的证明;最后,依附理论将国际文化传播领域的这种不平衡的、存在垄断和霸权现象的局面过于表面化和简单化了。以上分析已经揭示出依附理论在阐释世界传播格局方面的种种不足和局限性,于是新的关于国际传播的理论呼之欲出。

二、世界体系理论

世界体系理论的产生,是以美国社会学家伊曼纽尔·沃勒斯坦于1974年出版《现代世界体系(第一卷):16世纪资本主义农业和欧洲世界经济的起源》为标志的。② 一般认为,世界体系理论的形成与发展受多种思想理论的影响。马克思主义的资本积累理论和阶级分析方法,苏联经济学家康德拉季耶夫的长波理论,法国年鉴学派史学家费尔南·布罗代尔的历史时段理论及其“经济世界”的概念,依附理论的“核心—边缘”模型和关于不发达

① 明安香.略论新世纪的全球传播格局[J].现代传播,2006(6):20-24.

② 王欢.浅析沃勒斯坦的世界体系理论[J].学理论,2011(4):74-75.

的外因论的分析,西方现代化理论的内因论发展观,以及结构功能主义等,无不与世界体系理论存在思想渊源关系,都或多或少地对世界体系理论的形成产生了影响。①

"核心—半边缘—边缘"是沃勒斯坦对世界体系的划分。这一结构来源于依附理论的"核心—边缘"两极结构,但两极结构模型并不符合存在大量中间形态国家的现实状况;两极结构这种对立的结构描述会引发大量尖锐的矛盾冲突,危及体系的稳定性。沃勒斯坦的三级结构说是在"核心—边缘"结构模型的基础上,创造性地填充进"半边缘"结构而形成的。

沃勒斯坦提出的世界体系理论,旨在超越20世纪50年代的现代化理论和20世纪六七十年代的依附理论关于民族国家发展模式问题的观点,从而建立一种新的理论,以指导对资本主义工业化和现代化发展进程以及民族国家的兴起和发展的探索研究。

沃勒斯坦主要从经济、政治和文化三个维度对其观点进行了阐释。他认为,从经济角度和政治角度看,世界经济体系实质就是以西方为核心的资本主义经济体系,第三世界和发展中国家处于半边缘和边缘的地位,受到核心国家经济上的剥削和压迫。建立在经济基础之上的政治格局同样是西方国家处于核心,而发展中国家处于受制的地位。在文化上,他认为世界经济体系是以西方资本主义为核心的经济体系,而文化则是臣服于经济基础的一种意识形态工具,是一种表达,是为经济基础服务的,所以,从这一角度看,西方文化和意识形态的教条主义与作为世界经济体系的资本主义经济相结合而成为世界文化,世界文化的实质就是现代化、单一化、西方化甚至美国化的核心文化。帕森斯就明确地认为现代化不仅是西方化,而且是美国化。这种理论把西方社会发展的历史经验上升为人类社会的普遍模式和发展方向,把欧美的现代性规范当作人类社会发展进步的积极价值甚至是唯一的价值。② 这种观点,一方面体现了西方社会根深蒂固的西方文化的优越感和西方中心论的惯性思维;另一方面,也流露出其将"西强东弱"这一既

---

① 刘志明.依附论和世界体系论述评[J].开放导报,2010(1):68-73.

② 孟鸣歧.全球化理论:对西方中心论的批判[J].北京理工大学学报(社会科学版),2000(1):3-6.

成事实历史宿命化,并意在维护使发展中国家饱受层层压抑之苦的不平衡的信息和文化传播秩序的露骨的霸权理念。

如果说依附理论为国际传播结构提供了一个一极是处于边缘位置的依附性国家、一极是处于核心地位的支配性国家的两极量表描述的话,那么,世界系统理论则为国际传播结构提供了一个三极同心圆式描述。但是,我们也应该注意到沃勒斯坦理论所具有的明显的缺陷和不足。由于对经济力量的高度关注,他实际上将文化看作完全由经济决定的因素,从而抹杀了文化自身的自主性及其革命力量。更重要的是,虽然他对民族、国家等概念作为社会科学研究单位的质疑和否定具有一定的合理性,但是,他对资本等经济因素的终极强调却将复杂的社会问题过分简单化了。① 另外,沃勒斯坦的世界体系理论对文化全球化的强调的不足是其重大的理论缺陷。但整体上,这一理论成为全球化理论体系中无法忽视的重要部分,对之后的全球化理论的发展和完善意义重大。

三、全球化理论

"全球化"这一概念于20世纪80年代开始进入人们的视野,并被引入联合国的文献之中。此前,马歇尔·麦克卢汉的《地球村——战争与和平》(1969)与兹比格纽·布热津斯基的《两个时代之间》(1969)为"全球化"概念的出现做好了铺垫。随着新的传播技术的发展,麦克卢汉和布热津斯基分别创造了"地球村"和"地球城"概念,形象地描绘了传播领域中的新景观,即在新的信息传播技术的推动下,时间和空间被压缩,整个世界被解构于实时传播的网络之中。1983年,美国经济学家西奥多·李维特提出了"全球化"概念,认为"技术和全球化是塑造世界的两个动力:技术有利于决定人的喜好,全球化则决定现实"②。

全球化是经济、政治、资本、文化等全方位融入世界体系的复杂和互动

① 纪莉.资本全球化视域中的文化同一性探究——沃勒斯坦"世界体系"理论的跨文化传播及其启示[J].国外社会科学,2007(5):2-8.

② 朱振明.国际传播中的"全球化"与"世界化"——阿芒·马特拉的国际传播观[J].法国研究,2009(4):59-63.

的不平衡过程。现代的全球化学者更加关注世界多元文化在全球化进程中的多元走向。全球化理论从一开始就确立了其“反中心论”的立场,进入20世纪90年代之后,这种立场更加鲜明。显然,正是这种立场使其具有巨大的潜在力量。原因在于:第一,这种立场使其抓住了全球化进程的本质,即全球化不是一元化,而是多元化;不是资本主义的普遍化,而是多种文明的共存。第二,这种立场使其可以始终站在弱者的一边,扮演着“中心论”霸权的挑战者角色,这种角色决定了其更具有批判精神和革新意识。①

但目前的事实并没有向该理论所期望的方向发展。一方面,在资本全球化背景下,出现了全球化和本土化、融合于世界又坚守排外主义的策略等与全球化趋势既聚合又分离的反向极端状况。在西方掌握信息和文化传播霸权的传播秩序下,以民族国家为主的各民族文化、地域文化首先开眼看世界,以融入国际文化、借鉴和吸收世界文明为已任,同时也面临着被西方大国的强势文明侵蚀、同化的危机。于是,全球化进程中的发展中国家和弱势的多元文明主体出现了排外主义、保守主义趋向,在这一过程中不可避免地误入文化同质化、碎片化和西方化的围城。

马特拉从布罗代尔的“经济世界”概念中导出了自己的存在等级差别的“传播世界”,并在该框架下以非西方中心主义和非第三世界主义的态度来分析传播的流动,批判地揭示了传播的国际化逻辑。尽管在某些情况下要用“全球化”概念来进行论述,但马特拉本人更倾向于使用“世界化”概念。马特拉认为,之所以要批判地对待“全球化”,原因在于,“全球化”这个诞生于管理和市场营销领域并以经济整合为目的的概念,被用来指称一切文化产品和文化交换的国际化现象,并试图用商业的服务和管理模式及逻辑对社会进行治理,忽略了世界的真实复杂性以及经济和传播整合形成的社会排斥;而“世界化逻辑使人们注意到,传播系统和经济的世界化与不同地区、社会群体间不平等的出现联系在一起,换句话说,与全球化、碎片化和片断化联系在一起”②。而事实的发展印证了这一逻辑的合理性。

---

① 杨雪冬.全球化理论:粉粹“中心论”的桎梏[J].马克思主义与现实,1998(4):30-31.

② 朱振明.国际传播中的“全球化”与“世界化”——阿芒·马特拉的国际传播观[J].法国研究,2009(4):59-63.

后 记

近年来，浙江省现代职业教育研究中心(以下简称“中心”)经常承接国家、教育厅委托开展的教师发展方面调研任务，作为浙江省哲学社会科学重点研究基地，前期有了高职教师团队研究、兼职教师研究、企业引进教师研究等方面的成果积累，中心也正逐步打造以高职教师研究为特色的研究品牌。

中心研究人员在承接委托调研任务过程中发现，高职院校对教师发展举措多样，有的学校始终按照高职姓“高”又姓“职”的标准，通过教师职后培养不断提升教师的素质和能力；有的学校则大力推进教师发展中心建设，通过平台建设创造教师良好的发展环境；但也有的学校重教学业绩，轻教师发展，教育理论水平、专业知识以及信息技术能力都没有跟上高职教育改革发展的步伐。基于上述实际情况，中心研究人员期望通过系列的高职教师发展研究，形成一系列专题报告，为全国高职教师发展“画像”，进而打造中心专属的高职教师研究品牌。

为此，中心专门成立了“全国高等职业教育教师发展研究编委会”，由中心领导王振洪、朱永祥担任编委会主任，梁克东、程江平、成军、龚永坚、陈海荣担任编委会副主任，从研究选题、研究方向上给予全面指导。编委会下设项目组，由邵建东和韦清任组长，根据不同的研究选题组建研究专班，中心办公室则给予充分的研究条件保障。考虑本项目研究的首创性和全局性，编委会决定开展高职院校教师发展指数研制和测评的探索，以期形成一把相对科学相对统一的标尺，展现当前全国高职院校教师发展的基本现状，相关成果可以用于职业教育研究人员的内部研究交流，同时通过测评，能为高职院校教师发展改革政策提供科学的决策建议。

该项目的研究得到了上级部门和兄弟院校的大力支持，他们为项目实施提供了 2019 年全国高职院校教师发展的底层数据。中心研究人员王亚南博士主要负责高职院校教师发展指数测评指标体系的构建；王斌、徐珍珍等在指标体系构建基础上通过相关数据的采集对我国不同省份、不同类型高职院校教师发展指数展开测评，并对不同省份、类型高职院校教师发展水平差异的影响因素进行横向对比和深入分析；张晓超对高职院校教师发展大事记做了详细梳理；中心还邀请天津大学柯婧秋等博士生团队参与高职院校教师特色的相关指标数据采集工作。项目组组长邵建东和韦清对研究报告作了统稿，并对各部分提出具体修改意见。金华职业技术学院洪琴仙老师帮助对研究报告做了仔细的校对。中心学术委员会委员们对文稿进行了审读、指导，并对后续报告如何进一步发挥作用提出了中肯的建议。华中科技大学出版社张毅老师、郭星星老师、廖亚萍老师对报告的出版给予了大力支持，在此一并致谢。

由于研究水平和数据采集来源所限，报告还存在很多不足，错误和疏漏在所难免，请各位专家和同行批评指正，中心项目团队将在今后的研究中进一步完善。

高职院校教师发展指数测评报告项目组

2021 年 5 月

四、文化帝国主义理论

本质上,全球系统是一个动态发展的国际社会互动网络。国际经济、政治、军事力量的此消彼长,使国际关系不断调整和变化。因此,国际新闻传播及信息流动同时也是国际关系发展、调整的重要体现。其实,"依附"作为一个名词,着重渲染了发达的资本主义国家的帝国主义式和资本主义式的种族优越感,更掩饰了发达国家和第三世界国家之间在国际文化和传播领域的征服与被征服、压迫与被压迫的动态博弈过程。

因此,延续依附理论的思路,传播学者对国际传播中的文化依附局面给予了深层次的关注和动态化的解读。在这一方面,影响最大的当属美国著名传播学者赫伯特·席勒,他在以大量相关证据材料为铺垫的基础上,于1969年出版了《大众传播与美利坚帝国》一书,开创性地提出"文化帝国主义"理论。该著作以帝国主义的经济垄断为出发点,指出在文化传播领域,以美国为首的发达国家凭借其经济、科技等优势,以"优质"的文化和媒介产品吸引第三世界国家的注意力,强化渗透本国文化观念,同时消磨和排挤第三世界国家的文化。

以此为线索,席勒接下来的著作,如《思想管理者》(1973)、《传播与文化支配》(1976)等,进一步阐释了文化传播格局中的依附和霸权现象。席勒对"文化帝国主义"这个概念的阐释是:文化帝国主义是许多过程的总和,经过这些过程,某个社会被吸纳进入现代世界体系之内,而该社会的主控阶层被吸引、胁迫、强制,或者是被贿赂了,以至于他们塑造出的社会机构制度适应于,甚至是促进了世界体系之中居于核心位置并且占据支配地位的国家的种种价值观念与社会文化结构的发展。

1991年,席勒在《后帝国主义时代还未到来》一文中指出,当前超越国界的文化与政治关系发展的真正动力,并非什么全球化,而是西方资本主义的跨国扩张。虽然随着冷战结束后苏联解体和东欧剧变,世界向多极化发展,但是文化侵略与支配的事实依然没有根本改变。尤其是拥有先进信息传播科技的美国等西方国家垄断全球文化的趋势更为严重。纽约州立宾汉姆顿大学教授詹姆斯在《20 世纪末的文化帝国主义》一文中指出，西方大众媒介的重点在于捕获大众。大众媒介，如广播、电影、广告、流行音乐、通俗文化等进入寻常百姓家，于无声中深入人心，并形成全球规模，对第三世界国家的影响极大，且以“四海为家”的神话的欺骗形式出现。①

文化帝国主义的特点主要体现在以下方面：1.它以强大的经济和资本实力作为后盾，以国际市场的扩张为主要方向；2.以文化价值和意识形态的扩张及渗透为主要目的，即通过大量的文化产品的输出来影响和重塑他国的思想与文化观念，以实现对全球的精神支配及文化垄断为终极目标；3.以信息产品的销售为主要方式，通过这种将隐含文化和价值最淋漓尽致地传播开来的信息扩散，来进行价值观念的隐性普及与文化思想的耳濡目染。②

汉斯·摩根索认为，文化帝国主义的目的是征服人们的心灵，以此作为改变两国之间权力关系的手段。文化帝国主义的主体通过自己优越的文化或更具有吸引力的政治哲学对其他国家进行劝说或诱导，这比军事征服和经济控制更彻底、更稳固，在此基础上建立它的优势地位，以此实现自己的政治或经济目标。③

文化帝国主义作为国际传播理论体系中的一个分支，它的理论形态呈现多元化，如爱德华·萨义德的东方主义和文化帝国主义理论、汤林森的文化帝国主义理论，另外，还有汉斯·摩根索的民族主义理论、弗朗西斯·福山的历史终结论、亨廷顿的文明冲突论等。④ 但是，随着世界形势的风云变幻和国际格局的微妙调整，该理论不符合实际的地方逐步显现出来，并且随着这一理论在学界被日渐广泛地提起，针对该理论的不同声音此起彼伏，同时，批判学派对其也是争议四起。自从这个理论成为 20 世纪七八十年代关于国际新闻传播新秩序论战的基础以后，其越发政治化而无学术性。

汤林森是第一位系统反驳文化帝国主义的学者，他在《文化帝国主义》

---

① 张其学.媒介帝国主义：文化霸权主义的当代形态[J].南京社会科学，2004(10)：21-24.

② 闫腾腾.全球传播背景下的文化帝国主义[J].青年记者，2009(14)：21-22.

③ 程雪峰.异构与同质：媒介全球化与国际传播的“软切入”[J].牡丹江师范学院学报(哲学社会科学版)，2005(6)：104-106.

④ 邱金英，洪晓楠.文化帝国主义理论的特征、实质与内在矛盾[J].大连理工大学学报(社会科学版)，2005(1)：58-63.

一书中对文化帝国主义的批判学者中的领军人物席勒、马特拉等人的思想进行了细密的思辨、梳理与剖析,然后给予了彻底的清算。该书以“一种批判性的引论”为副标题,所谓“批判”即对文化帝国主义理论的批判。汤林森认为,当今世界正处于一个“崭新的时代”,其基本特征就是“全球化”。“全球化”这一说法既是用以置换帝国主义历史空间描述的现实场景,又是借以取代帝国主义言说表达的理论话语。如果说“帝国主义”意味着某霸权主体从某个中心将某种特定的观念和思想体系辐射至世界各地,那么“全球化”则体现了人类社会互相依赖和平等互利的平衡关系。所以他认为,无论从理论层面还是辞令的表达角度,文化帝国主义的话语都应该让位于文化全球化的话语。①

而在笔者看来,全球化的趋势愈演愈烈,国际社会的各个主体在经济贸易、文化交流、科学技术、企业管理等各领域的接触和合作日益密切而深入,国际关系格局也日益呈现多元化的态势。但表面的多元化合作关系并不能掩饰依然存在并日渐加剧的不平衡的利益关系,以美国为首的西方发达国家对发展中国家的利益侵占野心有增无减,这在国际文化传播领域体现为发达国家依然强势地占据着全球传播系统的中心位置,并主宰着世界舆论的主流话语权力。尤其在科技高度发达和新媒体技术一日千里的信息时代,其最明显而直接的方式仍然是向欠发达的边缘国家大量输出极具吸引力的文化产品和优质的传媒产品,进而形成了以单向信息流通为主要特色的媒介帝国主义格局。

五、媒介帝国主义理论

媒介帝国主义与文化帝国主义是相关又相异的两个概念。二者都指强势国家对他国的文化输出,但却又各负其责。文化帝国主义主要指包括经济、政治、文化教育等意义更为宽泛的内容和形式的输出;而媒介或传播帝国主义则指对其他国家的媒体系统、媒介所有权结构、传播技术和传播内容的输出。文化帝国主义强调的是文化、价值观念的输出,以传播内容为指

① 闫腾腾.全球传播背景下的文化帝国主义[J].青年记者,2009(14):21-22.

向;而媒介帝国主义更多地强调信息和技术,以传播载体和形式为指向。

20 世纪 70 年代,美国几乎成为全球绝大多数国家播放的绝大多数电影、电视节目的来源,这种美国在信息文化传播领域一支独秀的局面引发了人们对全球文化同质化的深切担忧。与此同时,全球各国家之间媒介流通的严重不平衡催生了媒介帝国主义理论。美国学者奥利弗·博伊德(巴莱特)于 1977 年提出,媒介帝国主义是指“某国媒介的所有权、结构、传递或内容,受制于他国媒介利益的强大压力,而未有相当比率的相对影响力”的现象。他指出,“媒介帝国主义是权力来源不平衡所造成的不可避免的结果”。他还概括了媒介帝国主义的四种形式:“一为传播工具的形式,二为整套工具的安排,三为理想实现的价值观,四为特殊的媒介内容。”费耶什(F.Fejes)在《媒介帝国主义:一次分析》中对“媒介帝国主义”做了这样的界定:“媒介帝国论将以一种宽泛而普遍的方式得到使用,以便描述这样一种过程:现代媒介借此来发挥作用,以在世界范围内创造、维系并扩展各种主导性和附庸性的体系。”①

媒介帝国主义是文化帝国主义的重要形式,在很多情况下甚至指代文化帝国主义,在某种程度上,当代的文化支配问题就是媒介支配的问题。如休杰(Hugill)所言:“如果信息是一种权力,那么谁掌握了电子传播系统,谁就可以发号施令。”美国的未来学家阿尔温·托夫勒在《权力的转移》一书中也表达了同样的观点:“世界已经离开了暴力和金钱控制的时代,而未来世界政治的魔方将控制在拥有信息强权的人的手中,他们会使用手中掌握的网络控制权、信息发布权,利用英语这种强大的文化语言优势,达到暴力和金钱无法实现的目的。”②美国和西方发达国家由于开发和操控了现代电子信息和通讯技术,以信息传播的绝对优势地位掌握着信息流通的绝对权力,这催生了西方世界“讲述”而第三世界“倾听”的单向传播的不平衡格局。

进一步来看,在全球化过程中,现代传播技术与资本主义国家的霸权直接关联,正如席勒所说,美国“强大的传播通讯系统构成了一个帝国网络,这

① 贺建平.“媒介帝国主义”与传播霸权[J].贵州民族学院学报(哲学社会科学版),2003(4):42-48.
② 张其学.媒介帝国主义:文化霸权主义的当代形态[J].南京社会科学,2004(10):21-24.

个网络反映出其强大的技术经济实力,它构成了一个权力金字塔,而美国处于控制层的塔尖,底层则是经济薄弱的新独立国家"。埃利奥特和戈尔丁(Elliott&Golding)也认为,国际媒体系统实际上就是将发展中国家纳入西方资本主义文化霸权下的一种机制。很显然,以美国为首的西方工业国家几乎完全控制了媒介产品制作和发行的渠道。[①] 值得一提的是,以萨米尔·阿明和贡德·弗兰克为代表的依附理论派也表达了同样的担忧,他们提出,资本主义的中心地带具有"五大垄断"——新技术垄断、全球金融垄断、自然资源垄断、媒体与传播垄断和大规模杀伤性武器垄断,继而全球化不仅使"核心—边缘"的两极对立格局永久化,而且进一步导致了信息传播及其他领域在整体意义上的"全球失序"。[②]

六、信息公平论

信息公平论也被称为"信息均衡论"或"世界信息传播新秩序",它从国际政治学和伦理学的角度解读了世界信息资源及话语权力的垄断与霸权现象。这一理论指的是,在全球传播关系和文化信息全球化扩散的大背景下,由发展中国家提出的一系列旨在改变信息传播不平衡的文化帝国主义格局、争取公平的信息资源分享权和话语权、建立均衡公平的世界信息传播新秩序的改革理论。

信息公平论实际上是知沟理论在全球化背景下的信息传播及国际社会空间中的逻辑扩展。知沟理论认为,随着信息时代的不断延伸及渗透,大众媒介的信息扩散与大众的对接日益频繁和深入,在这一背景下,处于经济和资源的金字塔上层的人群拥有更多的机会接触媒介信息,而处于底层的人群对信息的接触范围和数量都是有限的,由此产生的信息富地、信息富人和信息穷地、信息穷人之间的社会差距可以绝对地被量化,或者说,由信息高原和信息盆地的落差诱发的社会穷富分化的鸿沟被进一步拉大,而信息的不平衡和不对称成为社会贫富日益两极化与矛盾频发的社会乱象之间产生

① 贺建平."媒介帝国主义"与传播霸权[J].贵州民族学院学报(哲学社会科学版),2003(4):42-48.

② 何世杰.东方学视野下的媒介帝国主义[J].湖北广播电视大学学报,2008(4):65-67.

因果循环关系的逻辑接点。尤其在信息资源成为国家实力和国际竞争力的核心战略资源的国际背景下,西方发达国家和发展中国家之间不平衡的信息传播秩序和“数字鸿沟”成为加剧世界南北极化、东西分化的关键性诱因。

以下几方面因素简单勾勒出了不平衡的世界传播秩序的大致面貌。1.各民族国家之间的传播技术水平参差不齐;2.各民族国家在传播业务水平上落差较大;3.各民族国家之间的信息传播量不对等;4.国际文化传播的主要内容是西方文化、资本主义文化和以迎合中低阶层为目的的大众文化;5.话语权主要集中于西方少数的发达资本主义国家;6.各国在信息资源的利用上严重不平等。①

综合来看,在时间和空间的坐标轴上,发达资本主义国家以其高度发达的经济水平为依托,传播技术起步早、发展快,并领先于世界。由于大众传播这种大规模、专业化、批量化生产的传播形态与资本主义生产方式相适应,因此,在资本主义的发展轨道上,总能找到与大众传播发展程度相适应的历史定位。相对而言,西方发达国家在传播理论和实践方面的发展起点与发展进程都要优先于发展中国家,这成为发达国家在全球传播系统中居于核心地位并掌握核心话语权的先天性优势。

这一事实在传播学创始人施拉姆的研究中再次得到印证。施拉姆曾考察过全球信息传播流通以及大众传媒发展水平的世界分布情况,他发现,世界新闻信息是以发达国家为核心向发展中国家进行辐射式流动。在全球化、市场化、信息化和网络化特征愈加明显的当今世界,各国的传媒业都取得了迅速发展。尤其是在发生于20世纪中期的电子传播媒介革命中,无线电和卫星电视的发展使人类摆脱了印刷传播的物流束缚,在传播的时间和空间限制中突出重围,实现了跨国传播和全球传播,并逐步建立新的传播格局。但与此同时,相对传统媒体而言,世界各国互联网和新媒体技术的发展差距进一步拉大,这种现象对当前的世界文化传播体系构成了重大挑战,资金、技术等因素处于弱势的国家愈来愈难以建立真正的文化独立性,日新月异的世界传媒新技术,已异化为以美国为首的发达资本主义国家所推崇的

① 王凤仙.文化全球化语境下国际传播问题的传播学解读[J].新闻界,2009(1):15-17.

资本主义文化得以“一统天下”的魔法。

新现实主义认为,较强大的国家在与不太强大的国家打交道时拥有更大的安全系数,在“玩什么游戏”和“怎么玩”方面有更多的发言权。在国际传播领域中更是如此。从结构层次上分析,冷战结束后,美国在国际政治中单方称霸,在世界文化市场和对外传播上同样咄咄逼人。借助其跨国公司的强有力的全球市场支配地位和单极的绝对权力,美国有力地控制着大众文化产品和新闻舆论传播在世界上的流通及散布过程。在世界的大部分区域里,美国流行文化都占据着明显优势,而处于世界政治经济秩序被动地位的发展中国家则无力与之抗衡。把持“游戏规则”的制定和实施的大国可以在世界事务中操控其他弱国于股掌之中,经济基础决定上层建筑的经典论断在国际意义上和国际传播领域内同样有效。

但是,各民族国家都应该有传播主权,如同国际社会承认的国家主权一样,本应拥有在本国、本民族传播领域中的各项权力。而现实是,同政治领域中的霸权一样,在无政府的国际体系中,出于本国利益的考虑,霸权国家经常无视他国的传播主权而肆意妄为。西方媒体对诸多国际事务以本国利益为圭臬来发表看法,大力宣扬西方的文化价值观念,以新闻信息传播的柔性和隐性力量暗度陈仓地推行强权政治。

传播霸权和垄断必然扩大信息技术的鸿沟并导致信息流通的失衡。席勒在1996年发表的新作《信息不平等》(*Information Inequality*)中,对在全球化信息新技术时代并没有消失的信息“有者”和“无者”的鸿沟问题进行了深入的探讨。他指出,集参与性、交互性、共享性于一体的新媒介网络时代的到来,绝不意味着新闻独占时代的终结,相反,集中的趋势还在继续,垄断组织的触角延伸到了更多领域。实质上,全球化只为那些超级大国和跨国公司服务,成为他们借以获取更大利益的更为广阔的国际舞台。由新技术所推动的全球化,已异化为经济巨头和信息霸主进行产品推销和思想文化渗透等一系列霸权活动的新式武器。

七、弗朗西斯・福山的历史终结论和亨廷顿的文明冲突论

(一)弗朗西斯・福山的历史终结论

美国国务院政策计划司副司长、原兰德公司分析家弗朗西斯・福山于1989年在《国民利益》季刊夏季号发表了纪念冷战结束的文章《历史的终结》,提出了"历史终结论"。①

这一理论的基本观点是:20世纪80年代世界上发生的历史事件,并不仅仅宣告冷战时代的结束,更是代表了历史的终结,具有里程碑式的历史意义。以福山的视角来看,这些变化证明了历史的走向是以昭示西方和西方所倡导的存在方式取得胜利的方向发展的,这一极具象征意义的历史时刻正是"人类思想演进的终点和作为人类最后的政府形式的西方自由民主制的普遍化"。这并非历史的停滞阶段,而是体现了历史发展的终极形态,即以后发生的事件只是西方自由主义的进一步普遍化,并且进一步印证西方在意识形态领域所取得的胜利。这种观点具有明显的宣扬西方战胜东方、资本主义意识形态战胜社会主义的典型的政治和意识形态倾向。

在福山看来,东弱西强的世界权势格局中,社会主义的意识形态被西方大国所主宰,既无招架之功,更无还手之力,弱得几乎可以被忽略掉,西方则成为王者而一统天下。这种观点在新闻传播领域主要表现为东西传播实力的鸿沟以及世界信息传播秩序的严重失衡。"据统计,目前西方发达国家流向非西方国家的信息量是发展中国家流向发达国家的100倍,世界上有三分之二的信息源来自只占世界人口七分之一的西方发达国家,世界上每天传播的国际新闻大约80%来自西方的主要通讯社,如美联社、路透社、法新社和合众社。"②西方凭借各种硬实力的优势,在信息源、传播渠道、传播内容等方面占据绝对的控制地位,掌握着消息的黑白两态以及肆意撰写历史的实

① 邱金英,洪晓楠.文化帝国主义理论的特征、实质与内在矛盾[J].大连理工大学学报,2005(1):58-63.

② 赵雅文.全球化背景下的国际传播[J].当代传播,2007(6):26-68.

权,而发展中国家则被动地处于失声的境地,就连他们的思维方式和对世界事务进行解读的能力也操控在西方大国手中。这一现象自然嵌入一种不易改变且呈马太效应的传播模型——强者愈强、弱者愈弱。目前看来,国际信息流动的不平衡将是不会消逝的永恒的现象,而对平衡状态的追求恐怕也是不平衡运动常态中的瞬间,或仅仅是一种美好的一厢情愿式的想象。马特拉更是一语道破事实:福山的"历史的终结"和丹尼尔·贝尔的"意识形态终结"一样是一个宏大的神话,我们仍旧生活在一个有深深的意识形态烙印的世界中。

(二)亨廷顿的文明冲突论

哈佛大学著名政治学家萨缪尔·P.亨廷顿于 1993 年在美国《外交季刊》夏季号发表了《文明的冲突》一文。他的主要观点是:世界冲突的根源,以冷战的结束为节点,由"意识形态和经济的"转为"文化上的";"全球政治的主要冲突将发生在不同文明的国家和集团之间,文明的冲突将主宰全球政治";"不同文明之间的地理分界线,将是未来的战争线"。文明的历史作用比民族国家更大。未来决定世界格局的是七八种文明,即西方文明、儒家文明、日本文明、伊斯兰文明、印度文明、斯拉夫-东正教文明、拉美文明和非洲文明。未来的重大冲突将爆发在这些不同文明间的地理分界线上,文明之间所发生的冲突将成为人类社会中一切冲突之源。①

这一观点传递出的信息表明,具有历史承接意义的冷战将成为东西方意识形态冲突的终结点和新的文化与文明冲突的起始处。这种看法字里行间透露着对"西方的意识形态已经战胜了东方社会主义意识形态"的窃喜,以典型的西方意识形态优越感的心态和思维视角表达出对冷战结束后的世界文化和文明走向的关注,并重点渲染了东西方在意识形态、文明和文化、思想方面的拉锯战成为未来世界的主要战场这一预言式的观点。而一直以来西方大国在新闻传播领域的霸权地位和绝对的垄断优势,不但不会使西

---

① 邱金英,洪晓楠.文化帝国主义理论的特征、实质与内在矛盾[J].大连理工大学学报,2005(1):58-63.

方各国对所承担的世界责任和与世界合作的积极心态进行反向对抗产生不适感,而且会成为其宣扬资本主义和西方意识形态优越性的炫耀性资本。

东西对峙的冷战历史虽然短暂,但却士气浩荡,散发着不屈的灵魂暗香,遗憾的是,它最终随着时代的风云突变而被冷落在历史的暗角。

然而,随着历史车轮的前行,轮脚的花香依然穿越了时空,在当今的世界留下印迹。当前极不平衡的传播秩序在印证了历史预言的同时也反衬了这一结论的“为时过早”,以及与当下情势的不甚相符。

文明上的冲突实际并不曾经历“冲突之战”就已暂时让位给短暂而肤浅的“相安无事”。我们可以断想亨廷顿在冷战结束之际提到“文明的冲突”时的心态,必定是充满了某种欣慰甚至是得意,在他看来,东西阵营的对峙局面以西方意识形态优势压倒东方社会主义意识形态而终结,意识形态的纷争从此掩隐于历史的帷幕,而文化上的分歧和差异所带来的冲突和摩擦开始粉墨登场。一直以来,内涵不同的文化始终是以各自滋养一方水土的相安无事的状态世代生息,但是随着以美国为首的西方大国依靠强大的软硬实力对其他国家和民族的文化进行强势冲击与侵蚀,尤其以新闻和信息的强势输出为主要手段,以春风化雨般的貌似纯新闻和信息的大量输出,进行精神和思想的点滴浸润与文化的层层侵蚀,大多数发展中国家在这股浪潮的侵袭下,本国的民族文化正在逐渐淡出人们的视野,取而代之的是西方的价值观。

处于弱势地位的发展中国家并无招架之力,甚至在懵懂之中接受了西方国家“不战而屈人之兵”的文化洗脑,从此,强者愈强且逐步进入全球文化的中心,而弱者愈弱且日渐边缘化于全球文化的外围。西方与非西方文化在世代文明和文化的林泉之间,实现着各自悄悄强健与悄悄没落的历史宿命,而原本百花齐放的多样性文化生态以碎片化、同质化的发展趋势逐渐消逝于历史的时空经纬之中。

不过从乐观的视角看,几大古老的世界文明的生存和发展有着自己的逻辑,并不会因为几个“乳臭未干的后生”的一时哄闹而乱了阵脚,短暂的隐藏丝毫不会埋没它们自身的韵味和光华。温特从建构主义理论体系推理得出,作为国际无政府社会下的三种文化状态,霍布斯文化已是过去,洛克文化是现在,而康德文化将会是未来社会的主导特征。温特根据这种动态的结构观谨慎地作出断言:国际社会是不会倒退的,是会朝着世界政府和某种意义上的大同社会的方向发展的。由此,我们有理由期待世界文明和国际秩序在"求同存异"的状态下和谐共荣。

此外,威斯特伐利亚体系建立之后,自民族国家出现之时起,在国际无政府主义的状态之下,"经济基础决定上层建筑"的生存逻辑也成为国际上经典的理论叙事,想当初美国等西方大国正是凭借强势的经济实力积淀起扩张势力范围、称霸世界的野心,以及以信息和新闻的洪流冲击与洗刷别国民族文化的气势。时至今日,当以经济的异军突起为先锋的大国崛起模式风水流转到中国时,或许正是西方大国从西方已经战胜东方的"历史的终结"的狂欢中清醒的时刻。

有人称"21 世纪是中国的世纪",中国也以相对于其他国家来说高速稳定发展的经济,以及各个领域的日益繁荣一步步使这一预言照进现实。中国的崛起引起包括西方大国在内的全世界的瞩目,以新闻领域中西方对中国的报道为例,过去负面、带有偏见的不实报道正逐渐减少,而正面报道的比例和权重有所上升;国际主流媒体对中国的关注日益密切,头版头条上的"中国新闻"也逐步增多;虽然信息发布渠道依然由西方大国主控,但是以中国为典型的发展中国家在内容上的争取已获得很大突破,新闻报道方面这种"正反合"的转变不言自明地体现了中国的备受瞩目。在文化领域,《阿凡达》《功夫熊猫》等好莱坞大片里中国元素的频频亮相,也暗合了"居高声自远"的古语。无论意识形态上,还是在文明的冲突与差异方面,中国都是一个典型的代表。正是因为中国的主动争取,西方大国有意接招,在双向的博弈与互动中,中国在某种程度上于方方面面都实现了由边缘向世界中心地带的突围,这种意味深长的进展无论对于"历史的终结论"还是对于"文明的冲突论"都极富挑战意义,并预示着更宏大的历史景观的呈现。

八、全球治理理论

治理理论是国际政治学、政治社会学的重要理论之一,全球治理理论的主要创始人之一詹姆斯·罗西瑙(James·N.Rosenau)将治理定义为一系列活动领域里的管理机制，它是由共同的目标所支持的活动，这个目标未必出自合法的、正式规定的职责，而且它也不一定需要依靠强制力量克服挑战而使别人服从。

在全球化和信息化的当今社会中，随着跨国公司的全球扩张和区域一体化的广泛进行，国际事务的处理方式越来越倾向于朝着弱化主权国家而强调个人或其他非政府行为体的影响和作用的方向发展，而这基本只是洛克的"个人政治主义理论"——个人权力先于团体、群体和国家权力的实现方式之一。① 以无政府治理为基本内容的合作性治理得到了进一步的拓展，多边主义、多边国际组织、软权力等概念纷纷参与到这一柔性治理的框架当中。

全球治理就是这一背景下的治理理论的分析框架延伸至国际范围的逻辑论说。但是至今全球治理理论还没有明晰和规范的定义。大致说来，全球治理是在无政府状态的国际背景中，以具有广泛约束力的国际规制来解决全球性的冲突、移民、疾病、灾害等问题，以使国际政治经济秩序维持在正常有序的状态中。全球治理理论的前提应该是各个国家认识到彼此的共同利益和共同价值，并在相互关系中遵守共同的规则、参与制度，承认这些规则和规范的合法性与约束性。

总之，相对于统治而言，治理的内涵更为丰富，它既包括政府机制，同时也包括非正式、非政府的机制。而随着治理在国际范围的普遍受用，各种组织和个体得以乘借这一具有教化意义的机制的东风，如愿实现各自的利益目标。近年来，随着全球化的纵深发展，国与国之间的数字鸿沟不断扩大，国际传播实力的分布极不均衡，这些现象日益引起国际社会对信息传播新秩序的重新关注。无论是发展中国家还是发达国家，都在探索全球信息传播的平衡、公正问题，并试图缩小国与国之间的差距。全球治理理论的提出为解决民族国家在国际传播控制方面的争论提供了新的思路和方向。②

---

① 秦亚青.权力·制度·文化[J].世界经济与政治，2002(6)：5-10.

② 杜永明.全球传播治理：国家传播由"制"到"治"的范式转换[J].世界经济与政治，2003(10)：38-43.

全球化传播治理可以看作是国际传播新秩序运动的延续,它是针对传统的国际传播硬性的管理与控制方式的一种“范式转换”。全球传播治理对于发展中国家来说有着更为重要而特别的意义。一方面,发展中国家面临着全球化、信息化条件下国际传播所带来的诸多挑战;另一方面,传统的国际传播管理体制、手段已经不能适应日新月异的全球化传播环境。国际传播控制由“制”到“治”的模式转换已经成为一种不可逆转的历史潮流,其管理方式不再是单纯意义上的控制,而已由“纯粹的堵”变为“有效的疏通”,是一种具有建设性的、对国际传播秩序进行改造和完善的过程。① 欧盟内部国家及七国集团(G7)成员国制定了共同的信息政策及法律,以规制网络中的不健康及不利用于社会稳定的不良信息,这给更广泛的国际传播治理与合作提供了良好的范例。在不断努力提高自身传播实力以应对强势的西方大国的信息冲击的同时,发展中国家应加强拥有共同利益的集团和组织之间的合作,以“共赢”理念为指引,为公平的国际新闻传播新秩序的实现扛起合作与团结的大旗。

九、利益纠缠下的国际传播——全球传播

我们认为国际传播的实质是在民族与国家之间进行的传播,以意识形态的宣传和说教为主要目的,带有浓重的政治色彩。全球化纵深发展、跨国公司将触角延伸至天涯海角、互联网日益压缩人们生存的时空,种种背景之下,一种跨越了民族-国家的地缘政治界限,以文化传播为外壳,以意识形态的宣扬为隐性内核的全球传播日益发展为新的传播趋势而席卷全球。有学者从跨国公司在全球传播中的核心作用的视角出发,指出全球传播以跨国公司所宣扬的消费文化与主权国家宣扬的意识形态之争替代了在主权国家之间进行的意识形态之争;全球传播以互联网为依托,以“双向互动”置换了国际传播秩序上存在的“信息单向流动”问题;全球传播以跨国公司为传播主体,以实现利益最大化为主要目的进行“消费文化”的全球化渗透。从这层意义上讲,国际传播这一领域似乎已经失去了进行深入解释和研究的立

① 杜永明.全球传播治理:国家传播由“制”到“治”的范式转换[J].世界经济与政治,2003(10):38-43.

足之地。

但更多的学者仍然从民族-国家的视角解读全球传播,认为全球传播是国际传播在传播主体和传播时空上的进一步扩展与延伸,是指将国内传播和国际传播融为一体,以整个地球世界为范围的传播。这一解释更强调了全球传播对民族国家主权构成的挑战,它以当今的经济全球化、政治全球化和文化全球化为背景,强调了主权国家在世界事务中的作用和影响日渐弱化,而国际法、国际规制和组织及非政府组织等开始居于国际权力结构的主体地位。民族国家在国际事务中的地位和影响有弱化的趋势,但主权国家的消失如世界大同的实现一般,还只是一种可有可无的乐观的幻象。因此,从这种意义上来说,全球传播彻底将国际传播取代的未来局面也还只是一种遥遥无期的美好憧憬。

无论是国际传播还是全球传播,其实质都是以政治的或非政治的目的实现跨国际、跨区域、跨文化的交流和传播。1959 年,美国文化人类学者、跨文化传播研究之父爱德华·霍尔在其著作《无声的语言》中第一次使用了"跨文化传播"这一术语。自 20 世纪后半叶以来,在全球化时代全面到来、传播和信息技术飞速发展的大背景下,全球文化交流日益频繁,跨文化传播也已成为涉及各个社会领域的一种广泛的社会行为。

这种跨越不同民族国家文化的传播形式以全球化为背景,实质上,全球化创造了不同文化发展与并存的"增量空间"①,在这个空间中,不同文化的影响力和生存空间得到了空前的扩张机遇,也面对着愈加激烈的挑战。一方面,跨文化的交往亦在时时激发各文化内部的独创性表达,与此同步的是,人们的本土意识在进一步放大而不是削弱。另一方面,这种话语的充分表达和文化影响力的充分释放是以复杂的社会关系和权力关系为支撑的,它的进行取决于经济、政治、文化层面的资源与权力格局,而现今处于深刻变动中的国际局势和权力结构依然由西方大国把控,"文化霸权"理论以文化输出和输入上的"剪刀差"的形式镂刻在跨文化传播领域的经纬沟壑之中。因此,与其他人文社科领域一样,在跨文化传播研究的国际话语结构

---

① 孙英春,孙春霞.跨文化传播研究的全球场域与本土追问[J].浙江学刊,2010(4):36-43.

中,西方话语仍然拥有难以撼动的霸权地位。

随着中国综合实力的不断提升、现代化进程的加快,以及大国地位的崛起,为了使自身发展得以在和平安定的国际大环境中进行,在国际事务中发出自己的声音,并为世界的和平与进步发挥自己的作用,争取与其地位相一致的国际话语权,成为当前中国艰巨而紧迫的任务。“本土事务,国际表达”“华人视角观天下,世界眼光看中国”等传播策略都体现了全球场域与本土化相结合的表达逻辑,为以对外传播为主要方向的跨文化传播弱化了文化和思维观念上的差异性,减小了意思表达和理解方面的误差,增强了意思传递的准确性和有效性,并在文化的双向对接和交流中、在与其他发展中国家的合作中做出了有益的探索。

曼恩(Mann)和纳尔逊(Nelson)等人的社会学研究认为,制定以改善物质财富不平衡现象为目的的道德规范就是为了开创与普遍对话共同体这一理想相适应的社会局面。这一结论从某种角度上印证了中国在大国崛起的进程中在国际社会关注度和权重方面所经历的冷暖和甘苦。就中国来说,尤其是在2008年的汶川地震、奥运会及全球金融危机等一系列重大事件中的有力应对,为中国的国际地位、话语权的争夺及其在国际上的形象实现全面的突破和改观打下了里程碑式的基础。

跨文化传播学的问题视域的终极关怀应当不仅抱持关于人类文化共同体的理想:一种普遍话语共同体不会因为政治弱势和缺乏尊重而排除各种声音,禁止完全迥异的各种观点,包括对于普世伦理、交往理性、跨文化理解和对话、回归生活世界等重大命题的解释;同时也应透过多方面思考与实际行动,探讨全球化与本土化的矛盾,文化多元与文化霸权的冲突,以及现代性、文化认同和民族主义等问题,以追求差异、多元为学术旨趣,推动人类的跨越文化边界的沟通和自我拯救,维护人类文化的价值和精神的尊严。①

这样一种终极命题的实现仍然路漫漫而其修远,尤其是在极不平等的国际信息传播秩序的重重封锁之下,但是吾将上下而求索的坚毅没有消退。从20世纪70年代起,发展中国家就把建立“信息传播新秩序”与建立“国际

① 孙英春,孙春霞.跨文化传播研究的全球场域与本土追问[J].浙江学刊,2010(4):36-43.

经济新秩序”视为同等重要的命题,要求改变国际信息流通不平等、不均衡和不对称的现象。就连一向以人类优秀文化发祥地著称的欧洲国家,也在20世纪90年代初举起了“文化反击战”的旗帜。保护民族文化、本土文化,避免文化帝国主义,已引起全球化背景下许多国家的共同关注,一些发展中国家也通过跨文化传播,使本群体的文化渗入其他地区。①

十、交流理论:人类交流是无奈抑或乌托邦

如何在西方大国传播霸权的严密控制下实现自我文化价值和精神尊严的突出重围,对于广大的发展中国家来说,或许是一个无解的命题,因为无论是全球传播、国际传播还是跨文化传播,其间都横亘着“利益”的高墙,而这几乎成为强势的西方国家和弱势的发展中国家都不愿退让的最后底线,或许只有双方在彼此之间架起共赢与合作的理念的桥梁,以全人类利益为更宏大的基础命题,或者说在大同世界的时空范围内,才能实现无障碍的精神和文化的交流。而这种假设也开启了更为本质和原始的话题,那就是在利益对等时或利益的框架之外,人类自身能否实现真正意义上的交流和传播呢?

彼得斯以“Speaking into the Air”(《交流的无奈》)为名著书,给出了令我们最为悲观的答案:完美的“交流”是存在的。我们以英文中的交流“communication”的语义发展为切入点,探讨交流和传播的无奈之说缘何而来。到了20世纪20年代,“communication”才获得了“传播”的意义,即现实意义的传播学诞生于20世纪20年代;在此之前,“communication”的主要意义就是交流。所谓交流,就是点对点或点对面的信息流动。若按语义学来解释,我们从“communication”的前缀“com”就可知晓,交流和传播本身都是一种双向的思想和心灵的交换与共享,是一种互动关系。

杜威认为交流是参与,是把自己“放在双方共享一个处境的立场上”,交流就是参与到一个共同的世界中,而不是共享内在意识的秘密。而今天,在“communication”领域最有影响的思想家之一哈贝马斯强调,交流不是要共享意识,而是要协调行动,以思考“公正”这个观念。

① 刘菲菲,王泳惠.单一化与多样性:跨文化传播的双重语境[J].青年记者,2010(21):37-38.

就更深刻的意义而言,交流是找到各种办法,去和他人有意义地分享时间;这个问题很快就会成为一个信仰和风险的问题,而不是技术和方法的问题。总而言之,威廉·詹姆斯认为,无论“交流”是何意思,对方应该是中心,自我不是中心。交流的问题不是语言的捉摸不定,而是自我和对方之间无法修补的分歧。交流的挑战不是忠实于我们的地盘,而是对别人抱以原谅的态度,他们不可能像我们看自己那样看我们。按照这一逻辑进行推论,作者最后得出的结论是:在我们的关系之中,人与人的团结显然比很有把握的解释来得重要,或者说,我们不应该问“我们能够交流吗?”而是应该问“我们能够相互爱护,能够公正而宽厚地彼此相待吗?”①

经过以上对于传播和交流的本质意义上的探析和诠释,面对上面的最后一个问题,就目前的世界格局而言,恐怕人类给出的只能是否定的答案。因为人类似乎先天具有功利主义意识,特别是在民族国家出现之后,源于部落争端的族群集体利益意识成为国际关系现实主义的思想始端,“国家利益至上”自此成为至高无上的准则,所以,人类传播也天经地义地带上了先天功利性,尤其在传播进入“国际”阶段之后,表现出更强的功利主义色彩。国际传播的实质也在功利主义色彩覆盖和“国家利益至上”的原则下变得更加错综复杂。在这样一种一切利益为优先原则的现实境况下,国际传播的真正和谐与平衡的状态恐怕只能成为人类思想上永远的乌托邦。

我们可以是乐观的悲观主义者,也可以是悲观的乐观主义者。随着全球化和“地球村”的日益深入扩展,各民族国家之间逐步出现“你中有我、我中有你”“一损俱损、一荣俱荣”的格局,与此共生的“求同存异”“互利共赢”“和谐世界”的理念也逐渐成为普遍共识,在绝对的利益冲突之中通过相对平衡的对话和沟通找寻相对的利益共同点,在摩擦和冲突的乱象中探索彼此互惠的和谐之境,不仅考验着各民族国家的生存智慧,也为人类世界如何更积极地发挥自身价值并实现永久的传承提供了意义丰富的参考。

---

① 彼得斯.交流的无奈——传播思想史[M].何道宽,译.北京:华夏出版社,2003:259.

话语方式变革:中国国际传播的三个重要转变

2008年奥运会,中国与世界的拥抱万众瞩目,这一抱是中国与世界进一步互相理解与交融的拥抱;是中国向世界展现"和谐共赢"意愿的拥抱;是世界期待中国更快进步的拥抱;是中国在自我反思中不断创造社会进步与跨越的拥抱。

这些转变的重要"引信"和平台是国际传播。而国际传播在促成和展现这些转变的同时,也在发生着重要的变化。

一、从对外宣传到国际传播

在中国政治文化中,"宣传"一词没有贬义,但在某种意义上代表了单向的传播过程。

20世纪90年代以来,随着全球化的推进和国际传播的发展,中国与世界的双向交流增加,对外宣传开始向国际传播转变。这个转变在中国加入世界贸易组织和申办2008年奥运会成功之后加速,在奥运会举办过程中趋于完成。这主要表现于以下两个方面。

第一,我国对外宣传策略有所变化。在准备充分的基础上,中国从对外宣传的组织管理机构到国际传播的实施单位,主动性大大增强。国际新闻中心的新闻发布会大幅度提高了中国新闻发布的时效性和国际化水平。众多的发布会及国际传播媒介更加强调以国外受众听得懂的语言,以其能够接受的方式传播中国的新闻、文化、知识。在奥运举办过程中,并没有发生严重的跨文化交流障碍，世界人民对中国举办奥运会是支持的，对我们出现的问题表现出较大的宽容和理解，这是主动开展双向交流的胜利。

第二，中国社会开放交流的心态逐步形成。传播的交流性要求较高程度的信息公开。2007 年 1 月 1 日起，中国政府实施了保障境外记者采访自由的“国务院 477 号令”，以政令形式全面开放外国记者在中国采访的权限。同年 7 月 1 日实行的《北京奥运会及其筹备期间外国记者在华采访规定》则为世界各国记者提供了自由采访、雇用人员之便。此后，中国民间、学术界甚至在某些敏感领域，都高度配合国内外记者的工作。奥运期间，我们看到一个蒸蒸日上的中国出现在世界各国媒体之中。各境外媒体的报道虽依然存在着某些误解和不解，但是总体上承认了中国在努力、在进步。同时，面对国际上相对不够正面的报道，也没有出现网络民族主义激愤，保证了奥运期间总体的祥和气氛。由此，中国政府、中国民众乃至中国社会直面问题、理性思考的开放心态逐步形成。这将是中国国际传播进一步走向良性循环的重要基石。

二、从国际传播到内外传播

长期以来，我国对外新闻实践强调“内外有别”的原则。冷战结束之后，全球信息传播革命使得这一原则受到了较大挑战。21 世纪以来，随着传播科技的进一步发展，传播环境内外一体化加强，对内宣传与国际传播之间的信息鸿沟迅速缩小。在直播卫星技术、移动传播技术、Web2.0 技术及其日益加强的融合趋势的推动下，国际传播已向内外传播转变，奥运会报道就是一个典型的例子。

奥运之前，有关机构批准了多家外国媒体关于携带自己的卫星设备进入中国的申请，且其中大部分被允许直接把自己采集的任何信息随时发回国内，也可随时进行直播。这迫使我国国际传播机构采取同样的方式在全球范围内与外国媒体展开新闻竞争。在电视和网络直播环境下，“内”“外”似乎已经无法有别。

我们看到，在国际新闻中心，无论是涉及中国国内问题还是涉及奥运会问题的新闻发布会,中央电视台的新闻频道与国际频道实现了同时直播(虽然并不是全部)。同时,新华网、央视国际等中央重要网站也几乎同步向世界实时转播赛况和其他新闻。

如今,“内外有别”原则更多体现在语言的不同以及对相应国家和民族受众接受方式的把握等技术层面。在直播环境下,内容选择性播放的空间随着国际媒介的新闻传播竞争加剧而逐渐缩小。另外,博客与播客的出现,也对这一趋势的发展起到了推波助澜的作用。

三、从媒体的传播到全方位国际传播合力的形成

传播的本质是沟通交流,交流的目的是实现互相理解。国际间的沟通与交流可以在三个层面实现:危机管理、概念体系的建立及其传播实践、文化教育人员交流。有效的传播需要在三个层面上形成合力。

长期以来,三个层面战略与策略的研究制定工作很大程度上停留在研究阶段。奥运会的召开,真正意义上促进了合力的形成。

在危机管理层面,2007 年 11 月 1 日,国务院颁布实施《突发事件应对法》;继之,《政府信息公开条例》又于 2008 年 5 月 1 日颁布生效。这为“信息公开化”提供了政策和法律依据。在以上两部法律法规的基础上,从北京奥组委到中国各级政府均建立了针对国际传播现状的紧急处理预案。奥运前后,从云南到新疆,从刘翔退赛到奥运安保,我们均能够从容应对,没有出现较大规模的危机信息管理不当事件。

在概念体系及其传播实践层面,我们逐步实现不再自说自话,而能够以对生命的尊重、对个体权利的尊重、对于胜负的平常之心、对于环境的关注等逐步建立能够为广大国际受众接受的理念体系。这些理念经过梳理,将围绕“和谐世界”而逐步展开系列话语,在很长一段时间里指导中国国际传播的实践。

奥运会国际传播最为成功的标志之一,恐怕是实现了历史上短时间内最大规模的文化教育人员交流。这种交流体现在我们三个新闻中心的使用中,体现在各种免费的文字印刷品、音像制品的提供上,体现在齐备的电子

设备和互联网上,体现在卫生部、文化部等方面共同配合举办的系列文化活动上,体现在北京甚至全中国民众热情洋溢的笑脸之中。

初步估计,奥运期间,仅北京就接待国际游客 50 多万人次,而参观相关文化展览的国际游客达到 160 万人次,多数游客是第一次到中国。他们看到了一个生机勃勃、热情好客的中国,他们将会成为一个又一个优秀的人际传播中介。

奥运前后,中国国际传播领域发生了重要的变化,这三个变化将会带来中国传播体制和机制的重大转变。

2008 年是中国改革开放 30 周年,是奥运之年。这一年以重大事件的发生、民族患难的担当、大国心态的成熟,成为中国社会发展和民族进步的标志性年度。我们期待奥运之后,中国国际传播的种种经验和教训能够得到及时总结,并因此成为我们“奥运遗产”的重要内容之一。

中国国际传播新战略格局的成型

2009年,中国国际传播事业呈现出快速发展繁荣的态势。一方面,2008年的政策支撑和实践历练奠定了这一基础;另一方面,2009年国际传播媒介政策与变革出现较大调整,在战略、策略,以及目标方面出现较大转变。应该说,2009年是中国国际传播发展的一个新起点,为改变中国国际传播事业发展不适应中国国际地位变化的局面提供了全新的契机。目前,这一起点主要由政策支持、政府力量促成,相信在不久的将来,将会由政府政策行为变更为全新的社会、商业、资本行为。

2009年,中华人民共和国逢60周年大庆。一个甲子,这个国家从积贫积弱到繁荣富强,从被西方国家排斥,到与世界人民和谐相处、共寻繁荣。种种迹象表明,2009年,中国国际传播事业进入了全新发展时期,呈现出很多新特点。

由于一系列重大事件的发生及其给国家和民族带来的深刻的历史记忆,2008年往往被看作一个历史的节点。这一年,"3·14"事件令我们更加清晰地认识到发展中国自己的全球传播力量的重要性;也是在这一年,奥运会的成功召开坚定了这个国家和民族与世界人民共享荣辱、共担责任的决心和信心;改革开放30周年,也让我们将目光再次投向1978年至2008年中国与世界踏过的每一个脚印,反思与审视之余,坚定了中国传播领导者与实践者、国际与国内统筹并重的决心。这些,均为中国国际传播进入一个新的阶段奠定了坚实的基础,也为2009年中国国际传播的新发展提供了丰富的经验和教训。

一、中国国际传播战略和“国际传播体系”目标出台，中国国际传播事业的地位得以提升

（一）国内传播与国际传播统筹兼顾，国际传播的地位明显上升，成为国家媒介发展的重要指导方针

2008 年下半年以来，胡锦涛、李长春在多个场合强调加强国际传播的重要性，并对国际传播的发展提出具体的要求。如在写给中央电视台建立 50 周年的贺信中，胡锦涛指出，“中央电视台是党和国家的重要舆论阵地和文化阵地，是中国了解世界、世界了解中国的重要窗口”，要求中央电视台“在继承的基础上不断开拓创新，努力把中央电视台建成技术先进、信息量大、覆盖广泛、影响力强的国际一流媒体，为推动社会主义文化大发展、大繁荣，为提高国家文化软实力，为夺取全面建设小康社会新胜利作出更大贡献”。李长春也特别强调：“要坚持改革创新，加快实现由以传统媒体为主向传统媒体与新兴媒体融合发展的转变，由以国内受众为主向国内国际并重转变，构建覆盖广泛、技术先进的现代传播体系。”这些讲话精神成为 2009 年中国媒介发展的重要指导方针，在从媒介布局到具体报道实践的各个层面均产生了深刻的影响。国际传播地位的上升，与 2009 年中国日益融入世界，中国实力上升，更富影响力，更多参与国际事务有关，也与中国领导人广阔和深远的视野有关。

（二）明确提出了建立“覆盖全球的国际传播体系”

党和国家领导人在不同的场合多次提出要建立“国际一流的传播体系”。而 2009 年 11 月 26 日，国务院新闻办公室主任王晨在第一届传播理论研讨会上明确提出，我国应建立覆盖全球的国际传播体系。他认为：“新形势、新任务要求我们必须高度重视和大力加强国际传播能力建设。在全球经济遭受金融危机冲击，信息技术迅速发展，国际舆论形势发生新变化的形势下，要充分认识提高国际传播能力的重要性，增强提高国际传播能力的紧

迫感和责任感；科学分析当前国际传播形势，积极应对面临的机遇和挑战；适应国际传播发展需要，建设覆盖全球的国际传播体系。"这是我国传媒管理的高级领导人第一次在公开场合提出要建立这一体系，在一定程度上表明了党和政府发展国际传播事业的信心与决心。建设覆盖全球的国际传播体系的提出预示着国际传播新一阶段的大发展将从实践层面展开。

（三）"建设国际一流媒体"成为我国所有中央级媒体的重要发展目标

在对中央电视台、人民日报、国际广播电台的批示和讲话中，我国国家领导人多次提出，当前形势下，要"打造国际一流媒体"。这是当前我国"统筹国内和国际两个大局"的战略方针对媒体提出的新要求，是适应"中国国际地位提高"的需要，表明国际传播事业已经逐步成为中国国际战略的重要组成部分。

以 CCTV-3 为代表的广播电视媒体正在大幅提升全球传播力，致力于建成国际领先的现代传播体系，使 CCTV-3 在传播上能够与美欧形成鼎立局面，在影响上能够与时代华纳、新闻集团等跨国媒体集团相比拼，将我们的图像、声音、文字、信息更广泛地传播到世界各地。目前，CCTV-9 正在稳步向中国特色的国际化电视频道迈进，CCTV-4 已经成为全球最受欢迎的中文频道。

二、国际传播媒体强化转变、提高能力，由传统、单一媒体向多媒体、集团化发展，推动中国现代"国际传播体系"雏形初现

（一）中央级国际传播媒体的"战略转型"，多媒体成为重要发展趋势

2009 年，新华通讯社实施战略转型的步子之大在世界媒体发展的历史上都是少见的。其给中国和世界传媒业界带来的巨大震动主要表现于两点，第一是进一步加强了驻外站点的建设。2009 年 7 月，新华社亚欧总分社在莫斯科成立，这是新华社的第 7 家海外总分社。据称，到 2020 年，新华社驻外站点要增加到 150 个左右。第二点，新华社在世界范围内大力拓展音视

频业务，并在此基础上发展出电视新闻服务专线。在短短的一年里，其已经基本具备了开办电视频道的能力，并完全有能力向更为广阔的电视终端产品领域发展。其聘用职员人数之多，在各个分社站点推行音视频力度之大，令人瞠目。2009 年 7 月，新华社视频内容在欧洲部分地区播出。

作为中国唯一一家专门从事国际传播的机构，中国国际广播电台在“从传统媒体到现代媒体”转变的过程中也亮点频出。2009 年，国际广播电台新增 6 种在线广播，在线广播总数增加到 59 种。

（二）国际传播媒介充分整合社会和产业资源，运用市场力量，推进国际传播产业化趋势

在业务之外，媒介合作的步伐加快，是媒介整合社会行业资源、全力建设国家一流媒体、增强自身国际传播力的重要表现。2009 年 8 月 31 日，新华通讯社同中国银行签署《全面战略合作协议》，正式建立全面战略合作关系。根据协议，双方将在金融信息平台建设、公司金融服务、个人金融业务等方面开展全面合作。如此大规模和高调的合作在中央事业单位和金融机构之间尚属首次。而新华社与中国银行的合作被认为能够“增强新华社在金融乃至经济领域的舆论引导力和国际传播力”。

中国国际广播电台近年来一直强调事业发展和产业发展“两条腿走路”。在建设“现代国际广播”的过程中，国际台在逐步摸索依据市场规律配置资源的模式。典型代表是其对内外宣传的三个频率均以控股公司和台内节目制作相结合的探索性模式运作。在新媒体领域，由中国国际广播电台（CRI）与北京风网信息技术有限公司共同出资成立的视通讯（北京）有限公司，致力于数字业务时代的手机电视新媒体业务，随着 3G 技术的发展，该公司业务也得到了一定的拓展。

《环球时报》是利用市场产业化优势建立起来的重要国际新闻媒体，取得了骄人的商业化业绩。2009 年其英文版的推出也被英国金融时报解读为重要的成功市场行为的复制。而 2009 年下半年，国家广播电影电视总局开始在上海试点实施“制播分离”，这对国际传播的产业化与市场化带来了一定的影响。国际传播媒介产业化的趋势也由此加速。

（三）国际传播媒体拓展内容与渠道，谋篇布局，新的国际传播媒介格局若隐若现

在中央增强国际传播战略有关政策的促动下，各类各级媒体均在不同程度上取得了新的突破。2009 年 4 月 20 日，《环球时报》英文版创刊，英文环球网同时开通。这是中国第二份英语综合性报纸。这份“有独立采编队伍的英文报纸……与《环球时报》中文版总体上的风格一致，秉承客观、敏锐、对敏感问题不回避的报道传统，向世界展示不断变化的中国，并从中国人的视角报道世界，传递中国民众在重大国际问题上的立场和看法……世界了解中国，中国人向世界表达自己又多了新的媒体渠道”。

2009 年 7 月 1 日起，《人民日报》由每天 16 版扩至 20 版（周六、周日仍为 8 个版），这被看作是“深入贯彻落实胡锦涛总书记在人民日报社考察工作时的重要讲话精神，努力提高国内国际传播能力的重要步骤”。同年 9 月 30 日，在庆祝中华人民共和国诞生 60 周年的日子里，中共中央机关刊《求是》杂志英文版于今天创刊并向海内外公开发行。

2009 年 7 月 25 日和 9 月 10 日，中央电视台阿语频道、俄语频道及其视频网站先后开播和开通。12 月 31 日，英文电视专线正式开通，这被解读为“要用中国人的视角去看新闻、看世界。所以新华社做电视并不是着眼于国内市场，更多是着眼于国家的传播能力建设”。

种种迹象表明，媒体在国际传播的内容和渠道领域里面如此密集的动作，并不仅仅是国家和媒体发展的自然结果，更多的是国际传播政策导向在各种不同媒体形态中布局的结果。在宏观政策的影响下，各媒体积极谋求在中国国际传播的新体系中占据一定地位，尤其是一些主要媒体，大幅增加国际传播内容，努力打造具备内外传播能力的全球性媒体，探索创新国际传播的意识凸显。以电视媒体和新媒体为主导，以中央级新闻媒体为核心的中国现代“国际传播体系”雏形初现。

三、从“走出去，向世界说明中国”到“走进去，发出中国的声音”，中国国际传播谋求对接世界传播

（一）国际传播目标的战略性调整

“走出去”是从传者主动的角度出发，主要目的是将传播内容“送”出去，多是从信息覆盖、传播渠道上下功夫；“走进去”则是站在受众的角度，从传播的目标和到达的效果方面进行调整。而“向世界说明中国”，则是求得理解和认同的被动方式；“发出中国的声音”则是主动表达，要在内容的“三贴近”上下功夫，力求强化“原创率、首发率、落地率”，从而产生介入传播效果。

中央领导反复强调：“坚持走改革创新之路，不断提高新闻报道的原创率、首发率、落地率，积极构建覆盖广泛、技术先进的传播体系，形成与我国经济社会发展水平和国际地位相称的国内国际传播能力。”“要大力提高国际传播‘三贴近’的能力，准确把握国际传播工作的规律和特点，增强国际传播的影响力、亲和力和针对性、实效性。”

根据央视网站公布的资料，中央电视台为进一步完善中央电视台全球新闻采集网络，有效、及时、准确掌握国际重大新闻信息，在未来3年，将采取一系列措施，使驻外记者站总数从目前的19个增至56个，在全球建成6大中心站和50个区域记者站，同时将加快中心记者站建设步伐。

有关资料显示，截至2009年5月底，国际台在境外共有23个整频率调频或中波台，153家调频/中波合作电台（其中包含119家调频合作台，32家中波合作电台，2家窄带播出电台）。落地节目每天累计播出总时数达754.5小时，除国际台北京本部制作的英语、法语、西语、俄语、德语等30种外语，以及汉语普通话和4种汉语方言节目外，在北欧还合作制作了芬兰语、瑞典语、丹麦语节目。目前，国际台在海外的调频台的数量每年都稳步上升，在欧洲、中美洲、澳洲和南太平洋地区都实现了节目落地。自2003年开始，国际台开始探索落地节目的“本土化”，大力推进节目制播“本土化”。所谓“本土化”，即通过与落地对象国有实力的媒体公司合作，由国际台提供或由双

方联合收集介绍中国情况的节目素材,再经合作方根据当地受众的需求和习惯,进行内容和形式上的本土化包装,并在当地的主流中波/调频电台或网站播出。在整频率落地之外,2009 年,利用新媒体进行本土化有了新的探索和发展。例如,乌鲁木齐"7·5"事件发生以后,为了回击境外敌对势力和西方媒体在"7·5"事件上对中国的歪曲报道与攻击,向土耳其民众报道事件的真相,中国国际广播电台国际在线土耳其文网与土耳其伊斯坦布尔"方向"调频电台合作,于 7 月 13 日至 7 月 17 日在乌鲁木齐成功举办了"来自乌鲁木齐的声音"中土系列网络对话活动。本次网络对话利用新媒体传播手段,"借船出海",坚持用事实说话,有效影响了国际舆论。

新华社经过 70 多年的发展,目前已建立起 117 个驻外机构,每天用中、英、法、西、俄、阿、葡、日等语言播发对外文字稿 1 600 多条,新闻信息产品在海外的有效用户达 1.6 万多家,覆盖了世界上所有的主权国家。2009 年 2 月,《中国日报》正式推出美国版。

(二)传播策略更加科学,2009 年国际舆论斗争效果良好

"走进去"很重要的一个目标是以科学的传播策略,取得尽量好的传播效果。从 2009 年中国国际传播的大事件看,"第一时间发出中国的声音""节目的本土化诉求"等策略显现出了较好的成效。

在乌鲁木齐"7·5"事件报道中,新华通讯社和国内其他媒体率先披露了事件实况、死亡人数、参与人数、事件起因、官方表态等核心信息,并加入了分社记者冒着危险获取的大量现场见闻和细节,外电不得不密切关注这些信息,并连续标注"xinhua""国家媒体"字样转发。海外媒体对新华社的事件报道予以高度评价,注意到"新华社罕见地在事发后两个多小时内即发布简单消息",认为官方通讯社的表现显示中国"已抓到面对传媒的要领"。

在"国庆 60 周年""金融危机""哥本哈根世界气候大会"的相关报道中,没有出现大规模的反华和负面报道,这和中国国际传播策略上的转变均有着密切的关系。"全球的触角、中国的眼光、世界的窗口"已经成为中国国际传播事业的新追求。

（三）国际传播媒体的全球性合作取得了新的进展，为中国国际传播能力提高提供了新的支点

中国国际传播媒体与世界其他国家媒体，特别是发达国家媒体的全面与深入的合作是增强中国国际传播能力的重要手段之一。2009 年 10 月 8 日至 10 日，由新华社承办的“世界媒体峰会”在北京召开，将这种合作推到了一个新的高度。峰会以“合作、应对、共赢、发展”为主题，成为中国媒体同世界媒体相聚、共商媒体发展大计的一次重要会议。时任国家主席胡锦涛在会议开幕仪式上致辞，向世界媒体阐述了全球传播应具有的全新理念——“传播和平、发展、合作、共赢、包容理念”，并希望世界各国媒体“要坚持平等互信、互利共赢、共同发展，更好开展交流合作”，更重要的是“要切实承担社会责任，促进新闻信息真实、准确、全面、客观传播”。这些都宣告了中国媒介的全球视野、期待与担当，更表达了对世界媒体报道中国的期望。

如果说世界媒体峰会是中国媒体作为东道主进行国际合作的一个典范的话，新华社、中国国际广播电台、中国日报采取与其他国家媒体合作的模式，探索在他国进行本土化传媒运作的种种举措也表明，我们的世界性传媒合作正在并且将会为中国国际传播能力发展提供一个全新的支点。与世界传播体系的对接，将为中国国际传播的有效开展提供一个便捷、广阔的平台，中国声音将会更加频繁地出现在世界传媒领域。

（四）地方媒体“走进去”取得实效，成为国际传播的重要力量。

具备一定实力的地方媒体，如东方卫视，在“走进去”过程中取得成效，成为对中央媒体国际传播的有力补充。汉语国际传播、广播电视市场化交流取得新成果，中国国际传播初步形成了“以大众传播为主体，以文化交流、文化贸易为辅助，以中央级媒体为核心，以地方媒体为协助，以中国媒体为主领，以国际合作媒体为补充”的“走进去”的传播新格局。

2009 年，国家广播电影电视总局有关资料显示，“走出去”不仅仅是在国外落地覆盖，还通过购买国外电台、电视台播出资源，销售广播影视节目，到国外举办广播影视节展，与国外合办晚会或项目等多种形式，全方位地对外

展示中国形象,传播中华文化,扩大中国在世界中的影响。购买国外电台、电视台的频道、频率和时段是2009年以来“走出去”的一种崭新形式。运用这些播出和覆盖渠道传播中华文化、礼仪、历史、风土人情、发展成就和产品品牌等,取得了良好的效果。面向国外销售广播影视节目进一步扩大了中华文化对海外的影响。另外,如浙江卫视《我爱记歌词》等节目的播出版权也成功卖到了国外。中国卫星长城平台全球付费用户突破10万户,总收入接近2亿元,其中,美国平台用户达7.4万,加拿大平台用户达1.5万。该平台是北美用户规模最大、节目最多、订户最广的中文卫星电视服务平台,获得了良好的社会效益和经济效益。

总之,2009年中国国际传播从政策与目标、创新与发展、调整与对接三个方面进行了重要转变,思路清晰、步骤明确、行动快速,使该年成为中国国际传播事业科学发展的一年。期间,各家媒体在实践中体现的主动精神和创新意识预示着中国国际传播在宽广纵深领域将展现出蓬勃气象。2009年中国国际传播的三个重要转变是我国国际战略实践的重要体现,也是学习和践行科学发展观的重要成果。它秉承了十七大以来党和国家对于世界的基本判断:“当代中国的前途命运已日益紧密地同世界的前途命运联系在一起……必须把坚持独立自主同参与经济全球化结合起来,统筹好国内国际两个大局,为促进人类和平与发展的崇高事业作出贡献。”

2009年总体上仍是中国国际传播的蓄势之年,国际传播媒体在经历了一个较长时间的、科学的建设过程之后,上述三个转变的成果会更好地呈现出来。

中国国际传播:六个观察视角的凸显

纵观2010年的国际传播,我们似乎可以通过六个关键性词语来观察中国国际传播从政策到实践的新发展。

一、国际一流媒体

"国际一流媒体"是胡锦涛在给中央电视台成立50周年的贺信中提出的。当时他要求"努力把中央电视台建成技术先进、信息量大、覆盖广泛、影响力强的国际一流媒体"。2010年,"建设国际一流媒体"成为国际传播媒体发展建设方面的广泛共识,并被几乎所有中央级媒体细化为具体的操作方案。

以新华社、国际台和央视等为代表的中央级媒体进一步明确了自己的建设战略,并取得了一定成效。新华社将自己的目标定位为"建设世界一流的现代全媒体集团",其主办的中国新华新闻电视网英语电视台(CNC-WORLD)于7月1日正式开播,中文台、英语台相继在亚太六号卫星正式开播,中文台正式登陆香港有线电视66频道;其驻外分社总数增加到136个,海外各类雇员总人数近1 300人,信息触角几乎延伸到了世界的每一个角落。

围绕"建设覆盖全球的现代国际广播体系",国际台大幅调整了台本部以及驻外记者站点的机构、布局,全面展开了与各方的合作,如6月份与微软公司合作推出的网络电视服务正式上线,而其驻外中心站、记者站的大范围拓展,也被认为是中国国际广播在全球范围内崛起的重要特征。

中央电视台提出要“打造贴近群众、面向世界的国际一流媒体”,并进行了相应的较大规模的台内调整,全面整合台内新闻传播资源,对相应专业频道和中心及其职能进行了进一步优化。4 月 26 日,在原英语频道(CCTV-9)的基础上,中央电视台推出全新改版的英语新闻频道 CCTV-NEWS。这是中国第一个 24 小时英语新闻频道,也是世界上为数不多的能实现全球覆盖的英语新闻频道。根据央视公布的最新数据,其英语新闻频道已覆盖 126 个国家和地区,整频道落地用户总数达 1.1 亿。

国际一流媒体的概念表述及其评判指标虽仍有待进一步探讨,但各个中央级媒体甚至部分地方的传媒集团已经在集团内部结构以及外部扩展方面进行了第一步的“战略转型”或调整。这种调整为世界性一流传媒集团的建立打下了良好的基础。

二、阵地前移

在过去若干年中,中国国际传播的内容本土化的问题一直存在,但是找不到很好的解决办法。2010 年,基于国际传播投入的变化以及观念的转变,国内媒体以三种不同的模式与机制,力图从总体上改变这种状况:

其一是国外中心站点、分设、落地调频等机构的全面建立。需要指出的是,这些站点已经不仅仅是新闻采集者,而已经成为统筹相关地区人力、财力和新闻信息资源的中心,甚至有发展为传媒机构下属传媒公司的趋势。到 2010 年 9 月,新华社驻外分社总数已达 136 个,海外各类雇员总人数近 1 300 人;国际广播电台在阿富汗、新西兰、墨西哥、塞内加尔等国家的调频广播落地。到该年 11 月份,仅其在整频率海外调频落地已达 50 家之多。

其二是与海外媒体的合作模式在经过多年的探索之后,于 2010 年发挥出了巨大的威力和作用。如到 6 月,中央电视台已就 6 个国际频道海外落地业务与世界各地的 279 家媒体合作,实施了 373 个整频道或部分时段的落地项目,总共在 140 个国家和地区实现了节目的落地入户播出;再如中国国际广播公司和美国国际鹰龙公司联合在旧金山开设 24 小时华语广播电台。4 月,新华社亚欧总分社与俄罗斯国家电视台新闻频道“俄罗斯 24”正式签署协议，共同制作一档名为“中国经济”的栏目。

其三是海外媒体并购。有专家认为，在新一轮国家政策的支持下，中国国内媒体海外扩张序幕已经拉开，今后必将有更多中国媒体加入海外“跑马圈地”的大军。

三、国家形象广告

2010 年的政府行为中，被讨论最多、关注最多的事件之一就是“国家形象广告片”。它不仅代表了国家层面的传播行为，更代表了一种对国家公关模式的深入探索。其实，从国务院新闻办公室与 Discovery 探索频道开启《神奇的中国》合作计划到国务院新闻办、新闻出版总署实施“经典中国”国际出版工程、中外图书互译计划、中国音像制品“走出去”工程、中国图书对外推广计划；从文化部贯彻实施文化交流和文化贸易两个渠道并重，“两条腿”走路推动中华文化走出去的策略，到国家汉办、孔子学院力量在全球范围内迅速发展，都意味着中国国际传播在总体上受到政府部门的重视，并在政策、战略、策略、模式方面进行了创新。

四、世博会与其他重大事件

世博会在某种程度上成为 2010 年中央统筹各种国际传播资源的实验性舞台。这个实验总体上是成功的。因其传播主体、传播内容、传播渠道、传播目标、受众群体的多元性，有学者认为，对这种综合性实践行为已经无法用传统的国际传播概念描述，而应用“公共外交”的概念进行描述。

世博会国际传播舞台的搭建及其传播代表了 2010 年国际传播中很多重大事件报道的成功，包括夏季达沃斯、“7・5”事件一周年、G20 峰会、APEC 峰会等。而谷歌事件、钓鱼岛撞船事件的国际传播结果则在某种程度上提醒我们，在国际危机传播的应对方面还存在着继续改进的空间，其中的原因及改进办法还有待我们去考察和探索。

五、产业化

中国传媒的产业化,在 2010 年取得了突破。如新华社新华网的转企改制、新华网与中国移动签署合作框架协议联合成立搜索引擎新媒体国际传播公司、中经社控股有限公司与中国卫星通信集团公司签署战略合作框架协议。类似的国际传播媒介在有效运用资本和市场手段、加强对外合作等方面取得的标志性成果值得深切关注。

六、新媒体国际传播

2010 年,国际传播在新技术应用、新媒体国际传播方面取得了重要突破。2010 年,新华社中英两台在苹果 App store 上线,这是新华社在利用新媒体全球传播渠道方面做出的尝试;而国际台、中央电视台也在同步开发应用多媒体的综合新闻发布平台,并在某种程度上开始了全球性部署。

中国国际传播的产业化路径

本文从全球传播媒介的发展入手,总体分析了世界传媒发展的基本路径。文章认为,产业化是世界主要国际传播媒介发展的重要经验,中国国际传播在发展过程中,在保证根本职能不发生改变的前提下,应充分重视国际传播的产业发展路径。这一路径是中国国际传播媒介发展的必由之路。

中国国际传播始于 1931 年“红中社”的对外广播,在过去 80 年中,大部分时间是以“事业型态、政府推动”为其基本发展路径的。20 世纪 90 年代特别是 21 世纪以来,国内外形势发生巨变,中国国际传播媒介开始了一轮又一轮改革并取得明显成效,媒介传播能力明显提升。改革中的重要亮点之一是为适应新的全球政治经济和媒介发展环境,遵循市场规律和原则,推进媒介产业化进程,初步形成“事业产业双轨发展、政府推动两轮齐转”的局面。新一轮全球金融危机暧昧不明的前景为中国国际传播产业化的发展提供了新的机遇。在保证其基本性质不变的前提下,深化改革,全力推进媒介的全球产业化布局成为中国国际传播发展的必由之路。

一、“产业化”是全球媒介发展的重要经验

全球媒介发展实质上主要有两种基本的推动力量,一种是政治与全球竞争的需求,一种是媒介市场化的利益追求。20 世纪 90 年代之前,人类历史为战争与冲突所占据,国际政治中的力量博弈与意识形态对抗总体上决定了一切领域的发展。国际传播媒介身在其中,主要受前一种力量的推动,

甚至为其所决定。在这个过程中，媒介谈不上真正的“全球化”发展与生存。全球化市场体系并不完善，媒介生存环境复杂。在这个阶段，包括中国国际传播媒介在内的各国媒介，除了个别领域外，在全球范围内发展和扩张的可能性严重缺乏。

源发于20世纪80年代的苏东剧变在1991年划上句点，苏联解体，冷战结束，全球化的国际政治束缚在某种意义上被撕裂。作为全球化发展的核心规则，市场经济逐渐演变成为国家及其他人类各级组织交往的重要原则。这也为媒介发展提供了全新的市场化、产业化契机。全球新一轮的媒介较量在产业化的背景下展开，并在过去20年中为国际传播秩序的变革作出了重要贡献。

实质上，处于较早市场化背景下的西方媒介，早在20世纪80年代就已经走在了全球媒介产业化的前沿。只不过，因为全球市场发展的局限性，其产业化效能媒介在国际上的展现并不强烈。但凡是现在国际市场上具有较强实力和冲击力的媒介，早在20世纪就已经在产业化甚至金融资本市场中有着不俗的表现，并由此为全球范围内的竞争打下了良好的基础。

具有160年历史的路透社在财经新闻信息领域名声不俗，保持着全球领先的地位，这与其早期的产业化扩张有着重要的关系。早在1984年，路透社就在伦敦证券交易所上市，成为公开上市公司，之后展开了一系列并购，包括1985年的Visnews（后改名为路透电视）、1986年的Instinet、1994年的TIBCO（后改为Teknekron）和Quotron。积累至2010年，其年度现金流已达20亿英镑。这种具有超前意识的产业化的运作不但使其在全球各大通讯社中处于领先地位，也为其后来全球现代化多媒体集团的布局打下了坚实的基础。

而隶属于时代华纳集团的美国有线新闻网则是另外一个成功的案例。冷战结束前，时代华纳在娱乐业方面不断扩张。1992年，时代华纳在纽约股票交易所上市。也是在此时，美国有线新闻网在与政府的合作中取得巨大突破并受益于公司整体上市，在全球的影响力迅速增长。到2010年，不但其美国国内受众增加到1.1亿，在全球主要国家均有落地，而且在世界重大新闻中保持着独占鳌头的影响力。在某种意义上，这和整个集团产业化布局的发展所提供的有力支撑有着极其密切的关系。

同样是在美国,合众国际社的命运则完全不同。这一家由著名报人斯克里普斯创建的通讯社,也曾经与美联社、路透社、法新社齐名,但是由于经营不善,现代化产业路径发展不顺利,曾两度申请破产,并最终被收购。几经收购,其影响力全不如前。

事实证明,不走科学产业化路径的国际传播媒介,影响力得不到任何发展,甚至只有死路一条。

二、产业化是当前世界媒介发展的基本路径

冷战结束以后,全球各个领域全球化的步伐明显加快,对于信息的需求也与日俱增。在信息传播领域,新媒体技术的发展、金融资本运作、各国政府对于世界舆论的依赖成为媒介发展的三股重要推动力量。这三股力量不约而同地聚焦于产业化的路径,以经济实体的方式推动媒介的全球化发展,规避可能存在的政治意识形态风险。

1993 年,美国政府推动的"信息高速公路"计划将美国原来军用的计算机和互联网技术在完全意义上推广至民用领域,由此带来了全球信息传播领域的一场重大革命,得到了世界各国的普遍响应。这个由政府推动的信息化工程最终使美国信息传播技术、媒介等相关领域全面开花,促成了微软、戴尔、苹果及甲骨文等新媒体硬件和软件公司的产生。而通讯社、纸媒、广播电视媒体也在全面跟进,并在一定程度上利用传统的内容优势,成为新媒体竞争领域的有力的竞争者。如英国广播公司,其新媒体业务不但成为其传统媒介路径的拓展者,而且逐渐成为其产业发展的重要组成部分。技术发展的另一重要成果是推动了一系列新媒介公司的诞生,如谷歌公司。这些新公司以专利技术为基础,利用新的资本运作方式和产业经营方式迅速崛起,影响力也迅速增长。

新媒体技术的发展迅速将国际传播带进了另外一个时代。短波技术作为国际传播大众媒介的缘起技术虽然仍因空间跨越性而有存在的可能,但因为新媒体技术在资本运作的全力帮助下迅速推进,也在逐步退出信息传

播的主流舞台。以互联网技术为基本平台,移动通信技术、广播电视数字化技术、卫星传播技术均集成于此。技术的突破性给国际传播带来的新机遇前所未有。技术具有军事属性与商业属性,在全球追求和平的大环境下,产业化的推进是国际传播的必选路径。

产业化的路径在与新技术结合的过程中产生了巨大能量,甚至可以称其为“媒介母力量”,其催生的移动媒体形态在总体上改变着原有的信息接受形式,手机终端、平板电脑逐渐成为具有控制优势的接收终端。在国际传播中,推持、脸谱、优图,以及各个区域性的社会媒介形态在社会组织中发挥着越来越重要的作用。通过“颜色革命”“阿拉伯之春”等一系列的国际事件可以看出,这些媒体对国际政治的影响也越来越大。

媒介技术进步给各国政府的舆论应对带来了巨大的困难,也由此促使政府加强自己的传播力量,以应对媒介危机的可能。而在以国家为国际关系行为主体的国际环境下,以政府为主要支撑力量的国际媒介发展路径仍遇到重重障碍,市场经济的总体原则虽不免受到政治力量的影响,但是相较于前者可更好地规避风险。资本和商业的利益原则在没有战争和极端意识形态冲突的前提下,能够更好地促动国际传播媒介的本土化、地域化。

新西兰国家通讯社,这家生存了131年的通讯社于2011年8月31日播发最后一则新闻后正式关闭。新西兰报联社近年来努力转换传统经营理念和格局,无奈难敌数字化浪潮和媒体整合的联手出击,无法力挽狂澜。

无法适应新媒介环境的现实,不能够进行科学的产业化发展,国际传播媒介的结局无外如此!

二、中国国际传播媒介具备产业化的重要基础和支撑

中国具有和西方国家不同的政治体制,媒介也有着与西方国家不同的属性。改革开放前,我国媒体是国家事业单位,基本不具备产业属性。改革开放前十几年中,媒介政策虽然有所松动,但是在国际传播领域并没有发生根本的变化。1992年,小平同志南方讲话后,市场经济的风潮漫遍中国。中国共产党的第十四次至第十六全国代表大会分别提出建立和完善社会主义

市场经济体制,并在第十七次全国代表大会中明确表明,中国社会主义市场经济体制的创建完成。

在此过程中,1996 年 6 月中共中央和国务院联合发布的《关于加快第三产业的决定》里,把报刊经营管理列入第三产业,成为我国报刊进入产业化改革阶段的一个重要标志。传媒业开始进入企业化管理、市场化经营和产业化运作的阶段。我国媒介就此具备了事业与产业双重属性。直至现今,两者并行不悖。中国国际传播媒介的发展虽因国际政治的复杂性、体制改革的滞后而并未同时起步,但也因此具备了重要的政策基础。

20 世纪 90 年代以来,我国媒介的产业化探索逐步发展。到 21 世纪初,纸质媒体以报业集团的成熟发展,广播电视媒体以央视广告的巨幅增长以及各省市广播电视的集团化,新兴媒体以新浪等网站的崭露头角及新华网、人民网等传统媒介的新媒体拓展为标志,全媒体、产业化的总体格局初具雏形。

随着入世、申奥的成功,以及"9·11"事件后国际形势朝有利于我国的方向发展,中国与世界的交往更为密切和深入。信息需求的增加以及国际信息摩擦的增加使得国家和民族形象成为全国人民共同关心的问题,中国媒介国际传播的压力倍增。2008 年奥运会及之后的世博会期间发生的"3·14"和"7·5"等重大突发事件更是强化了中央对国际传播的重视。在此情势下,中央领导反复强调国际传播的重要性。中央有关部门最终形成了加强我国国际传播能力的总体方案。至此,利用所有合法手段发展中国国际传播的政策基础已经完备,中国国际传播迎来了黄金发展期。

实际上,21 世纪头十年中,中国国际传播媒介也在实践中逐步探索国际传播产业化,开始离开仅仅依靠政府投入的单一发展路径。这种探索在 2008 年奥运会后达到一个峰值。其直接标志是新华通讯社"全媒体集团"、中国国际广播电台"现代国际广播体系"、中央电视台"世界一流媒体"目标的基本确定,及其在实践中取得的不同成效。其中,新华通讯社在 2007 年之后的探索最为典型。

新华通讯社在国际传播产业化中有三个重要探索:其一是全面探索建立中国第一家"全媒体集团"。作为中国官方通讯社,新华社原来拥有的业务主要是供稿和经营平面媒体。本次转型后，通讯社、印刷、电视三种传统媒体形态以网络、手机、电视的综合媒体业态出现，现代化信息供给结构也进入了新华社的视野。其二是探索国际传播分支机构的产业改革。这种尝试突破了既有的“先国内、后国际”的改革模式，真正做到了全社一盘棋，在较大程度上调动了生产潜力。而海外分社多种经营模式的深入探索仍在继续。其三是探索以现代经营模式推动新媒体、新技术的发展。新华网络有限公司、中经社控股有限公司、中国新华新闻电视网有限公司和新华社图片运营公司的建设，在中国国际传播媒体中具有强烈的探索性质，引人瞩目，成为海内外媒介专家观察的重要对象。这种改革的成败，在一定意义上代表着中国国际传播媒介改革的成败。

除新华通讯社之外，中国国际广播电台在建立“现代国际广播体系”的过程中也初步完成了“从传统媒体向现代媒体转变，由单一媒体向综合媒体转变，由对外广播向国际传播转变”，其海外调频台建设等重要经验对中国国际传播产业化来说具有极大的参考价值。另外，中央电视台、中国外文局，以及很多地方传媒集团在海外均有不同程度的产业化扩张，虽然他们的探索有着“走出去工程”等多样化背景，但其成果已经初步显现。中国国际传播的产业化探索已经积累了一定的经验，具备了一定的基础和支撑。

在此时，改革必须深化、持续，才能够取得实效。任何一点犹豫与退却，都有可能带来严重后果。

四、中国国际传播产业化要处理好的几对关系

由于历史与现实的多种原因，中国国际传播的产业化进程尚处于开端。很多问题都有待探索。在这一过程中，有很多层面的问题需要去处理和应对。笔者认为，相关媒介应处理好几对基本的关系。

第一，要处理好政策支持和自身造血之间的关系。目前，应该说事业与产业两条路径给予了中国国际传播媒介交汇性支持。这种支持是史无前例的，但是也是具有探索性的。其持续有赖于体制改革的深化。事业属性带来的直接后果是，媒体一方面在市场化、产业化路径上进行探索，另一方面

没有按照市场规律办事，很多项目不计成本、不惜代价、没有评估。如此下去，一旦政策支持出现些许变化，就可能导致改革的重大问题。

第二，要处理好“务虚”与“务实”的关系。改革的探索需要人们具有激情，并能在一定程度上秉持理想，不能前怕狼后怕虎。然而，摊子如果过大，在较长一段时间内无法做实、无法盈利、无法取得实效，则会授人以柄，改革会遇到困难。尤其是在国际传播产业化的领域，应该做到决策科学，一步一个脚印。

第三，要处理好深化发展与风险控制之间的关系。国际传播领域里的产业化探索面对的不是事业改革探索中的国内关系，它要求改革者熟悉金融资本运作、国际法律条款，以及科学的企业运作规律。中国国际传播媒介长时间的事业性质使全社会缺乏既懂媒体发展规律又熟悉资本运作规律的人才。全球金融危机导致的经济低迷虽然带来了一定的并购机遇，但是也强化了资本的投机性。在深化改革的过程中，务必要进行科学的风险控制。

第四，要处理好“内”与“外”的关系。由于历史的原因，不合理的国际传播秩序的影响犹存，中国国际传播媒介产业化在国际市场的盈利在短时间内可能无法达到理想水平。国际传播媒体的探索如果没有国内市场的有力支撑，有可能会陷于被动。因此，产业化的探索应“内外兼修”。

中国国际传播人才培养的历史沿革

自20世纪20年代起,伴随着中国国际传播事业的发展,中国国际传播人才的培养主要经历了五个发展阶段。每个发展阶段都在中国核心的自我认知观念以及对于世界的认识判断背景下,展现出不同的特点。

2009年以来,以战略层面上国家国际传播战略的制定与执行、政策层面上"建设覆盖全球的国际传播体系"目标的提出、实践层面上中央级新闻媒体的战略转型为主要标志,中国国际传播进入了全新的发展阶段。渠道与硬件建设的快速发展,使得国家对于合格的国际传播人才的需求在质量与数量上都有大幅提高。现有的国际传播人才培养模式也在经历着深刻的变革。

2009年6月26日,李长春同志在出席《光明日报》创刊60周年座谈会上特别提出,要着力造就"一批熟练掌握外语、善于在国际场合维护国家利益的外向型新闻人才"。刘云山同志在2010年全国宣传部长会议总结讲话中也指出,要"更加注重人才队伍和领导班子建设,开展大规模干部培训,优化人才结构,提高整体素质,为应对复杂挑战、完成繁重任务提供有力保证"。之后,不同层级的党政官员、专家学者从不同层面对国际传播人才培养问题进行了阐述。

本文所说的国际传播人才指的是在国际传播实践领域从事对内传播世界和对外传播中国工作的实践者,其主体是从事国际新闻和对外新闻报道的采、写、编、评、译、播等工作的记者、编辑等。对于这些人才的培养即为本文所述的国际传播人才培养，其主要内容包括学校的学历和学位教育、国际传播机构的职业训练，以及个体与组织的专业知识传承。在不同的历史发展阶段，这三者所呈现的状态和作用不尽相同。需要特别指出的是，国际传播人才的培养是一种复合人才的培养，其发展历程同我国新闻传播、外语、国际政治等相关专业人才的培养和教育历程密不可分。

一

从 1921 年中国共产党成立至 1949 年新中国成立的 20 多年，是中国国际传播事业的起步与国际传播人才培养实践机制的形成阶段。

这一阶段国际和国内的主题都是战争：国际上主要是资本主义世界在 20 世纪 30 年代的经济危机、第二次世界大战和第二次世界大战后的民族独立运动；国内则经历了军阀混战、抗日战争和解放战争几个时期。战争急剧提升了各国对于信息的需求量：一方面，中国是世界反法西斯战争的主战场之一，世界急需了解中国的发展动向；另一方面，中国共产党和中国政府要了解世界局势，并要据相应信息作出决策调整。因此，时代要求中国国际传播事业充分发展并不断壮大。其中，人才来源和人才培养就成为一个至关重要的问题。

本阶段中国最主要的国际传播机构是新华社。新华社的前身——红色中华通讯社（简称红中社），创立于 1931 年 11 月 7 日。红中社自成立之日起就开始了新闻电讯广播，还向国外播发了英文的《中华苏维埃共和国临时政府对外宣言》，这被认为是中国无产阶级政权最早的国际传播。1937 年，红中社改组为新华社。新华社的国际传播立足于国内，其主要任务是向国内民众介绍和传播国际大事，并向国际传播中共的主张，介绍中共领导的革命和根据地建设等情况，吸引进步人士加入革命阵线。

除新华社外，这一阶段中共还在海外和国内领导了一些其他的国际传播机构，其中比较重要的有海外的《先锋报》[①]《救国时报》[②]和国内的中共中央长江局下属的国际宣传委员会[③]和《中国通讯》[④]月刊等。这些国际传播机构或以海外华侨或以外国读者为传播对象，其主要任务都是对外报道中国共产党领导的工农运动、抗日战争和解放战争，突破国民党政府的新闻封锁，为中共争取国际舆论的支持。

新中国成立前，在新华社和中共国际传播机构工作的人员，来源非常广。据前新华社社长田聪明回忆，抗日战争时期，在新华社总社工作的同志"有来自根据地农村和国统区城乡的革命青年，有来自海外的爱国华侨学子，还有国际主义战士……（归国华侨和外国朋友）他们约占当时总社人员的十分之一。"

这些在中共国际传播领域工作的人，虽然各自的教育背景和生活经历不同，但都有一个共同的特点：信仰共产主义，为了革命理想聚集在一起，自觉自动地传播共产主义。这些人中，既有重视思想政治教育的苏联模式培养出来的归国留学生，也有重视实践操作能力的美国模式培养出来的教会学校学生。

此外，当时在延安等地还活跃着一些国际友人，他们为当时中国的国际传播事业作出了杰出贡献。

新中国成立前，中国对国际传播人才的培养虽然以实践培养为主，但在

---

① 1930 年 4 月 3 日在中国共产党的领导下于纽约正式创刊，前身是 1927 年年底创办的不定期发行的报纸《先锋》。该报以在美劳工为主要读者对象，经常刊载中国工农红军和国内斗争的消息，还经常转载国内《群众》《新华日报》等报刊的重要文章。何国平.中国对外报道思想研究[M].北京：中国传媒大学出版社，2009：38.

② 中国共产党领导的专门从事对外新闻传播的第一份报纸，在莫斯科编印，在巴黎发行。1935 年 10 月 1 日，该报率先将中华苏维埃政府和中共中央的《八一宣言》向海外公众公布，产生了广泛影响。何国平.中国对外报道思想研究[M].北京：中国传媒大学出版社，2009：39.

③ 1938 年四五月间在周恩来的领导下成立于武汉，其办事机构为国际宣传组，负责人为王炳南。主要工作是联系武汉的外国记者以及国民党政府接待的外国友好人士和进步团体，邀请他们参加中共代表团的记者招待会，向他们提供《新华日报》的新闻资料。国际宣传组在争取国际社会支持和揭露"皖南事变"上发挥了重要作用。何国平.中国对外报道思想研究[M].北京：中国传媒大学出版社，2009：49.

④ 《中国通讯》月刊，是中宣部国际宣传委员会 1941 年 3 月在延安创办的外文刊物，用英、法、俄三种文字对外介绍八路军、新四军的英勇抗战事迹。该刊曾经利用在重庆的外国记者以及香港保卫中华大同盟办事处对外转发消息，这是中央早期对外宣传的一条重要渠道。

抗日战争和解放战争时期,也通过学校教育培养了部分人才作为补充。其中与国际传播人才培养相关的学校主要有抗战时期的延安大学新闻系[①]和军委俄文学校[②],以及解放战争时期的华北联合大学外语学院[③]、哈尔滨外国语学校[④]和晋察冀军政干部学校的外语训练班[⑤]等。这些大学基本以苏联模式为蓝本,重视思想政治教育,他们为中国培养了大量政治素质高的新闻和宣传干部,其中也包括国际传播人才。

新中国成立前,中共在选择和培养国际传播人才方面不拘一格,只要能够胜任工作,愿意加入无产阶级国际传播事业,基本都持欢迎的态度。此阶段的国际传播人才,不论其教育背景如何,大都通晓一至两门外语,基本都可以算作外语人才。当时的国际传播工作,主要需要的是翻译人才,即使是新华社的国际新闻和对外新闻工作,也以编译为主,对于采写基本没有要求(对外报道的采写基本由当时在华的外国记者完成)。

新中国国际传播事业的开创者们,是一批背景各异,但怀揣共同的革命理想的人,他们都具有良好的外语水平。他们克服了重重困难,在国际传播的实践锻炼中成长并强大起来。这个时期实际上完成了我国第一代驻外记者和国际传播人才的储备工作。

① 1939 年 7 月 20 日,延安女子大学新闻系成立,这是中国共产党开办的第一所培养妇女新闻人才的高等教育学校,也是中国共产党在新中国成立前最早创办的新闻教育单位。1941 年 8 月 28 日,延安大学新闻系成立后,延安女子大学的新闻系并入延大新闻系。

② 1941 年 3 月,延安的抗大第三分校成立俄文队,开展俄语教学,后俄文队历经三次变迁,发展为军委俄文学校。1944 年 6 月,俄文学校增设英文系,改名为延安外国语学校。1945 年 8 月,抗日战争胜利,延安外国语学校师生分批离开延安,前往东北、华北解放区,逐渐发展为今天的北京外国语大学和黑龙江大学。

③ 1945 年 12 月 10 日,抗战后期暂时停办的华北联合大学全面恢复,其外语学院下设英语系和俄语系,从 1945 年 8 月至 1948 年 8 月,华北联合大学共培养了政治、经济、教育、文学艺术、外语、新闻等方面的干部约 2 000 人。

④ 抗战时的延安外国语学校抗战后迁至东北解放区哈尔滨,成为东北民主联军总司令部附设外国语学校,1948 年更名为哈尔滨外国语专门学校,这是我党创建的第一所正规外语高等学校。哈尔滨外国语专门学校后来演变为现在的黑龙江大学。

⑤ 晋察冀军政干部学校外语干部训练班设在张家口,由国际友人李敦白和美国记者库莉担任教员,主要为晋察冀边区培养外语人才。

二

1949 年至 1966 年,正统苏联模式的学历教育逐步成型,“高校”与“训练班”双向结合,共同为新中国的国际传播事业培养和输送人才。

新中国建立后,党和政府一方面扩大原有的新闻传播机构,一方面全面接手国民党政府旧有的新闻传播单位,包括报刊、广播电台、通讯社等,并在此基础上于 1949 年 10 月 1 日设立新闻总署,统一领导全国的新闻宣传工作。①

这些新成立的机构,需要大量的国际传播人才。特别是新华社,其国际新闻在新中国成立前夕开始由依赖外电走向独立采编,在新中国成立后的五年内陆续在苏联、东欧,以及东亚等国家和地区建立分社,并于 1956 年第一次提出建立世界性通讯社的设想。从 1956 年到 1965 年,新华社大力发展国外分社,分社由新中国成立前的 3 个增至 51 个,遍布除美国以外的世界各大地区,另外还在一些尚未同我国建交的国家(大部分在拉丁美洲)有 18 个外籍报道员。② 而 1952 年 7 月,经政务院批准,国际新闻局正式改组为外文出版社(即外文局)。外文局此后创建的报刊等也在中国的国际传播事业中发挥了重要的作用,中国老一辈的国际传播权威都出自该局。

为了解决新成立的国际传播机构的人才缺口问题,中央人民政府双管齐下,一方面依靠新华社等传播机构开设新闻短期训练班,一方面恢复大学教育。

新华社的新闻训练班,在新闻传播机构内部人才培养方面迈出了一大步,它改变了以前新闻单位内部那种自发的、非正规的个体传承状态,逐步将新闻传播机构内部人才培养推向正规化。

新中国成立后,大学教育也得以恢复和继续发展,其中与国际传播人才培养关系比较密切的是外语类专业的恢复和发展。这一阶段,为新中国国

---

① 刘云莱.新华社史话[M].北京:新华出版社,1988:160.

② 彭迪.实事求是的原则不能动摇——国际新闻报道工作的体会[M]//新华社新闻研究所.国际新闻采写经验荟萃.北京:新华出版社,1991:70.

际传播界培养了大量外语人才的是北外、上外、外交学院等高等院校。这些院校虽然为新华社等机构输送了大量的人才,但并非为培养国际传播专门人才而设立,而是为新中国培养懂外文的干部。

需要特别指出的是,新华社等单位在培养国际传播人才时,不仅直接选拔外语人才,让他们到新闻实践中锻炼成才,也调集有经验的国内新闻记者并将他们送入外语院校学习外语。如曾任新华社驻苏丹、伊朗和联邦德国分社首席记者的朱敏信,1949 年之前曾先后在新华社苏北分社、华东总分社和淮河分社工作,1953 年作为新华社调干生进入北京外国语学院学习,毕业后进入了新华社国际部工作。实际上,传播实践者的"再回炉",弥补了传播人才储备不足的问题,成为中国国际传播人才培养的重要经验。而通过这种"再回炉",很多新闻人才的潜质得到了充分发挥,在重要岗位上取得了骄人的成绩。

三

1966 年至 1976 年"文革"期间,"政治挂帅",轻业务、重"政治素养",正规化新闻教育与人才工作培养陷入困境,实践中的"传帮带"重新成为重要的人才培养模式。

"文革"前期,由于新闻传播领域是"批判"和"夺权"的对象,所以受到了严重的冲击,很多老的革命新闻工作者成了批判的对象,国内新闻宣传机构受控于"四人帮",成为斗争的工具。在国际新闻领域,一些领导干部和新闻工作者因为其特殊的外语背景,以及国内对"敌特"的敏感,也受到了批判和斗争。但相对于国内新闻领域而言,一些驻外记者和编辑由于在海外,避开了国内疾风骤雨式的运动,免于迫害,客观上受到了保护。

在国际传播人才培养方面,"文革"期间高校人才输送处于时断时续的不规律状态,新闻传播机构内部正规的人才培养基本上被政治教育所垄断,实际新闻业务的培养又回到了 1949 之前那种"师傅带徒弟"的"手工作坊式"的传承模式。

"文革"前期高校教育秩序被打乱,学校被迫停课搞运动,人才培养处于停滞状态。1970 年后,高校在中央的批准下开始培养工农兵大学生。从 1970 年至 1976 年,全国总共培养工农兵大学生约一百万,其中部分外语类院校毕业的工农兵大学生进入了新华社等国际传播机构,甚至一些人才培养单位。

在新闻机构内部培养方面,由于"文革"期间外部输送的人才有限,直到"文革"结束前,中国的国际传播事业基本依靠前两个阶段培养出来的老一辈新闻工作者支撑。由于新闻传播机构内部人才评价体系错位,对于输送进来的少量新闻人才的培养严重偏离业务方向,政治思想觉悟教育成为新闻机构内部正规培养的主要内容,业务培养基本依靠老一辈新闻工作者(如果没有遭到批斗的话)手把手的传授或者从业者的实践摸索。"文革"期间,国际传播工作还能相对正常地开展,这与新闻机构内部这种手把手的业务培养是分不开的。

四

1978 年至 1992 年,对国际传播人才的需求量剧增,针对国际传播实践的国际新闻专业建立并迅速发展,专业化、复合型的专业培养模式开始发挥其独特的作用。

改革开放直接催生了国际新闻专业,并为该专业的发展带来了前所未有的机遇。随着中外经济交往的日益增加,国际传播任务逐步加重,而"文革"造成的国际传播人才断层以及人才培养方面的错位又加重了人才供求之间的矛盾。为了解决人才需求的缺口,特别是为我国新闻机构培养合格的驻外记者,在政府的支持下,中宣部、教委(当时的教育部)、新华社和广播电影电视部(当时的广播电视部)联合从 1982 年起在一些高校中设立国际新闻专业五年制本科和国际新闻双学士学位,我国的国际新闻专业化教育正式开始。[①] 改革开放中的中国强烈需要把国际新闻记者从宣传干部变成能对世界新闻做出迅速反映的新闻记者。北京广播学院于 1982 年率先在外语系开设了五年制的国际新闻本科专业,厦门大学和国际关系学院也分别

① 郭可.国际新闻教育谈[J].新闻大学,1994(2):62-63.

于 1983、1984 年相继开设了国际新闻本科专业；复旦大学、上海外国语学院于 1983 年开设了能够授予双学士学位的国际新闻专业，中国新闻学院也在 1986 年开设了能够授予双学士学位和硕士学位的国际新闻专业。

为了更快地达成培养目标，以上学校中，除厦门大学是直接面向高中毕业生招生外，其他学校的前两批的国际新闻专业学生都是直接从外语系学生中选拔出来的。这些从外语系选拔出来的学员，已经经过了三年的英语专业训练，具有了较高的英语水平，然后再经过系统的新闻方面的学习和训练，实现“外语+新闻”的初步复合，接下来再到新闻单位进行一年左右的实习锻炼，最后获得学位。经过实习，大部分学员毕业后都留在了实习媒体，成为媒体的骨干力量，还有一些学员则被派往国外，担任驻外记者。

1983 年中共中央宣传部和教育部联合召开了新中国成立以来的第一次新闻教育工作座谈会，会议强调为了适应新闻事业快速发展的需要，新闻教育必须在保证质量的前提下有一个较快、较大的发展。在这次会议的推动下，全国出现了一次新闻教育的办学热潮，新闻教育迅速普及。在这种背景下，国际新闻教育在 1983 年到 20 世纪 80 年代末，得到了政府政策上的支持，与各大媒体（如广播电影电视部、新华社）合作的机会，以及北京、上海等一些著名高校领导的重视，国际新闻教育在师资、资金、设备和资料方面得到了强有力的保障，发展迅速。

1989 年至 1992 年，是国际新闻专业发展最为困难的三年。各大新闻媒体停止了对国际新闻教育在资金方面的投入，加上师资匮乏（多数教师出国未归），国际新闻教育教学的规模大幅度减小，有些高校甚至停办了国际新闻专业。特别是一些以双学位形式开办的国际新闻专业，毕业生的待遇很难协调，所以这些双学位的专业后来或被取消或并入其他专业。

总之，国际新闻专业从诞生起，就是一个复合型的专业，对国际新闻人才的培养提出了专业化的要求，这主要体现在两个方面，即外语过关和新闻实践熟练。这一点基本上在第一批创办国际新闻专业的学校的培养模式上得到了体现。

国际新闻人才，而是拥有较高外语水平的具有多种学科、多种知识背景的人才。为了适应新形势对高素质国际传播人才的要求，人才培养的主体——高校和国际传播机构本身——在人才培养方面会随着社会的发展，结合中国自身的特点，不断调整培养目标和培养方式，努力培养具有中国特色的国际传播人才。

影像与奖项的悖论:新时期中国电影的国际传播*

中国电影作为中国文化形象的传播载体,在对外文化传播、国家形象塑造上负有义不容辞的责任。当前中国电影频繁摘取国际影奖,但在一片繁华的背后,中国电影的国际传播仍存在一系列问题。笔者在全球化的语境下从主旋律电影、商业电影和独立电影三大类影片入手分析其原因,并试图从政策引导、业界重心、人才培养和策略把握上探究中国电影国际传播的发展对策,探索如何为中国的发展创造良好的国际舆论环境。

改革开放以来,中国电影体制不断做出适时调整和变革,硕果丰盛。然而,现实中存在着一种悖论:近年来,中国在电影的对外交流和传播中严重"入超"。从2000年到2004年,中国进口影片4 332部,出口影片却屈指可数。相比之下,美国电影的生产量尽管只占全世界的5%至6%,但放映时间却占全世界放映总时间的80%。① 与此同时,不少业内人士对在国外获奖的中国作品颇有微词,认为它们向世界兜售"伪民俗",加深了国外对于中国形象的"误读"。那么,中国电影尤其是获奖作品在国际影坛中到底创造了怎样的"中国影像"?其背后的原因是什么?又将如何影响中国电影发展的未来走向?

---

* 此文与王鑫芳合作。

① 吴新慧.中国出现严重文化传播赤字[N].联合早报,2006-03-10(5).

一、概念界定

本文探讨的"新时期"主要以全球化为背景,时间上从改革开放后的20世纪80年代后期至今。相应地,"中国电影"的内涵也逐步超越了传统"民族电影""国产电影"的范畴。笔者认为,"中国电影"的主创人员尤其是导演和主要演员应以中国人为主,并且能够反映中国人或华人的历史或现实,有助于世界了解中国,《卧虎藏龙》《英雄》《手机》《无极》等位属此列。

鉴于本文讨论的重点在于"电影国际传播",如前文所述,外宣的目的在于增进中国与世界的相互了解和理解,让世界了解真实的中国,创造良好的国际舆论环境。因此,本文探讨的"中国电影"主要为通常意义上的"国产内地影片",港台影片虽有涉及,但不是重点。

同时,笔者将这些影片大致分为三类:主旋律影片,主要由政府出资,多为"体制内电影",作用在于弘扬民族优良品质、歌颂民族优秀人物、提高民族自豪感、增强民族凝聚力;商业影片,随电影产业化诞生,强调市场、愉悦观众;独立电影,又称"体制外电影",多反映社会底层现实或同性恋等边缘群体的生活,由于各种原因大多没有在内地影院公映的权利。此外,还有一些电影很难明确归类,笔者暂将之划为文艺片及其他类。

二、从国际影奖的中国盛宴看中国电影国际传播现状

让电影接触国外受众是电影国际传播的第一步,也是基石。国际电影节无疑为中国电影走向世界提供了很好的宣传平台。目前,业界公认的A级国际电影节共有11个,从其影响力而言以法国戛纳电影节、德国柏林电影节和意大利威尼斯国际电影节(合称为"欧洲三大国际电影节")最为重要。此外,美国奥斯卡评奖作为历史最悠久的、来自传媒第一大国的电影评奖盛事,在全球化的今天其对世界电影的影响也不容忽视。20世纪80年代以来在欧洲三大国际电影节及奥斯卡重要奖项中获奖的中国电影多达40余部。尤其是改革开放以来,中国电影在国际影奖中不断获奖,推出了一场场"中国影宴",影响力日渐增长。2001年,台湾导演李安执导的《卧虎藏龙》一举

获得第73届奥斯卡最佳外语片奖等4项大奖,李安、张震、章子怡、李王文等明星齐齐亮相颁奖晚会,使得2001年的奥斯卡被称为“最中国的奥斯卡”。而更多的奖单背后还有一大批参与角逐、离桂冠仅有一步或几步之遥的落选中国影片,它们连同获奖影片共同打造、扩充并加固着世界电影王国中的“中国版图”,塑造出形态各异的“中国影像”。

三、中国电影国际传播存在的问题

然而,这些获奖影片是否真实全面地展示了中国文化或现实生活?是否为中国发展创造了良好的舆论环境?笔者从1988年至2006年的获奖影片中选取奖项较高的23部影片,分别从影片类型、电影故事涉及时代及关键词等角度进行分析(见表1),试图从中分析目前中国电影国际传播存在的问题。

表1 获奖影片类型分析简表

获奖时间	获奖影片	出品时间		电影分类					电影故事时代划分				电影关键词提要
				大陆									
		2001年前	2001年及以后	主旋律电影	商业电影	独立电影曾/或/仍国内被禁	文艺片及其他	港台	古代	近代	“文革”	当代(“文革”后至2006年	
	汇总	17	6	4	0	5	7	7	1	7	3	12	
2006	《三峡好人》(贾樟柯)		1			1						1	社会底层(买卖人口、重婚)
2005	《青红》(王小帅)		1				1					1	“文革”后遗症
2005	《孔雀》(顾长卫)		1				1					1	理想幻灭
2003	《盲井》(李杨)		1			1						1	社会底层(矿难、娼妓)
2001	《十七岁的单车》(王小帅)		1				1					1	青少年级半反
2001	《卧虎藏龙》(李安)		1					1	1				功夫、古代侠义
2000	《鬼子来了》(姜文)	1				1				1			抗日
2000	《一一:一个和两个》(杨德昌)	1						1				1	婚外恋
2000	《我的父亲母亲》(张艺谋)	1					1				1		“文革”
1999	《一个都不能少》(张艺谋)	1		1								1	贫困落后、坚定意志
1997	《春光乍泄》(王家卫)	1						1				1	同性恋
1994	《活着》(张艺谋)	1				1					1		“文革”
1994	《爱情万岁》(蔡明亮)	1				1					1		同性恋
1993	《霸王别姬》(陈凯歌)	1						1				1	“文革”、同性恋
1993	《戏梦人生》(侯孝贤)	1						1		1			日本侵华、苟活
1993	《香魂女》(谢飞)	1					1					1	婚外恋
1993	《喜宴》(李安)	1						1		1			同性恋
1992	《秋菊打官司》(张艺谋)	1		1								1	法制落后、坚定意志
1991	《大红灯笼高高挂挂》(张艺谋)	1					1			1			封建男权
1990	《本命年》(谢飞)	1					1					1	已释犯人
1989	《晚钟》(吴子牛)	1		1						1			抗日
1989	《悲情城市》(侯孝贤)	1						1		1			日本侵华
1988	《红高粱》(张艺谋)	1		1						1			“铁屋子”影像

通过表 1 中对 23 部获奖影片的简要类型分析不难看出,中国电影国际传播面临如下问题:

(一)主动外宣效果不理想

政府支持的电影作品,无论是主旋律影片还是商业电影,都长期缺席国际影坛,认可度和接受度不高;即使获奖,也多无益于正面宣传。

表 1 中的 23 部获奖影片中仅有 4 部属于主旋律影片,其中只有一部展示中国人民反法西斯斗争的抗日题材作品《晚钟》(吴子牛)获得银熊奖(1989 年),但距今(2006 年)已近二十年。其余三部(《一个都不能少》《秋菊打官司》和《红高粱》)虽然立意积极,但电影背后留给外国人更多的恐怕是现实里中国的贫穷落后、法制不健全,还有"铁屋子"式的中国寓言。这些包含了以"家"为中心场景的某种"弑父"原型的故事[①]虽然获得了国际认可,但难见其对中国国家形象或国民形象的正面塑造有何裨益。值得注意的是,继 1999 年《一个都不能少》(张艺谋)摘取金狮奖后,类似的主旋律影片自此缺席国际影奖。直到 2006 年,反映中国法制进程的《马背上的法庭》(刘杰)才获得威尼斯电影节地平线单元最佳影片大奖,但影片中依然可见贫穷落后、愚昧无知的社会底层国人形象。

电影产业化后,商业电影在国内异军突起,每每造势浩大却难结硕果。尽管国内媒体不断炒作,但奖单榜上没有一部中国内地主创的商业电影摘金夺银。当国人津津乐道于《卧虎藏龙》在中国电影对外传播史上的里程碑意义时,不容忽视的事实是影片是以香港电影的身份入选得奖的。而中国内地随后连续几年重金打造的商业影片对外推出时往往"心有余而力不足"。截至 2006 年,在海外票房最佳、具有一定影响力的《英雄》(张艺谋)也不过获得了柏林电影节的特别创新奖(2003)。更值得注意的是,2001 年《卧虎藏龙》摘得奥斯卡最佳外语片桂冠后,中国内地每年选送的影片全部是大成本的"新武侠剧电影"[《英雄》(张艺谋,2002)、《天地英雄》(何平,2003)、《十面埋伏》(张艺谋,2004)、《无极》(陈凯歌,2005)]。且不说这些影片塑

① 尹鸿.全球化背景下中国电影的国际化策略[J].文艺理论与批评,2005(5):9-17.

造的影像是否可以代表中国传统文化、打造民族形象,但就其类型的单一、内容的重复空洞而言,也绝对不值得传承和过分推广。

(二)被动外宣深得国际青睐

体制外的独立电影(由于种种原因大多无法在国内上映从而又被称为"地下电影")或者由于政治、制度等因素在国内被禁的影片频频在国际上获奖,置中国电影国际传播于被动之地。

表1中,2000年至2006年,近一半获奖影片属于地下电影,其余作品虽多属于文艺片,但故事背景几乎全部与"文革"相关。这样的影片获奖,虽然提升了中国电影在国际上的地位,"相较于被动接受好莱坞批量生产的具有反华偏见、别有用心的影片在国际空间中的传播,是一种主动的参与"并形成"有效的屏障"①,但由于影片多关注社会边缘弱势群体,长于展现诸如吸毒、嫖娼、偷窃之类的社会现象,因此容易导致中国对外宣传正面、积极形象时面临一定的被动局面。更为重要的是,中国政府如何处理这类获奖影片将直接影响到中国的国家形象和国际舆论走向。

(三)总体外宣展现的中国影像难以精确抓住并传达中国传统文化精髓

近现代题材正面形象塑造较少,过于强调社会边缘群体,影响国外受众全面、真实地了解中国。

表1分析的23部获奖影片中,除去7部港台电影外,余下的16部电影中无一以古代为背景。其中有1/4以近代中国为背景,近两成直接以"文革"为故事大环境(见图1)。除《十七岁的单车》讲述平民青年的梦想外,其余反映当今中国现实的电影或多或少都带有"灰色"色调,有些揭示出了"被遮蔽的中国现实"。②这虽然从整体上丰富了中国形象,使西方人看到了有别于主旋律电影所塑造的中国影像的另一面,但当主旋律电影在国际影坛上长期缺位时,这样的现象就不见得是利大于弊了。以2003年银熊奖获奖影片《盲井》(李杨)为例,不管主创人员初衷如何,把矿难频发这样一个国内外

①② 戴元光,邱宝林.全球化语境下中国电影文化传播策略检讨[J].现代传播,2004(2):49-53.

不断热炒的中国现实问题演变成两个人投机取巧、以人命敛财的猎奇故事，中间不断有意无意地渲染娼妓、贫困、贪婪等符号，虽然影片最终宣扬人性善良的胜利，但整体上难见其立意之深、代表之广。探求矿难背后的真实社会原因时，影片未必非要如传统主旋律电影一般创造出人性英雄、高唱赞歌，但至少要具有普遍的现实意义。而这也正是《盲井》的硬伤所在，它使外国人对于中国矿难的认识产生了一定的偏差。此外，动辄联系"文革"、过于专注某些"脏、乱、差"的社会现象，恐怕也容易让外国人将之视为中国的普遍现象并直接升级为中国符号。而这样的符号无论如何也难以对中国的国家形象产生正面影响。

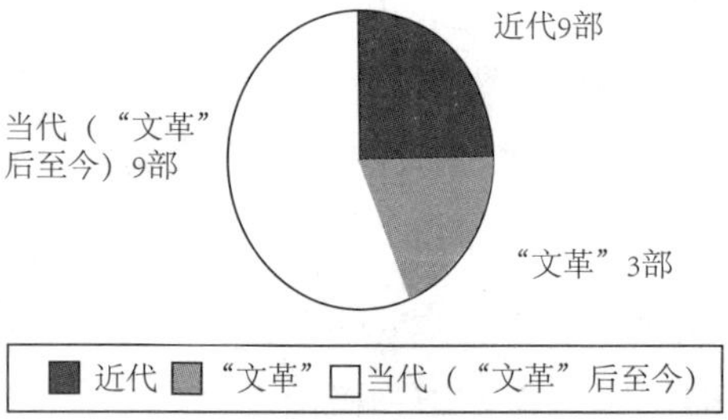

图 1　获奖大陆影片故事背景分布图

同时，中国电影为对外宣传民族文化而做的功课也尚欠火候。外国人能够接触或认可的中国影片对于民族文化的理解和表现或肤浅，或单一，有些甚至任意篡改文化、历史，只套一副"民族""传统"的假皮囊。且不说张艺谋是否真的在《大红灯笼高高挂》等作品中兜售"伪民俗"，单是最近《无极》《夜宴》等直接以某朝某代为背景的古装电影，观众看完后真的很难从中找出民族传统文化。而重金打造、阵容强大的商业大片《夜宴》更是以"中国的王子复仇记"为卖点，整个故事半中不洋、让人似懂非懂，纵然票房大胜，即使国际获奖，也丝毫无助于世界对中国的认识。更令人不解的是，中国会连续四年选择题材相近，强调大制作，重技巧、轻内容的"新武侠电影"参加奥斯卡最佳外语片竞选。不知年年岁岁"画"相似时，外国受众能否真正理解中国的民族文化？除了他们耳熟能详的几招中国功夫、令人眼花缭乱却不见得多么尊重历史的古代服装造型外，他们对中国的认识还能增加多少？

而这样的认识能在多大程度上帮助他们理解今天中国政府基于文化传统提倡的“和谐社会”“和而不同”的理念?

四、盛宴背后的思考

造成目前中国电影国际传播诸多问题的原因何在?影坛盛宴的光环背后隐藏着什么样的问题?要想让中国电影国际传播走出现实困境,开创新局面,就必须首先查明以上原因,方可“对症下药”。

(一)全球化的机遇与挑战

全球化是中国电影国际传播面临的最大政治。在此背景下,一方面中国电影对外交流逐步加强,“让世界了解中国,让中国走向世界”逐渐成为潮流;但另一方面,受政治、经济等因素的影响,世界文化、信息传播本身无法平衡。这种全球性的“媒介帝国主义”又引发了全球范围内以民族性、本土化对抗代表西方主流的全球化热潮。中国身处其中,加之与强势西方大国在意识形态、政治制度、文化传统等方面的巨大差异,要想通过电影,尤其是弘扬民族优秀品质、增强民族凝聚力的主旋律影片,实现文化外宣的目的,其难度可想而知。

加尔通(Galtung)曾指出,在全球文化、信息传播领域的”中心-边缘结构”中,发达国家处于中心地位,发展中国家处于边缘地带。① 中心国家由于大量向边缘国家倾销传媒产品,形成了以单项流通为特色的媒介帝国主义②,表现在电影上,最突出的问题就是中国主旋律影片长期缺席国际影坛,而以美国好莱坞大片为代表的西方电影则居于重要地位。这不仅给电影国际传播带来了阻力,同时也是中国电影国内发展的隐患。

在此背景下,各国多找寻本民族的文化精髓,将之融入本国影片并以此对抗来势汹涌的好莱坞大片。例如韩国的影视文化产业,就在国内政策的

---

① GALTUNG J.A structual theory of imperialism[J].Journal of peace research,1971(8):81-107.

② BOYD-BARRETT O.Media imperialism:towards an international framework for the analysis of media system[M]//Mass communication and society.Beverly Hills,CA:Sage,1979.

扶持下努力挖掘韩国文化,以本土化对抗全球化(确切地说,应该是"西方化"或"美国化"),从而得以扭转被动局面,主动出击。而笔者窃以为,中国电影的发展目前面临的最大难题不在于体制或制度,而在于文化的追根定位。国务院新闻办有位官员曾经指出,中国传媒产业一遇到挫折,往往抱怨体制问题,却极少反思自己的产品到底有多少"含金量"。即使外国人想了解中国,但中国的传媒产业往往拿不出能够真正代表中华民族的东西。长此以往,由此产生的不透明、不解,甚至误解将严重影响到中国政府各方面的对外交流。

在全球化语境下,"只有民族的才是世界的"。中国在外宣的过程中,如果推不出真正体现民族底蕴的电影作品,一切策略技巧将沦为空谈。这也是目前中国电影国际传播所遇到的最大的拦路虎。

(二)主旋律电影发展理念滞后

主旋律电影是国家意识形态和主流文化精神的载体。由于受历史的影响和创作思维的局限,很多影片题材范围狭窄、制作模式呆板、传播模式封闭,虽然目前有所调整,但整体而言仍滞后于现代电影的发展。落后的发展理念成为制约主旋律电影走出国门、"广而播之"的瓶颈。

外宣和内宣最大的区别在于对象不同,这就决定了外宣应当尽量避免宣传类话语,而是采用百姓喜闻乐见的方式来叙述故事。但现实中,很多主旋律电影依然摆脱不了惯常的道德说教,故事模式千篇一律,人物形象"高大全"。虽说现在有所改进,但常常手法单一。例如,为了体现主人公作为"常人"的一面,历史英雄类角色一时间全部被加入千篇一律的感情戏。这样的影片连国人都不愿意看,更何况推出国门给外国人看。即使走出去,很多主旋律影片也往往依附于官方的文化交流活动,进行小范围的"窄播",但在跨文化的国际传播中长期缺席。如此交流,无论深度还是广度都十分有限,遑论市场回报和国家形象的塑造。①

因此,纵然占有其他类型电影难以比肩的资源优势,长期享受资金投

---

① 戴元光,邱宝林.全球化语境下中国电影文化传播策略检讨[J].现代传播,2004(2):49-53.

上，对相关概念进行比较和界定。

二、公共外交不是传统外交的延伸

公共外交概念产生以来，一直存在着关于两种观点的争论。

一种观点认为，公共外交是一个国家的外交行为，是外交行为的“新范式”。持此观点的专家认为，公共外交是政府行为，多与外交目的一致，二者甚至在实际操作时要相互配合，相互协调；同时，在美国，公共外交行为也受到对外关系委员会的指导，并且也是政府的“对外”行为，因此应该属于外交的范畴；虽然它与传统的外交形态在手段和内容上有所不同，但只不过是外交行为的一种“新范式”而已。

另一种观点认为，公共外交并非外交行为，而是一种国际传播和对外文化交流行为，它虽然和外交有着密切的关系，但应该是独立的、甚至应远离具体的外交政策。[①] 在美国，公共外交的实施主体并不是外交机构，其直接作用目标也不是外国政府，因此不能说它是外交行为。[②]

笔者认为，公共外交不是外交行为，这是因为“外交是以主权国家为主体，通过正式代表国家的机构与人员的官方行为，使用交涉、谈判和其他和平方式对外行使主权，以处理国家关系和参与国际事务，是一国维护本国利益及实施其对外政策的重要手段；不同的对外政策形成不同形态和类别的外交。简而言之，外交指任何以主权国家为主体，通过和平方式，对国家间关系和国际事务的处理。”[③]

同上文公共外交的概念相比，我们可以发现，公共外交与传统意义上的外交在客体对象、途径、手段等方面存在很大差异。

第一，二者的实施主体不同。虽然二者都是政府行为，但是公共外交的实施主体是国际广播机构、教育文化交流机构及政府主导的非政府组织和团体；外交的实施主体则是驻外使馆和外交官员。

---

① HANSEN.Communicating with the world: U.S. public diplomacy overseas[M].New York:St. Martin's Press,1990:180.

② 同①183-195.

③ 鲁毅，黄金祺，等.外交学概论[M].北京：世界知识出版社，1997:5.

入、发行、放映方面的政策倾斜,眼光有限、头脑僵化的主旋律电影如果不立即转变思想、拓宽思路、广开渠道,依然将长期缺席国际影坛,失去中国政府形象代言的“话语权”。

(三)商业电影失于故事

国人善于学习,却常常仅擅模仿皮囊而忽视精髓。目前,以“新武侠电影”为代表的商业大片的叫座不叫好就证实了这一点。

客观来讲,在电影产业商业化的道路上,商业大片步子迈得最快。中国加入WTO以后,电影产业和市场向全球开放,以张艺谋的《英雄》等所谓“新武侠片”吸收全球资本、面向国际市场进入电影产业主流①,眼光由国内演员发展到国际阵容,目标由国内票房直升为国际票房。但在一切繁华的背后存在着两大通病:一是片面强调大手笔制作;二是看重票房,尤其是海外票房。电影的故事精髓则被丢到一边,遭遇前所未有的忽视。

细数21世纪以来的新产商业大片,无一不是大导演、大投资,明星阵容强大,制作技术精湛,但在《英雄》中我们能看到《十面埋伏》,《夜宴》中能看到《英雄》,每一部“中国式大片”都有前一部大片的影子②,每一个影子都华丽而空洞、制作精美却言不及物。苍白无力的故事内容成为这类影片最大的弊病,纵是金钱也难掩其瑕,无人叫好也在情理之中。如何收回成本?冯小刚坦言:“在中国市场投资肯定挣不回来,要开发北美的票房。”③北京保利博纳发行有限公司于冬也曾提出,国际化的商业电影是中国电影复兴的主流,“海外才是国产大片收回投资的主战场”④。可是,纵使收回成本又如何?海外受众从中提取的影像无法真正代表中国文化,相似的技巧、雷同的内容只会加深国际社会对已有的代表中国的表面符号的认识疲劳,这样的车轮战术若再不调整,拿不到国际大奖是小事,其生命力必不会长久,更重要的是,不断巩固的、单一肤浅的中国影像也无益于世界了解真正的中国文化。

---

① 尹鸿.全球化背景下中国电影的国际化策略[J].文艺理论与批评,2005(5):9-17.

②③ 斯立阁.从《夜宴》小谈中国电影产业商业化的尴尬[EB/OL].(2006-11-28)[2006-12-05].http//zhengqi.net/ReadArticle.asp? ArticleID=7907.

④ 以国际化的商业电影走向复兴[EB/OL].(2006-11-04)[2007-01-20].http://ews.xinhuanet.com/ent/2006-11/04/content_5288411.htm.

(四)独立电影得益于“地下”

目前,真正活跃于国际影坛的中国电影当推独立电影。所谓“独立”,是指在主流制片体系以外制作,故而又得名“地下电影”。它在近些年风靡国际影坛的原因有三:

首先,全球化背景下国外资本的渗透与国家电影工业所垄断的电影放映市场为独立电影的风靡打下了基础。目前,国家电影相关规定不断降低行业准入门槛,放宽中外合拍片的限制,使得制作一些未通过审批的片子成为可能。而由于未得到政府的批准,这些片子在国际电影节中多会被当作“持不同政见者电影”,作为“后冷战时代的冷战式情境”下对社会主义中国的指认。① 在西方意识形态主导下的国际电影奖项评选中,此类影片由于其所谓的“地下”属性会使海外观众平添一份亲近感,满足他们的猎奇心态和印证预设的想法。

其次,独立电影的主题符合国际电影节的评审要求。不管导演是否在迎合国际电影节的标准,出品的独立电影确实符合甚至创造出了符合西方评委们潜意识中对于中国影像的假想,敢于触踏诸如吸毒、嫖娼、偷盗、地下黑帮、同性恋等中国主流电影艺术的雷区,把镜头转向问题少年、小偷、妓女、下岗工人等从不会成为主流电影中主角的边缘群体,从而进一步加深评审们起初良好的第一印象,成为国际传播中建构中国形象的重要组成部分。

最后,在国际上获奖的独立电影回到国内又被再度解读为对社会主义合法性的颠覆并受到惩罚,惩罚本身又反过来印证了这些得奖作品在西方人眼中的“意识形态正当性”。② 如此反复,独立电影很容易找到通往国外电影节的“捷径”,创作者们也会在电影创作中再次自觉或不自觉地贴近西方评委的标准。如此推出的中国影像虽然真实反映了中国的部分现实,但由于色彩灰暗,给中国形象的正面展示带来了消极影响。

正如商业大片因为内容缺失而备受诟病一样,中国的独立电影虽得益

① 戴锦华.隐形书写——九十年代中国文化研究[M].南京:江苏人民出版社,1999:32.

② 鱼爱源.看不见的中国电影[J].上海文学,2004(1):89-94.

于“地下”却也因为影像符号的色彩暗淡而使中国电影国际传播十分被动。

五、中国电影国际传播的发展对策探究

就对目前中国电影国际传播的现状及其原因的分析，笔者认为，走向世界的中国电影若要实现文化外宣的目的，应当从以下方面探讨下一步的发展对策：

（一）政府加强政策引导，化被动为主动

面对目前国内三大类影片在国际影坛和电影国际传播中的不同情况，笔者认为应该有所针对、各个击破，具体做法如下：

1.调整国内电影评奖评审标准，引导各类电影拓展视野与事业

目前中国电影有三大奖：华表奖作为政府奖倡导主旋律，金鸡奖作为专家奖体现专业性，百花奖作为大众奖重视市场票房。三者看似设置合理拉开了层次，每一大类影片都能找到其获得国内肯定和支持的平台。但现实是，每次华表奖一公布，金鸡奖基本也就定了，主旋律占绝对比例，而有的影片没有公映也能获百花奖。[①] 如此一来，观众不满意，业界有意见。过于重视主旋律会压制其他影片如商业电影、独立电影在国内的发展，有些导演只好走边缘路线。因此，国家政策不妨作出调整，令每个奖项恢复其应有的针对性，为三类不同影片提供合适的平台。此外，在评奖中应注意发挥评审标准对电影发展的指导作用，引导影片拓宽思路，百花齐放，为下一步向国外推出真正代表现代中国、体现中国文化的作品奠定基础。

以主旋律作品为例，在不少人心目中，主旋律已等同于意识形态的化身，政治化的空洞说教，尤其令年轻人反感。但其实主旋律不应仅仅局限在政治领域，它也包含人性真善美等普世价值，《辛德勒的名单》《阿甘正传》等都属于美国的主旋律影片，中国导演不妨借鉴一下国外的此类影片，研究一下如何做出内涵深刻、具有普世意义的作品来。

---

① WTO 意味的是什么？[EB/OL].(2002-02-05)[2006-12-15].http://www.southcn.com/ent/yulun/yulunying/200202051144.htm.

2.制定相关政策，引导电影产业商业化步入正轨

面对目前费钱、费力、费资源并常常伴随着环境破坏的巨型商业电影浪潮，国家应出台相关政策，把主创人员的焦点从形式引入内容，拓宽电影题材，重视故事叙事和剧本创作。必要时，可适当给予薄弱环节以政策支持和物质奖励。据悉，目前商业片之所以难见好剧本，主要原因之一就在于编剧地位不受重视，待遇不高。相比之下，韩国之所以好作频出，除了导演水平、演员演技和电影制作技巧外，是因为他们重视编剧的作用，编剧往往最为关键，其待遇也颇为丰厚。

3.改革完善电影体制，将地下电影适当引入"地上"

很多地下电影虽曾在国内禁播，但仍可以通过不少渠道如地下院线、盗版 DVD、互联网等在国内传播，尤其对于其中一些影响较大的、在国际上知名度较高的影片，与其堵、不如疏，不妨尝试引入公映渠道。相应地，业界近年来一直高呼的电影分级制度或类似的区分体系也应该配套出台，取消原有的审查制度，给电影工作者以更大的自由，同时这样也会为中国的国家形象加分。

（二）业界挖掘民族文化精髓，拓思路、重内涵

电影国际传播从属于对外文化传播的范畴。原国务院新闻办主任赵启正曾说过，对外文化传播首先要"系统地把优秀的传统文化挖掘出来"①。从上文的分析中也可以看出，文化寻根将是目前中国电影有所突破、有所作为所必须完成的任务。

我们常津津乐道于五千年的悠久历史、博大精深的中国文化，其中蕴含着文化视野题材的巨大宝藏。但现今的问题是，传统文化在现代社会的缺失，使很多人正逐渐成为"文化失落"的一代。只要能够挖掘出中国的文化精髓，很多对外交流中的疑难问题都将迎刃而解。"韩流""日流"之所以在中国大行其道，其中最重要的一个原因就在于日韩的不少影视作品忠实再

① 孟凡波，赵启正.对外文化传播要做到中国故事国际表达[EB/OL].(2006-11-24)[2006-12-15].http://ews.sina.com.cn/c/2006-11-24/205111609222.shtml.

现了儒家文化的思想。作为儒家文化发源地的中国走到当代，却迷失了自己的文化方向。2006 年 5 月，北京大学教授张颐武提出“一个章子怡胜过万本孔子”的观点，原因就在于“《大长今》就是韩国把低端和高端的文化打通的一个好例子”①。一时间这一观点引发了全国性的大讨论。且不谈观点的合理与否，至少它体现出国人重视民族文化的意识的觉醒，同时也反映出当今中国文化定位迷茫与混乱的现状。

值得注意的是，在文化定位成为困扰中国外宣的一大障碍时，美国等国家却在借中国的传统文化故事扩展本国影视业。当国人批评《花木兰》之类的影片被西方人借走并改得面目全非时，可曾想过为什么中国人不自己给外国人讲述本民族的故事。

（三）人才培养中西合璧，中国故事国际表达

赵启正指出，对外文化传播的第二步是要认真考虑如何传播，做到中国故事国际表达。如何做到国际表达？首先我们要尽快培养出中西合璧的高层次电影人才，不求数量单重质量，让他们全力把关对外传递信息的取舍、决定传递方式。

美国学者以《卧虎藏龙》在好莱坞的胜利为例分析中国电影在国际影坛的崛起时指出，这有赖于导演成长时所处的高度西方化的文化环境②，在对中国传统文化的表述上也更接近西方人的习惯，因此大获成功。“后 WTO”时期的竞争主要是比人才、比文化、比艺术创新。有了新的人才，就必然能拍摄出富有民族文化含金量和具有创意的作品，才能切实推进本土电影产业化的历史进程，真正开拓出一片健康的、可持续发展的电影市场。③

与此同时，还要防止在国际表达中陷入被动地位，跟着西方的价值取向走。电影主创人员应该明晰：“中国故事”是核心，“国际表达”只是一种方式，帮助把核心理念有效传递给对方，千万不可本末倒置。否则，即使深受

① 胡晓，马丹，杨帆.北京大学教授张颐武：一个章子怡胜过万本孔子［N/OL］华西都市报，（2006-05-10）［2006-12-15］.http：//ews.163.com/06/0510/10/2GOMLEG200011229.html.

② PHAM M T.The Asian invasion in Hollywood［J］.Journal of popular film and television，2004（3）：121-131.

③ 黄式宪.全球化浪潮与中国本土电影的文化选择［M］//胡智锋.影视文化前沿.北京：北京广播学院出版社，2004.

国外受众喜爱,也不见得能够让世界真正了解中国文化和现实。

(四)策略灵活,全方位、立体式整合电影国际传播

赵启正指出,对外文化传播的第三步是要努力加强对外文化表达和传播的能力。对于电影工作而言,就是要讲求策略,灵活主动,把电影国际传播的工作同其他文化交流活动巧妙地结合起来,增强彼此的传播效果,全方位、立体式整合电影国际传播。

目前,中国经济的腾飞在全球掀起了一场“汉语热”。电影国际传播可以以此为契机,推出大量优秀、不太深奥、易于接受的传统文化或现实影片,激发国外受众了解中国文化的兴趣,促进他们学习汉语。反过来,汉语学习的深入也会让他们增进对中国的理解,并可能带来世界影坛的“中国风”,因为电影作品是大众文化的重要载体。二者相互促进,相互带动,必会增强文化传播的效果。

同时,进入跨国制作全球化时期的中国电影也要善于利用国际合作,推广民族文化,亮出中国的国际名片。但是,要避免以往的被动合作,被动合作非但没有使我国影片打入国际市场,反而帮助对方在国内大赚一笔。这一点,《英雄》可以作为一个正面例子。《英雄》是张艺谋迄今为止在商业上取得的最大成功,这很大程度上得益于美国制片公司米拉麦克斯(Miramax)的营销策略。2001 年米拉麦克斯抢先购买《英雄》的发行权后并没有立即放映,而是在手中搁置了两年有余。结果证明,延期两年不失为明智之举。米拉麦克斯赢得了大导演昆汀·塔伦蒂诺的支持,他亲自安排宣传该片,增强了观众对影片的重视程度。[①] 全球化时代,好莱坞会试图通过调和国际市场上的不同口味来维系他们在市场上的统治地位。当他们雇用更多的中国电影人才时,会反过来提升中国导演和演员的影响力。这正好有助于提高中国电影对国内外观众的吸引力。

当然,要想提升传播效果,对受众的研究也是不容忽视的。中国电影要

---

① WEINSTEIN H.Combining the Chinese Wall[EB/OL].(2004-09-01)[2005-02-09].http://web.lexis-nexis.com/uni-verse/printdoc.

想在国际影坛站稳脚跟,就必须培养稳定的国际受众,研究他们的观影心理。此外,还要研究如何更好地对电影进行市场化运作,充分发挥国际市场优势;思考什么样的发行策略最有效,什么样的电影语言最适当等一系列问题。

结　语

在全球化的语境下,国家间的交流已不仅仅限于政治、经济领域,还扩展到了文化、信息领域。其中以文化的力量最为博大。电影作为文化的重要载体和组成部分,其在外宣中的作用不言而喻。在中国,电影不断发展,电影国际传播的分量也日益增加。然而中国电影国际传播在取得表面繁荣的背后,暗含着三大问题:主动外宣效果不理想,被动外宣深得国际青睐,而总体外宣展现的中国影像又难以精确传达中国文化的精髓,不能真实全面反映现实中国。

法国汉学家班巴诺说:“中国分为两个——城市中国和农村中国,农村中国是中国,城市中国则是世界的,丧失了中国文化特色。”①此话虽然有失偏颇,但确实代表了当今国际社会对于中国的认识。如何改变这一偏见?中国电影应担负重任。笔者相信,国际影坛上的“汉风舞然”必然会引领世界对中国有一个更加深刻、全面的认识。

① 戴元光,邱宝林.全球化语境下中国电影文化传播策略检讨[J].现代传播,2004(2):49-53.

第三编

公共外交的理论与实践反思

公共外交：一个实践领域概念的提出

作为一个学术用语，"公共外交"最早出现于 1965 年。这一年，美国塔夫茨大学弗莱彻外交与法律学院（the Fletcher School of Law and Diplomacy at Tufts University）院长、美国前外交官埃德蒙德·古利恩（Edmund Gullion）发明并率先使用了它。它是美国学者用来描述美国国际传播行为的学术用语，实质上，它就是美国的国际传播。

一、什么是公共外交

研究公共外交，要从 2001 年说起。

这一年的 9 月 11 日，恐怖分子一日之内劫持四架美国民航飞机，将 200 多条性命当作"人体炸弹"，撞击纽约世贸中心的两座摩天大楼以及美国国防部的五角大楼，造成巨大人员伤亡和财产损失，作为美国标志性建筑之一的纽约世贸中心双塔大楼轰然倒地，3 016 人在这次恐怖袭击中遇难。这样的悲剧是美国历史上，甚至是世界历史上少有的。

从灾难中猛醒过来的美国人始终疑惑不解："是谁这样憎恨美国？""我们的政府到底做错了什么？"[①]反美的力量为什么可以一面焚烧美国国旗，一面大嚼美国汉堡包，且不会消化不良？[②]

美国学界与民众的反思逐渐集中于两点：一是如何看待美国的硬力量与软力量的关系。人们认识到，主要由美国的硬实力造就的美国霸权是一

① 萨达尔，戴维斯 W.谁在憎恨美国[M].袁征，朱琳，付宇，译.北京：中国青年出版社，2004：11.
② 帕斯特 A.世纪之旅——七大国百年外交风云[M].胡丽平，杨韵琴，译.上海：上海人民出版社，2001：13.

第二,二者的作用客体不同。传统外交面对的是他国政府,而公共外交面对的则是他国公众。因此,其作用模式也不同。简而言之,公共外交的作用模式如图 1 所示,而外交的作用过程如图 2 所示。

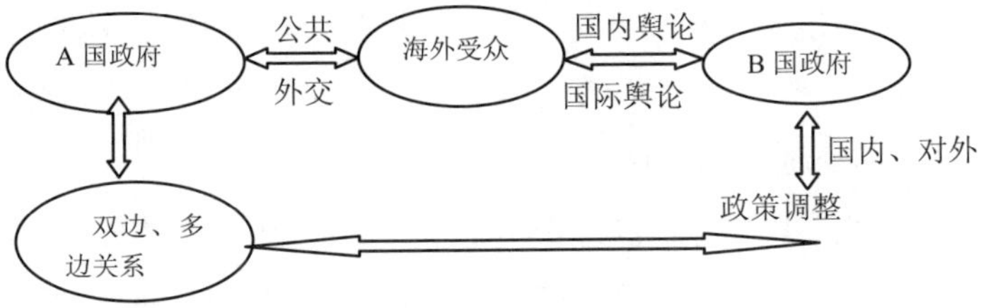

图 1　公共外交作用示意简图

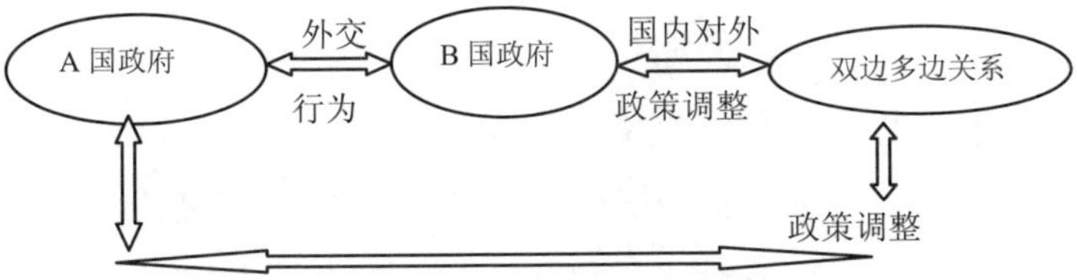

图 2　外交工作示意简图

第三,公共外交与外交行为的最大不同在于前者的公开性。虽然冷战前后,也有一些情报机构会介入公共外交的实践,但是总体上来说,这些行为是公开的。如今的外交行为虽然也有了比过去更大的开放性,但是总体上还是处于"国家机密"的范畴。传统意义上的外交通常(有时甚至是绝对)要求保密。"外交中的保密不仅包括达成某一协定的秘密过程,有时还指条约或协定的秘密内容。公共外交是一个公开的过程,公开是公共外交的内在要求,(公共外交)通常是向国外公众发出呼吁,我们希望人们知道和了解。"①

第四,二者的操作途径不同。公共外交通常是通过信息传播、文化交流、民意调查等方式来进行的,而传统外交则侧重于政府间的政治交涉和经济及军事谈判。

因此,我们不能说公共外交就是外交行为,或是"外交的新范式"。

① 廖宏斌.文化、利益与公共外交[D].北京:外交学院,2002:24.

三、公共外交和公共关系有区别

近年来,越来越多的美国专业公共关系公司涉足国际公共关系领域。他们帮助美国政府处理媒介事务,进行政策反馈调查、媒介监测,甚至帮助政府制定危机应急机制等。靠着专业才能,他们在政府的危机公共关系处理等方面起着越来越大的作用。

“9·11”之后,美国政府也进一步加强了政府自身公共关系处理方面的力量。这让人们误以为,公共外交只是政府针对外国民众的公共关系行为,是政府的“国际公关”。有专家认为,公共外交仅仅是政府公共关系的委婉语。

笔者认为,公共外交和公共关系是有区别的。

首先,政府国际公关是指一国政府从事国际公众信息传播、关系协调与形象管理事务的一种艺术和科学,它是涉及调查、策划、实施、评估和咨询的一种实践活动,以及相应的危机反应机制等。① 政府聘请专业公共关系公司进行的国际公关并不是一个长线模式,它们仅仅是在特定的时期或者在特定事件中起作用,并不能涵盖一个国家和政府全部的公共外交行为。

其次,政府国际公关仅仅是公共外交的一个途径,或者一种运作模式。美国的公共外交的目的不但是要处理这种短期关系,更重要的是要建立长期信任。

再次,政府的国际公共关系的对象有可能是具体的单位或者机构,如外国对于美国某个特定的委员会的公关工作等。因此,政府国际公共关系的处理也可能超出一国公共外交运作的范畴。

最后,一国国际公共关系的执行部门多是外交部,而不是宣传机构。两者具体关系如图3所示。

因此,公共外交与政府的国际公共关系的处理是既有区别又有联系的两个实践领域,即公共外交在短期关系处理层面上要利用公共关系手段,但公共关系并不是公共外交的全部。

---

① 国内外现在还没有关于政府国际公关的权威定义。

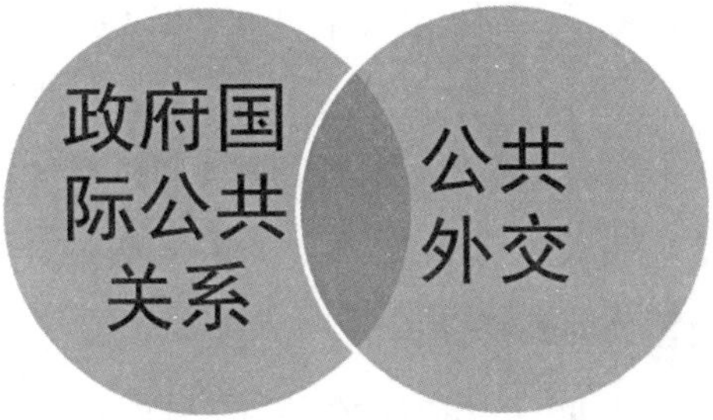

图 3 政府国际公共关系与公共外交的关系示意图

四、公共外交不是公众外交

公共外交与公众外交是容易被混淆的两个概念。这主要有两个层面的原因。第一是在翻译学层面上,中文的翻译存在误解;第二是两者所描述的实践领域越来越密切地结合在一起,指代内容容易模糊。

(一)译名要统一

公共外交的英文是 Public Diplomacy,缩写为 PD。在视野所及的相关中文文献中,该术语的翻译有两种,其一是"公共外交",其二是"公众外交"。其中韩召颖、王宏伟、金正坤、王逸舟等学者将这其翻译为公众外交;而唐小松、王义桅、赵可金、熊志勇、周启朋、高飞、张巨岩、罗致政、李智等学者将其译为公共外交。另外有部分学者认为,两者可以通用,如刘炳香。在国内出版的相关译著中,较早的一般译为"公众外交",如新华出版社 2000 年出版的《世界新闻多棱镜——变化中的国际传媒》等;之后的著作中一般使用"公共外交",如东方出版社 2005 年出版的《软力量——国际关系成功之道》等。

术语规范化是任何一门学科存在的前提,不使用统一的术语就无法进行学术交流。中国的国际新闻和国际传播学要与国际同行积极对话就更应该注意术语的规范。这个问题应当引起学者们,特别是青年学者的高度重视。因此,本文认为 PD 的翻译应该统一。本文取"公共外交"作为其标准译法。原因如下:

首先,在英文中,"public"一词的基本词义是"公开""公共",而"公众"

和“公众的”则是引申义。① 而作为政策性名词“diplomacy”的定语时,应该选取其与政治结合的形容词用法,也就是应该选取“公共”的意思。②

其次,公共外交不但强调公开,还强调其不同于宣传的制度性。而之所以翻译为“公众外交”,仅仅是因为其工作对象更多的是“其他国家的公众”。但是,这并不足以涵盖公共外交的内涵。

最后,“公众外交”一词,容易混淆外交部门面对国内受众的解释和说明行为与国际传播交流行为。今天,我们更加倾向于以“公共外交”来描述政府主导的国际传播交流行为,以“公众外交”来描述外交部门公开相关事务并取得大众对政府外交政策的支持的行为。如,我国外交部新闻司就于2004年3月19日正式设立“公众外交处”,有关领导就指出,“外交部本着‘以人为本、求真务实’精神,在面向公众、服务公众方面做了一些工作”;“外交部重视与公众的交流和互动,以使中国的外交更好地服务于中国人民,服务于全面建设小康社会的崇高目标”。③

当然,译名确定的另外一个基本原则就是“约定俗成”。南开大学主办的“国际关系在线”对PD译法进行了投票。145人参加投票,其中94人赞成“公众外交”的译法,51人支持“公共外交”的译法。④ 另外,中国人民大学国际关系学院在2006年博士生招生目录中有“公众外交”方向,指导教师是金正坤教授。⑤ 这意味着,对于这一术语的翻译还存在着较大的争论。

---

① DAVID B G, VICTORIA N. Webster's new world college dictionary: third edition[M]. New York: Macmillan, 1997.

② 本文写作过程中,作者请教了新华社参编部译名组的有关专家。他们认为,从语言学上分析,该词应该翻译为“公共外交”;另外,译名的一个基本原则是尽量避免一词多义,在国内出现了“公众外交”一词,且该词有固定意义的前提下,翻译为“公共外交”更为合适。

③ 参见中华人民共和国外交部网站:http://www.fmprc.gov.cn/chn/wjb/zygy/shenguofang/zyhd/t80125.htm。

④ 但是,由于网站能够重复投票,本人认为,这一网络调查只能作为一个参考,而不能作为“公众外交”已经成为约定俗成的译名的例证。参见南开大学主办的“国关在线”。网络链接地址:http://www.irchina.org/vote/vote17/index.asp。

⑤ 参见中国人民大学国际关系学院网站,网络链接地址:http://sis.ruc.edu.cn/recuit/2006/boshimulu2006.htm。需要指出的是,在金正坤教授指导的相关硕士论文中,并未提及“公共外交”的概念,也未对公众外交与公共外交进行区分。

但总体来说，中国社会科学院①、复旦大学、广东外语外贸大学、清华大学②、中国传媒大学③等学术研究机构，认可“公共外交”的译法；而南开大学、中国人民大学则认可“公众外交”译法。因此，“公共外交”的使用范围更为广泛，笔者视野所及的相关的中文书籍和论文中，80%以上采用了“公共外交”的译法。

（二）公共外交与公众外交的指代不同

如上文所述，公共外交指代的应该是一国政府对外的传播交流行为，公众外交则应该用来指代一国政府对内的公共事务处理。美国国务院的“公共事务”就是我们所说的“公众外交”。

当然，有人仍把美国的公共外交和公众外交也就是公共事务混淆在一起。其实，区分这两个概念并不难。“公共事务”是几乎所有的西方政府机构都有的一个部门，类似于国内的公共关系处理部门，并不是美国国务院特有的。

在美国国务院中，公共外交的实施对象是外国民众；公共事务强调向国内公众、媒体或其他机构提供关于政府目标、政策和活动的信息，其最大任务是让国内民众获悉政府的政策和目的，它主要着眼于国内事务。换言之，美国国务院的公共事务是指政府通过各种渠道让本国公众支持政府国内外政策和活动的行为。

对于二者的关系，已有专家进行过论述：美国学者赫利·代尔（Helle Dale）认为，公共事务指政府促进国内公众理解和支持政府政策、行为和制度的行为。④美国国务院也认为，公共事务的对象是国内公众；而公共事务处的

---

① 根据作者的统计，在中国社会科学院主办的刊物中，90%以上的相关文章采用了“公共外交”的译法。

② 2005年，全国哲学社会科学规划办公室资助了清华大学胡显章教授的新闻学与传播学一般项目“公共外交与国际传播战略研究”。参见 http://www.npopss-cn.gov.cn/planning/xm2005/xwx.htm。

③ 现有的研究者有李智老师、孙英春老师等；刘笑盈老师、麻争旗老师在其国际传播相关文章中对此概念也有提及。

④ JOHNSON S，DALE H.How to reinvigorate U.S. public diplomacy[R].Washington，D.C.：The heritage foundation，2003：3.

主要职责是按照国务院的指示，将政府对外政策及时传达给美国公众，并就公众对此类问题的反应向国务院提供反馈意见。① 美国杰出的外交家菲力普·哈比卜（Philip C. Habib）认为，“公共外交”中的“外交”一词是指它的“外向纬度”。② 虽然有个别专家用公共外交概括公共事务和公共外交两个概念，认为由于国内事务和对外交往的关系日益密切，二者都应该包含在公共外交的大框架中；③但是，从目前的国际政治形态看，公共外交与国内事务的关系有进一步密切的趋势，但要达到一体化的程度，尚待时日。

公共外交和国内事务的关系如图 4 所示。

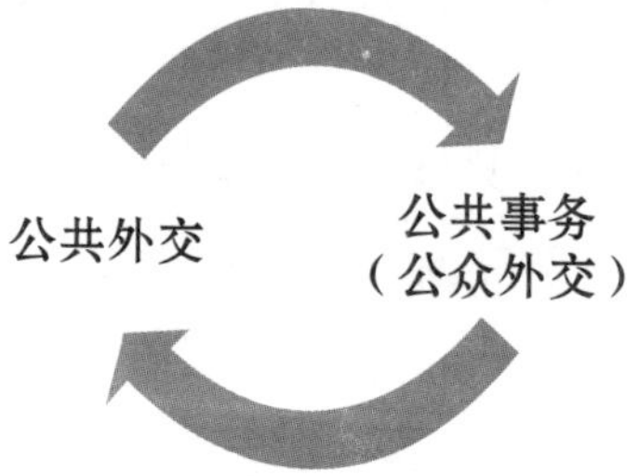

图 4　公共外交和国内事务的关系示意图

五、公共外交就是国际传播

美国的公共外交实质上就是美国国际传播。它起源于第一次世界大战中的战时宣传，在第二次世界大战的宣传战中得到全面发展，之后在冷战的宣传对抗中发展到了高潮。

虽然公共外交在很大程度上棋高一着，为了掩饰宣传的痕迹，采用了时代变化所赋予的全新传播手段，开拓了人际传播的途径和方式，用另外的名词取代了国际传播这个可能在其国内引起争论的名称，但无论从其内涵还是目标上看，实际上就是我们所说的国际传播。从更严格的意义上说，就是美国的“大国际传播”。

---

① Bureau of Public Affairs[EB/OL].(2005-10-23)[2006-01-15].http://www.state.gov/r/pa/.

② TUCH H N. Communicating with the world: U.S. public diplomacy overseas[M].New York:St.Martins Press,1990:7.

③ 高飞.公共外交的界定、形成条件及其作用[J].外交评论,2005(3):105-112.

早有学者认为,宣传“是一种有特定目的、经过清晰的目标设定,直接或者间接服务于宣传者和他们的政治主导者的刻意行为,其手段是通过思想和价值观念的灌输影响受众。因此,公共外交只是宣传的一部分罢了”①;“可以将它叫作公共外交……如果你足够直接的话,其实就是宣传。”②

(一)美国公共外交与其国际传播内涵一致

所谓“国际传播”,指的是“通过各种形式、手段、渠道向外传播自己国家的信息,传达一国政府对国际事务的认识、观点和态度”③,解释本国政策,影响国际受众,树立良好的国家形象。

在中文里,“宣传”是中性词,不含贬义。狭义上的国际传播主要是指新闻宣传舆论的国际传播。广义上的国际传播,是“大国际传播”,也就是利用可以利用的一切手段来进行国际传播。媒体的国际传播构成了国际传播的一个部分,但是对外文化交流和人员往来也应成为国际传播的重要组成部分。

我们可以从三个层面对美国公共外交的内涵进行理解,包括日常沟通、中期战略概念,以及长期沟通与关系维持。④

其中日常沟通主要包括利用记者招待会、吹风会以及新闻发布会的机会,阐释内政外交政策,同时也包括危机公关处理及利用本国国际传播媒介对其他国家的宣传攻势进行反击。因此,这一层面的工作对象主要是国际和国内的大众传播媒体。当然,处理与国内外媒体的关系、实现对媒体的软硬两手的控制是一门学问,美国公共外交执行者对此堪称行家里手。

中期战略概念层面主要是指要形成一套宣传概念。这一套概念源于美国一段时间的国家战略需求以及本国的主要外交和文化背景。在之后的一段时间里,美国利用自己的主要国际传播媒介不断强化这一套概念,从而在理论上寻求合法化的证据。

---

① WELCH D.Powers of persuasion[J].History Today,1999(8):24-26.

② HOLBROOKER.Get the message out[N].Washington Post,2001-10-28.

③ 蔡帼芬.国际传播与国际传播[M].北京:北京广播学院出版社,2000:1.

④ 奈.软力量:世界政坛成功之道[M].吴晓辉,钱程,译.北京:东方出版社,2005:118.

上述两点,实际上就是我国学术概念体系中狭义上的国际传播。美国公共外交的第三个层面是长期的沟通与关系维持,也就是通过教育文化交流,包括奖学金、交流、培训、研讨会以及与媒体建立长期合作关系,来进行所谓的“沟通和交流”。相比上两个层次,这一层次对媒体的利用和涉及最少。

通过以上分析,我们可以发现,在内涵上,公共外交与国际传播特别是“大国际传播”的概念完全吻合。也就是说,在实践中,美国公共外交做的就是国际传播的事,这一点无可争议。

(二)公共外交与国际传播目标一致

美国的公共外交与国际传播不但行为吻合,而且二者要达到的目标也是完全一致的。其浅层目标都是塑造美国国家形象,增强美国的“吸引力”,同时对其他国家进行思想和文化渗透,推行自己的意识形态和价值观,使他国的民众、政府以及他们的政策选择产生有利于美国政府利益的变化;而其最终目的都是促进美国国家战略的执行和国家利益的实现。

首先,作为世界上唯一的超级大国,美国始终注意国家形象问题。而美国国际传播的重要任务就是要通过各种手段,实现其内外政策的合法化,从而在世界上树立良好的美国形象,增强其国家和制度的吸引力。

早在第一次世界大战时期,美国就意识到了国家形象的重要性。威尔逊总统就曾把当时公共信息委员会的任务确定为推销美国的形象——“应当是有关推销术的宏图大业,是世界上最大的广告冒险。”①近年来,由于美国推行单边主义政策,在世界各地煽风点火,其自身形象受到了巨大损害。为了弥补这种形象损害,美国的国际传播机构一方面逐步调整其政策,另一方面采取种种措施,力图修复其国家形象。

例如,在阿富汗战争爆发之前,美国政府即任命了曾先后担任世界两大广告公司总裁的夏洛蒂·比尔斯为国务院负责“公共外交”的副国务卿。比尔斯曾分别出任过世界著名的广告公司——奥美广告公司和汤普森广告公

① 奈.软力量:世界政坛成功之道[M].吴晓辉,钱程,译.北京:东方出版社,2005:112.

司的总监。她因为超人的广告才能,被称为“美国广告界最有名的女人”“麦迪逊大道(纽约广告公司云集的大街)的女王”。在全国广播公司(NBC)的一次采访中,比尔斯说:“这(美国)绝对是我接触到的最漂亮的品牌。”她甚至考虑花大价钱在卡塔尔半岛电视台上购买广告时间,以改变美国在阿拉伯世界的形象。

“9·11”事件后,美国军方还曾秘密组建了“战略影响办公室”(Office of Strategic Influence),每月花费10万美元雇用一家公关公司撰写假消息,以此来树立美国良好的国家形象。

其次,美国公共外交与国际传播还承担着另外一个更艰巨的任务,那就是将美国的意识形态、价值观“兜售”给世界其他国家。体现在实践层面就是,美国利用国际传播手段,对其他国家进行思想和文化渗透,试图利用美国式的民主改造世界,实现其“一统天下”的梦想。而国际传播,则成为美国对外扩张的利器。

“理想主义”是美国文化的最重要的特征,也是美国公共外交与国际传播的理念基础之一。它认为美国的道德原则和价值观念是放之四海而皆准的;美国应自始至终地致力于推动、促进和平与民主;美国应该运用其伦理道德、社会舆论和价值观念的力量,支持民主和自由的力量,反对国际社会中所谓的“专制力量”。[①] 由于深受理想主义理念的影响,美国国际传播表现出强烈的文化扩张倾向。因此,其主要任务之一就让“落后”“专制”国家的民众和政府,“了解”甚至“认同”美国的文化、社会制度和价值观念,进而颠覆或自动放弃本国现行的社会制度,接受资本主义的民主自由价值观,并采用其社会制度。

冷战期间,美国对苏东国家进行“和平演变”,使得苏联解体,东欧诸多国家的社会主义政权垮台。21世纪以来,美国在世界上多个国家搞“颜色革命”,使得多个国家的政权发生更迭。在这些行动中,美国公共外交与国际传播都发挥了“吹鼓手”“排头兵”的作用。

美国国际传播与公共外交的基本任务是一致的。上述两个基本任务互

---

① 倪世雄,等.当代西方国际关系理论[M].上海:复旦大学出版社,2000:40-47、82-84.

相补充,互为倚重,共同构成了美国国际传播的战略目标。

六、为何称公共外交而非国际传播

公共外交与国际传播显然是一回事,但是,美国人为什么放着“宣传”不用而一定要费力再创造一个“公共外交”来描述国际传播行为呢?美国政府之所以把国际传播称为公共外交,有其历史与现实的原因。由于人们对“宣传”的负面理解,美国人不愿意用“宣传”来表述任何政府行为,国会也拒绝批准政府有可能欺骗大众的“宣传”行为。

(一)规避“宣传”一词,在国内取得合法地位

英语中,“宣传”(Propaganda)这个词原先没有贬义,只是由于在两次世界大战中被使用,特别是被纳粹德国使用而带有了强烈的贬义,逐渐成为“为达到某种政治目的,用虚假的信息对人民进行欺骗”的代名词,许多西方人对这个词讳莫如深。[①]

在使用“宣传”一词成为禁忌之后,面对宣传行为,西方人开始使用另外一些词来表达类似或者相同的意思,比如“信息”(Information)、“传播/交流”(Communication)、“公共外交”(Public Diplomacy)等。又如,长期负责美国国际传播的机构就被命名为“美国新闻署”(The United States Information Agency)。在这些词中,“公共外交”一词由于包含了“信息”和“交流”两方面的内容,较为隐蔽地表达了宣传的含义,最终被大多数美国人接受和采纳,成为美国国际传播的代名词。[②]

(二)“公共外交”是“国际传播”策略调整的结果

“公共外交”一词出现于冷战期间。此时,美国通过对战时新闻宣传进行总结,其国际传播的思路已基本成型。

---

① 张洁,田青.美国传播学的开山之作[M]//拉斯韦尔.世界大战中的宣传技巧.张洁,田青,译.北京:中国人民大学出版社,2003:译者序.

② 管晓峰.公共外交的演变及发展趋势[D].北京:中国传媒大学,2002:1.

然而,随着20世纪60年代国际形势的变化,美国原来的国际传播策略遇到了一系列挑战。其中,最为重要的是带有欺骗性的宣传经常会遇到很快被揭穿的麻烦。善于利用媒体的肯尼迪总统上台之后,任命著名的电视节目主持人默罗为主管美国国际传播的新闻署署长。默罗及时对美国国际传播和策略进行了调整。

1961年3月,在参议院对外关系委员会对其任命的听证会上,默罗就指出:“我们不能去威胁别人,但是我们必须去说服别人。”①1963年,他又专门阐述了他的宣传哲学:“对‘实事求是’在政府宣传项目中的地位,一直存在着混淆的认识。但在美国新闻署中,没有这种混淆的认识……我以实事求是为原则进行工作……我们不撒谎,也不隐瞒。因此,我们才能获得较高的信任度,拥有较强的说服力。”②

在此情况下,美国学界和业界均展开了对于国际传播工作的反思。这种反思持续到1965年。随着越南战争进入白宫的中心视野,这种反思呈现两极化发展态势。③ 人们在“宣传”和“阐述实事”之间争执不下。美国新闻署口头上一再争辩,“我们的工作是阐述实事”,但是其实践行为和其口号之间的差别却是显而易见的。这种差别被学术界和一些反对政府宣传的人士抓住,如小辫子般难以割除。

这种争执不下的局面对学术界提出了新的要求。因为,“宣传”与“信息”这样的词已经不能调和两个派别之间的矛盾了。学术界急需一个新词来描述美国新闻署以及国际教育文化交流工作,特别是美国之音的对外广播工作。以“公共外交”代替国际传播,便是平息这种争论并在策略上使得美国“国际传播行为”更具有欺骗性的结果。

(三)“公共外交”是“国际传播”的委婉语

公共外交概念出现后,美国的学者们也曾经对公共外交的概念进行辩护,甚至国内一些学者也受其影响。他们论证说:无论是在中国还是西方,

①② 韩召颖.输出美国:美国新闻署与美国公共外交天津[M].天津:人民出版社,2000:97.

③ 埃默里,埃德温,南希 L.美国新闻史[M].展江,译.北京:中国人民大学出版社,2009:476.

公共外交的范围大于国际传播。实际上,宣传中的内容和公共外交的部分内容重合在一起。而公共外交另外一部分,特别是人员往来和文化教育交流方面则很难进入国际传播的范畴。另外,随着全球化的发展和国际传播技术的进步,过去单纯以灌输为主的宣传已经无法适应社会的发展。要做好现代意义上的国际传播,更需要以真实的事实为基础,更多注重传播的技巧和规律。①

但是,在美国的国际传播实践中,对外文化交流仍旧承担着很重的国际传播的任务。它利用“具有水滴石穿效用的缓慢方式”②,为美国国际传播的长线目标作出了巨大的贡献。例如,美国公共外交中的图书馆项目,一方面被要求必须客观,另一方面却被定义为具有特殊的目的。③

时代的发展虽然要求美国国际传播使用双向传播的手段,但是,观察40多年来的美国公共外交,从来也没有、也不可能真的站在对象国利益的角度上对公共外交的内容和策略进行调整,更多的仍然是利用美国之音等传播媒体的单向传播行为。即使有时考虑到受众的感受,也不过是为了在技术层面上加强其宣传的针对性而已。

因此,美国学界和政府使用“公共外交”一词,目的是掩盖美国国际传播的本来面目。在国际传播过程中,美国利用“公共外交”为其国际传播行为盖上了一块美丽的“遮羞布”。需要注意的是,我国国内学术研究领域内的绝大多数学者目前已经接受了这一概念。还有部分学者提出要建立“有中国特色的公共外交体系”。在西学东渐的今天,笔者不反对国内学术界逐步接受西方的一些学术名词,但应注意甄别,不能全盘接受。

---

① ZAHARNA R S.From propaganda to public diplomacy in the information age[M]//KAMAIPOUR Y R, SNOW N.War, media, and propaganda—a global perspective.Lanham:Rowman & Littlefield Publishers, INC., 2004:219-226.

② 奈.软力量:世界政坛的成功之道[M].吴晓辉,钱程,译.北京:东方出版社,2005:113.

③ 同②114.

美国公共外交:组织机制与特性观察

美国是世界上最早进入大众传媒时代的国家,在某种意义上也可以说是国际传播活动强度最大、活动方式最多的国家。

多年来,美国的国际传播经历了两次世界大战、一次旷日持久的冷战、冷战后的海湾战争、科索沃战争,以及21世纪以来的阿富汗战争、伊拉克战争、"颜色革命"的洗礼。历经半个多世纪的总结和积累,其策略手法样式繁多,总体特点鲜明突出。

一、多兵种联合作战

传播学者认为,宣传须是总体的。宣传者须利用所有可能的技术手段,包括报纸、电台、电视、张贴画、会议和上门劝说……每一种媒体都有它独特的穿透力,瓦解抵抗,操控头脑。但一种媒体的效果有限,所以要用其他媒体来补充。①

美国国际传播的组织者和实践者深谙此道。在其执行的所有国际传播活动中,无论是围绕长期目标,如"和平演变",还是短期目标,如战时宣传,他们都会动用一切可以动用的宣传力量,针对目标进行信息征服。有时如"狂风暴雨",集中而密集;有时像"和风细雨",达成目标于"润物细无声"之间。

---

① ELLUL J. Propaganda: the formation of men's attitude[M]. New York: Vintage Books USA, 1973: 9-12.

(一)大众传媒、文化教育交流和辅助手段——美国国际传播的三军部队

大众传媒、文化教育交流以及相关的辅助手段构成了美国国际传播的主要力量。这种力量分布在不同的传播路径中,关键时刻能够通过不同方式同时覆盖一个目标,从而形成合力。

1.大众传媒

美国政府掌握的大众传媒国际传播力量主要包括国际音频广播、卫星电视、印刷媒体以及互联网四大力量。特殊时期,电影也会被列入其中。

音频广播主要是指美国之音及"替代"广播系统。美国之音建立于1942年第二次世界大战期间。如今,它利用53种语言向全世界广播,听众数量接近一个亿。① 美国之音面向整个世界介绍美国情况,展开舆论斗争。而美国之音的"替代"广播系统是针对特定地区、力图"替代"对象国或者地区的广播电台的。这些电台受众目标明确,播出内容以当地新闻为主。美国的"替代"广播系统呈逐年扩大的趋势。目前,它的团队成员包括:针对东欧和前苏联地区的"自由欧洲电台",针对古巴的"马蒂电台",针对东亚特别是中国、朝鲜、越南的"自由亚洲电台",针对阿富汗的"自由阿富汗电台",针对阿拉伯国家的"萨瓦电台",针对伊朗的"法达电台"等。

卫星电视系统同音频广播系统相似,有针对全世界同时播出的"世界网"和针对特定地区的电视台,如马蒂电视台(针对古巴)、"自由一号电视台"(针对中东地区)。

美国的国际传播机构并没有创建专门进行国际传播的大众印刷媒体。但是,在每个阶段,都有针对特殊地区的印刷媒体建立。如在第二次世界大战期间,美国军队在欧洲发行了《星条旗报》,"9·11"之后,出版了旨在影响中东年轻人的《你好》杂志等。

冷战后,互联网在美国国际传播中得到了充分的应用,它成为国际传播的一个全新平台。包括美国国务院信息局在内的多个国际传播机构都设立了自己的多语种网站,及时公布美国国际传播方面的各种信息。同时,各个

① 奈.软力量:世界政坛的成功之道[M].吴晓辉,钱程,译.北京:东方出版社,2005:115.

广播电台和电视台也都设立了自己的相应语种的网站。另外,“9·11”之后,美国还特别设立了针对阿拉伯世界的互动网络平台。

需要指出的是,电影作为一种大众传媒手段,在美国国际传播中一直起着非凡作用。虽然美国宣传机构并不直接控制电影的生产和制作,但无论是在第二次世界大战还是“9·11”之后的反恐战争中,美国“好莱坞”都以“爱国主义”的名义,紧紧站在美国政府一边,成为战争宣传的“传输带”和“政治共鸣箱”。①

2.文化教育交流

相比美国的大众传媒国际传播队伍,文化教育交流的队伍范围更加宽泛,成员更多。它主要用来完成长期的思想、文化渗透工作。美国文化教育交流的主要内容包括富布赖特项目等众多独立的项目。

富布赖特项目包括很多子项目,由美国国务院负责组织实施。其形式主要是文化教育领域里的人员培训和交流。它是美国国际传播系统中坚持时间最长、影响力最大的项目。

另外,美国国务院还组织短期交流项目、美国的图书馆及图书项目、英语教学及相关项目、美国研究和东西方交流中心项目等,亦在此类中。

文化教育交流是美国国际传播领域里的长线项目,也是美国国际传播“温和派”的首选措施。事实证明,这些项目意识形态色彩不强,利用它们进行国际传播,更容易使人失去防范心理,从而达到宣传的效果。

3.辅助手段

如果说上述两个方面的力量是美国国际传播的“正规军”的话,那么还有大量的“辅助军队”供美国国际传播组织者选用。这些组织包括和平队、国际开发署、中央情报局,以及包括福特基金会、索罗斯基金会、卡耐基基金会、全国民主基金会等在内的“独立基金”,这些组织和基金均和美国国际传播有着千丝万缕的联系。另外,一些以推销美国的“民主”和“自由”为己任的非政府组织也在此列。

---

① 明安香.美国:超级传媒帝国[M].北京:社会科学文献出版社,2005:258.

当然，美国国际传播的“士兵”中还有一些特殊的个体，比如美国总统本人以及内阁成员、白宫和国防部的新闻发言人等。他们是美国国际传播的重要信源，在很多时候也会成为美国国际传播信息传播的发端。

一些和美国在推行“民主”“自由”、进行思想文化渗透上目标一致的宗教电台等也被纳入“辅助军队”，得到美国官方的资助与关照。

（二）组织严密 统一协调——联合作战的司令部

为了制定国际传播的目标、协同各个部门的作战计划，美国国际传播有着相对严密的组织。这种组织和协调在日常国际传播中有，在危机到来时表现得更为突出。

1.日常组织协调

早在第一次世界大战期间，美国就建立了统一指挥和协调国际传播工作的“公共信息委员会”，它负责协调当时各个部门的战时宣传。第二次世界大战期间，由战时新闻局负责美国国际传播的指挥。从冷战开始一直到1999年，美国新闻署成为美国国际传播的大本营和司令部。“9·11”事件后，小布什政府成立了全球传播办公室，并设立负责公共事务与公共外交的副国务卿一职一起协调美国的国际传播工作。

2.特殊时期的组织协调

每当国际传播工作进入特别紧张的时期，美国一般都会设立特别的委员会或者工作小组以加强其对国际传播工作的协调和指挥。越南战争期间，美国就曾成立“跨部门联合心理战工作组”（Interagency Psyops Working Group），并在越南设立了“美国公共事务联合办事处”（The Joint U.S. Public Affairs Office）。1983年，“和平演变”进入紧张阶段，里根政府成立了“与国家安全有关的公共外交的管理”特别规划小组，由总统国家安全事务助理任组长，成员包括国务卿、国防部长、新闻署署长、国际开发署署长和总统通讯助理等，统一规划、管理、协调和监督美国的国际传播活动。2001年阿富汗战争期间，美国在华盛顿、伦敦和伊斯兰堡建立了“联军信息中心”（Coalition Information Center），任务是纠正可能对美军造成不良影响的报道，尽可能提供有利于美国的新闻。

(三)多层次的多兵种联合作战

传播学者认为,“正是因为大众媒体的出现,宣传技巧的运用才得以上升到社会层面。没有大众传播媒体,就没有现代宣传。如果对报纸、电台和电视等媒体予以持续不断的组合运用,就可以营造出一种持久的、总体的环境”①。

在美国宣传历史上,宣传总是以多兵种面目出现,很少有一种媒体手段单独冒进的时候。两次世界大战自不待言,冷战时期的“和平演变”也是多兵种联合作战的典型。冷战后,美国主导了四场地区战争,战时宣传更是多兵种配合作战的典型。可见,无论是在日常宣传中,还是在战争或者危机宣传时,美国的国际传播都能够迅速形成合力。

多兵种联合作战体现在多个层面。这表现在硬性宣传手段和长期的文化教育交流的软宣传的结合中,也包括新旧媒体的结合使用,还有战争期间的“总体宣传”等。

1.“软”“硬”兼施

在美国国际传播中,始终存在着“软”“硬”两手。“硬”的一手是指通过广播等宣传媒介直接表述,在其宣传内容中并不避讳宣传的实质。而“软”的一手则从来不会称自己是宣传,而总是以“文化”“学术”等面孔出现,以文化教育之名,行宣传之实。这一点,在冷战期间体现得较为明显。

冷战中,美国国际传播的“软”“硬”两手都使用较多。“有人喜欢具有滴水穿石效用的缓慢载体,如艺术、书籍、交流等,而有人则喜欢广播、电影、新闻影片等快速信息载体,以达到更加直接、更加明显的‘合算’效果。”当然,“强硬派”从不避讳宣传,“温和派”认为改变外国态度是循序渐进的过程,需要数年努力。但是,美国的文化项目最终还是被“吸入气势汹汹反共外交政策的旋涡之中”了。②

---

① ELLUL J. Propaganda: the formation of men's attitude[M]. New York:Vintage Books USA,1973:10.

② 奈.软力量:世界政坛的成功之道[M].吴晓辉,钱程,译.北京:东方出版社,2005:113.

“软硬结合”的例子有很多。如,20 世纪 80 年代中期,为了防止“失去盟友的下一代”,里根政府设立了国际青年交流项目,这是其加强公共外交的一个重要标志。该项目主要针对美国盟国的青年人。当时,联邦政府出资 1 000万美元,由美国新闻署和“国际青年交流总统委员会”共同负责该项目的运作。该项目取得了巨大成功,从 1982 年到 1984 年,大约三年时间里就有 2 万多青年参加该项目。①

无独有偶,1985 年 10 月,在停播 30 年后,美国之音重新开办了一套面向西欧的节目,每天 24 小时用英语广播,同时用法语、德语、意大利语等 6 种语言定时播出。据称,其目的同样是“改变多年来美国的新闻信息在欧洲青年中传播不足的状况”,以防“失去盟友的下一代”。②

2.综合使用新媒体和传统媒体

美国国际传播特别注意新媒体的使用,但是也不会放弃传统媒体,大多时候是新老媒体结合在一起,共同完成国际传播的任务。

如,1997 年 2 月,美国国际广播局与亚洲卫视广播公司签订协议,利用亚洲 2 号卫星播出自己的节目。此后,美国之音还尝试利用广播和电视同时播出节目。1994 年 9 月,美国之音的阿拉伯语部与世界网电视部联合播出了节目《与西方对话》。这次节目成功播出后,美国之音在世界网的支持下在其总部设立了演播室,1996 年开始大量制作与世界网联合播出的节目,节目涉及波斯尼亚语、汉语等多个语种。

1994 年,国际互联网技术的发展给了美国之音新的机会。这一年,美国之音在世界各大官方广播公司中,第一个建立了自己的网站。1996 年,美国之音开始在线广播。③ 如今,人们可以通过广播、网络收听美国之音的广播,并可以将其下载到 mp3 等新媒体形态中收听。随着技术的发展,人们甚至可用手机收听美国之音了。

新旧媒体的联合使用也体现在美国的教育文化交流项目中。20 世纪 80

---

① HANSEN A C. Public diplomacy in the computer age:2ed edition[M]. New York:Prager,1989:158-159.

② 同①57-59.

③ 韩召颖.输出美国:美国新闻署与美国公众外交[M]. 天津:天津人民出版社,2000:174.

年代末期,新闻署在英语教学中采用了广播,特别是“世界网”等新媒体手段。1985 年,美国新闻署与美国著名的麦克米伦出版公司签订协议,要求该公司制作一套多媒体的英语教学材料,其中包括 26 个 30 分钟的电视节目、52 个 15 分钟的广播节目、录音录像带以及相关的课本与教学辅导材料。按照协议规定,美国新闻署将在数年中投资 800 万美元支持这一项目。①

美国新闻署曾经发行了很多以“交流”和“沟通”命名的纸质期刊。20 世纪 80 年代以后,电子出版的出现让美国新闻署有了更多的选择。冷战后期,美国新闻署不但能够将有关的内容制作成录像带或者光盘等形式进行散发,而且已经开始通过刚刚进入大众使用状态的电子计算机网络进行发送。②

3.战争中的“总体宣传”

有专家认为,美国国际传播成效的最集中体现,就是其技巧纯熟的战时“总体国际传播”。战争期间美国往往能够最充分地调动起一切可以利用的宣传资源,包括广播、其能够利用的私营媒体以及教育文化交流中储存的能量,并以“特别正当”的理由将它们串联起来,形成合力,服务于美国的战争目标。这一点,在阿富汗战争中表现明显。

建立信息发布和协调中心

阿富汗战争开始后,美国协同英国,迅速在伊斯兰堡、伦敦和华盛顿三地设立了“联军新闻信息中心”。这三个地区的时差使得其刚好覆盖了所有关键地区的白天时间。

伦敦时间下午 2:30 是美国东海岸早间 9:30,伦敦的新闻中心将任务转交给美国的信息中心。美国华盛顿信息中心由美国总统布什的高级新闻官凯伦·休斯主持。这个新闻信息中心配备了 30 台电脑终端,世界主要的电视频道以及一个电子的世界地图,地图上标明了从伊斯兰堡到华盛顿等地的日出时间。墙上的任务表则以小时为单位,标明 24 小时内全球各地每个新闻信息官员的具体任务,包括对媒体进行解释、公关和反驳等任务。

---

① 韩召颖.输出美国:美国新闻署与美国公众外交[M]. 天津:天津人民出版社,2000:150.

② HANSEN A C. Public diplomacy in the computer age:2ed edition[M]. New York:Prager,1989:167.

到了美国东部时间晚上 9:00 的时候,美国的新闻信息中心将任务转交给设在巴基斯坦伊斯兰堡的新闻中心。这时,伊斯兰堡正是第二天早上 7:00。伊斯兰堡的中心由英国驻华盛顿大使馆的信息主任、美国驻伦敦大使馆的信息主任和英国驻伊斯兰堡的主要官员约瑟夫一起掌管。①

实行“柔性新闻检查”

在美国国内,政府直接对主要电视网施加压力,要求它们在播发拉登录制的声明之前“先认真考虑一下”,因为这些讲话“有可能含有对其信徒发出的攻击命令和指示”。根据法新社在 2001 年 10 月 11 日的报道,美国各大电视台的负责人在参加国家安全顾问赖斯召集的会议后,同意不再直接转播拉登及其助手的讲话。这些电视网包括 ABC、CBS、CNN、NBC 和 FOX 等。哥伦比亚广播公司在赖斯召集的会议结束后报道说:“各电视网之间同意不再直播本·拉登或者其他‘基地’发言人的声明,以便做出适当的编辑判断。”不过,美国政府否认这是新闻检查。当时的白宫发言人弗莱谢说:“这是对媒体的要求,媒体自己决定是否接受。”

利用国外和地区媒体

美国政府的高级官员,包括国家安全顾问赖斯、国务卿鲍威尔和国防部长拉姆斯菲尔德,分别于 2001 年 10 月在卡塔尔“半岛”电视台露面,向伊斯兰世界解释美国的立场。显然,选择“半岛”电视台是为了平衡该电视台播放拉登录像给伊斯兰世界带来的影响。此前,鲍威尔曾指责“半岛”电视台,说它在播发拉登的录像带时,没有给美国相应的报道。

迅速启动“全媒体”宣传

每逢战时,美国国际传播的多兵种联合作战机制就会迅速启动,展开“全媒体”宣传。以阿富汗战争中的国际传播为例。2001 年 11 月,在国会参议院对外关系委员会主席比登的推动下,美国决定出资 5 亿美元,用于启动一个以穆斯林青少年为目标观众的阿拉伯语卫星电视频道。启动这个频道的目的是“让阿拉伯青少年相信,美国并不反对伊斯兰”,从而消除其反美情

① Attack on Afghanistan: the other round the clock war, passing the baton round the world [N]. The Guardian, 2001-11-10.

绪,同时也可逐步消除“基地”组织的成员来源。① 美国之音还增加了阿富汗普什图语的广播,并把它的阿拉伯语广播延长为每天9个小时。国会众议院也以406:2的投票决定在阿富汗另设一个以阿富汗语广播的“自由阿富汗电台”。

在阿富汗战场上空,美军派出了一架专门用于广播的飞机,同时空投食品,以给战争增加“人道主义”成分。和食品一起落下的还有40万张传单。根据美国广播公司(ABC)的报道,其中一个传单的一面是刮了胡子、做西式打扮的电脑模拟的本·拉登像,另一面是一个死掉的“基地”组织成员。传单上的文字说,“谋杀者和胆小鬼已经抛弃了你们!”从心理学上讲,这种设计旨在通过偶像破坏,来使拉登在其信徒心目中的形象发生扭曲。传单还包括美国驻各国领事馆编辑的阿拉法特和穆巴拉克等人支持反恐战争的声明等。②

需要指出的是,支持阿富汗战争的国家,它们的领导人多数都曾经接受过美国文化教育交流项目的资助,在美国学习过。曾任主管公共外交的副国务卿的夏洛特·比尔斯指出,反恐联盟领导人中有一半以上都曾是交流访问学者。她认为,从“9·11”之后美国反恐的支持者来看,教育文化交流“是政府做的最合算的一笔交易”③。

总之,无论是何种层面、何种形式的国际传播,都具有很强的“多兵种联合作战”的能力,在特定阶段内都会围绕一个总体目标努力。

二、十分注意针对性

美国公共外交还十分注意根据受众的不同情况、不同特点确定国际传播的具体语言、形式甚至表述和表达方式。

传播学家哈罗德·拉斯韦尔认为,成功的宣传有赖于在适宜的条件下

---

① Propaganda:U.S. plans TV station to rival Al-Jazeera:satellite channel would be aimed at anti-American Muslim youngsters, while allies release details of regime's alleged brutality[N].The Guardian, 2001-11-23.

② 张巨岩.权力的声音[M].北京:三联书店,2005:9-11.

③ 奈.软力量:世界政坛的成功之道[M].吴晓辉,钱程,译.北京:东方出版社,2005:121.

对各种方法的巧妙运用。方法是宣传者可以控制的东西,条件是他必须适应的东西。一个宣传者可以改变其活动的组织,修改其发出的一系列指令,用一种传播工具代替另一种传播工具,从而适应不断变化的宣传需求。① 因此,国际传播不但要根据国家对外战略的变化及时调整宣传的战略与策略、方式与方法,而且要根据对象的不同特点,采取不同的宣传手段、内容甚至方法等。

美国国际传播特别注意宣传的针对性。在特定的宣传战略确定后,一般都要分门别类,规定不同类别媒体的具体任务;在不同时期,同一媒体宣传所用语言、覆盖范围也有所不同。美国国际传播还特别注意进行受众研究,并根据受众研究的结果来调整国际传播的策略和手法。在特定主题下,美国的媒体会尽量做到受众的最大化。

(一)各种宣传手段分工明确

美国国际传播系统中媒体分工明确,这是保证宣传具有针对性的基本前提。它不但体现在美国国际传播的"软""硬"方法,也就是长线宣传和短线措施之间的分别上,更体现在不同媒体之间对于新闻内容和目标群的分别上。

美国对外国际广播两套系统的区别很能说明问题。

如前文所述,美国之音和"世界网"系统构成了美国国际传播的"大广播"系统。它们面对世界受众,主要传达美国政府的声音,解释美国政府政策,美化美国"民主与自由"的社会制度。美国之音的章程规定:"美国之音代表美国社会……介绍美国的制度和思想……应当清楚、有效地阐明美国政策……"章程规定,美国之音的广播具有外向性,不准向国内播送。② 美国之音利用设在各地的转播站开通了一个全球网络,以此来向国际上的受众宣扬"美国的生活方式"。

早在冷战时期,美国就建立了自己的世界转播网络。在与华盛顿中心

① 拉斯韦尔.世界大战中的宣传技巧[M].张洁,田青,译.北京:中国人民大学出版社,2003:155.
② 毕波.美国之音透视[M].青岛:青岛出版社,1991:45.

连接的这张网络上,关节点多达十几处,它们大多是美国的战略据点,与美国之音的“目标群体”十分接近,这样可以确保广播信号的强度和稳定度,防止被电波干扰。在很多情况下,这些发射点都处在秘密状态,它们对冷战期间的美国“敌对国家”进行破坏性广播和信息误导,混淆视听。① 例如,设在菲律宾群岛上的两个连接点,其转接的信号可以覆盖中国和东南亚的几乎所有地区。冷战之后,美国之音通过卫星并结合世界网以及其他网络形式继续全面覆盖世界各个地区。

相对美国之音的“介绍美国”“全球覆盖”而言,美国国际广播的所谓“替代”系统则针对特定的地区或国家,其播出内容以报道对象国(地区)不同政见者的新闻以及“被封锁的新闻”为主,而本意仍是塑造美国形象和进行思想文化渗透。②

如在20世纪四五十年代,美国中央情报局秘密资助成立了自由欧洲电台和自由电台,主要是向“铁幕笼罩下的东欧地区”播出新闻和时事节目,③到70年代,这两个部门脱离中情局,归属于新成立的国际广播局。1975年,两家电台在实际上合并。④ 70年代末80年代初,两家电台“热情地鼓吹美国外交政策”⑤。自由欧洲电台的“波兰之声”大量报道波兰“团结工会”的活动。⑥ 1989年美国国际广播局的年度报告称,该电台“仍然是美国以积极、和平的方式影响东欧和苏联发展进程的最有力的工具”⑦。我国有专家指出,这一时期,欧洲自由电台“不断赢得与扩大在意识形态竞争中的地盘,在苏联及东欧国家埋下破坏社会主义的种子。……唯恐天下不乱,总是利用机会参与煽动苏联、东欧国家的动乱与政治事件”⑧。

---

① 屠苏.国际传播:延续与变革[M].董关鹏,译.北京:新华出版社,2004:40.

② MICKELSON S. America's other voice: the story of radio free europe and radio liberty[M].New York: Praeger Publishers,1983.

③ 同②45.

④ 同①41.

⑤ TUCH H N.Communicating with the world: U.S. public diplomacy overseas[M].New York:St. Martin's Press,1990:58.

⑥ 波兰是苏东剧变的第一个国家。有关详细的内容,参见下面的相关章节。

⑦ Board of International Broadcasting. Annual report[R].[S.l.:s.n.],1989:57.

⑧ 刘金质.美国国家战略[M].沈阳:辽宁人民出版社,1997:374.

另外，在20世纪80年代成立的马蒂电台和电视台，90年代成立的自由亚洲电台和“9·11”后成立的针对阿拉伯世界的各种电台以及自由电视台，分别负责对相应地区进行广播，其广播内容和美国针对这些地区的对外战略密切相关。

如今，美国已经形成了美国之音覆盖全球，“替代”电台覆盖地区；美国之音全面报道美国声音，“替代”电台分头报道地区和对象国新闻的点面结合、全面覆盖、分工明确的国际广播体系。

（二）根据战略需要及时调整报道内容、方式

根据对外战略的需要，美国国际传播媒介经常会调整自己的受众对象和播出内容，以适应新的战略要求，服务于国际传播的整体目标。这一点，在冷战结束时体现得最为明显。

冷战后，美国之音持续对东欧这一“民主尚未巩固”地区进行关注，但其广播内容有了两个重要变化：其一是从对民主制度大而泛的颂扬和赞美变为主要介绍民主制度和经济制度在西方怎样运用和发挥作用；其二，苏东剧变之后这一地区的开放性使得美国更加了解这一地区，因而美国之音的广播也更加具有针对性。

例如，1991年前南斯拉夫联盟共和国分裂后，美国之音于1993年2月把对其的广播分成克罗地亚语和塞尔维亚语两个部分。这两个节目都增加了播出时间，从而保持了对巴尔干地区持续和稳定的影响。1996年，美国之音又增加了波斯尼亚语的广播节目。这一年的10月，克罗地亚语调频101开始转播美国之音的克罗地亚语节目，成为冷战后这一地区首家播出美国节目的电台。同年，美国之音的塞尔维亚语广播每天播出两个半小时以上。

1997年2月，阿尔巴尼亚首都以及其他城市发生骚乱。美国之音成为当地居民获取新闻的一个重要渠道。在阿尔巴尼亚危机进入高峰期以后，美国之音通过短波和中波频率增加播出时间，以最大限度地给对象国受众提供新闻。①

① 韩召颖.输出美国：美国新闻署与美国公众外交[M].天津：天津人民出版社，2000：173.

鉴于电台面对的东欧和苏联地区的国家已经完成了“民主、自由”的初步转型,其受众主要关注点转移到了如何建立“市场经济”和“深化民主改革”方面。因此,自由欧洲电台对这些国家进行了关于“民主”市场经济方面的广播,并将为“现代的和自由的”新闻业培训干部作为当时的主要任务。

另外,随着美国对外战略将中国等社会主义国家列入重点对象,美国还特别建立了针对中国、朝鲜、越南的电台。1994 年 2 月 25 日,美国国会参议院投票通过拨款 3 000 万美元建立自由亚洲电台的法案。1993 年 6 月 15 日,克林顿说,自由亚洲电台是要向中国人民提供一个“独立的、不受控制的新闻来源”。他说:“我们将把自由的消息告诉中国人民。我们将搞自由亚洲电台,增加美国之音对中国的广播,并创办每周一次的美国之音电视节目。”经过多年的准备,自由亚洲电台于 1996 年 9 月 30 日正式开播。它是以中国、越南、朝鲜、老挝、柬埔寨等为主要宣传对象而成立的一个对外电台,其最主要的对象是中国。

“9·11”后,美国之音迅速增加了对阿拉伯地区的播出时数。2002 年之后的两年时间里,美国之音的各个阿拉伯语频道的广播时间上升到 30 个小时左右。2005 年 4 月,美国之音发表声明,决定从 2007 年开始结束其俄语、阿尔巴尼亚语、波斯尼亚语、马其顿语、塞尔维亚语和印地语的广播节目。美国之音做出这个决定是因为布什政府的战略重点已经转向中东地区,因此其宣传重点从苏联和东欧地区转移到了中东。①

美国的文化教育交流项目也很注意调整其子项目,以加强其长线国际传播的针对性。冷战中后期,富布赖特项目特别设立了赫伯特·汉弗莱奖学金项目。这一项目主要资助来自东欧和苏联各个领域的年轻顶尖专家。项目的一个主要标准是看申请者是否有可能成为这一领域的领导者。该项目的出现,既是富布赖特与意识形态对抗的关系进一步密切的标志,也是美国国际传播公共外交实践进一步加强对苏东国家的影响的一个重要标志。到冷战结束,已经有大约 1 800 名各个领域的专家获得了此项奖学金。

---

① 内容来源于《华盛顿邮报》2005 年 4 月 14 日的报道。

(三)加强调研

没有调查研究,就没有发言权。[①] 当代美国国际传播在“发言”之前,一般都要进行长时间的调查研究,并在此基础上,确定美国的国际传播策略和战略。在执行一段时间后,美国审计署或者公共外交咨询委员会也要对国际传播工作进行评估,以确定美国国际传播媒体在一段时间里的工作重点。这无疑强化了国际传播的针对性。

“9·11”之后,美国政府特别加强了对国家形象和对外政策的全球舆论调研,并且在一定的时段之内不断更新这些数字。针对这些数字,美国国际传播的相关机构主要研究两个问题:一是为什么会出现这样的变化,二是如何根据这些变化调整美国的公共外交也就是国际传播。

2002 年,美国启动了“皮尤全球态度项目”,每年就全球范围内的若干重大问题在世界很多国家进行民意调查取样,并形成年度报告。[②] 此后,美国的国际传播都要根据这一项目的调查结果,及时进行一些微调。

“9·11”之后,由于中东伊斯兰国家 35 岁以下的青年人几乎占全国人口总数的 60%。美国政府认为青年人易于接受新鲜事物和新观念,也是阿拉伯未来世界的领导者,因此,它将阿拉伯世界的年青一代作为其灌输美国价值观和社会发展模式的最佳对象。于是展开了一系列针对年轻人的国际传播活动。

2003 年 7 月,布什政府在中东地区推出了使用阿拉伯语的时尚杂志月刊《你好》(*Hi*),读者群瞄准中东的年青一代,希望能用不包含政治内容的报道影响阿拉伯国家的年轻人。美国国务院宣称这本杂志“将驱除对美国的诬蔑和误解,突出美国文化与中东文化的共同之处”[③]。《你好》杂志将宣传对象锁定在 18 至 35 岁的阿拉伯青年人群体上。[④]

---

① 毛泽东.反对本本主义[M]//毛泽东著作选读:上册,北京:人民出版社,1986:49.

② 周庆安.全球反恐背景下的美国对中东公共外交初探[M]//李希光.全球传媒报告.上海:复旦大学出版社,2005.

③ 参见 *Atlanta Journal-Constitution* 2003 年 6 月 15 日相关文章。

④ PACHIOS H C. Public diplomacy and the war on terror, remarks to newhouse school of communication [M].New York:Syracuse University Press,2003.

另外,美国还启动了针对阿拉伯年轻人的教育文化交流项目,已有170名来自伊斯兰国家的高中生与美国家庭在一起生活并在当地的美国中学学习。2004年美国交流项目资金中有25%注入中东和南亚的项目,而2002年这个比例为17%。① 美国国务院还针对中东国家发起了"分享价值观"项目,例如与当地机构合作,设立装有电脑多媒体的阅览室"美国角",让当地人特别是年青一代体验美国的文化环境。

(四)集中强化危机宣传

危机到来时,美国媒体的针对性表现得非常明显。此时,他们往往增加播音时数,增强对单一内容的重复,从而充分表达美国的政策观点,争取为美国的政策选择创造一个良好的舆论环境。

1962年,美国侦察机发现苏联在古巴修筑了导弹发射基地,并且已经把进攻性导弹运进了古巴。肯尼迪和他的顾问们几经讨论之后,决定和苏联摊牌,宣布对古巴实行军事封锁,并下令驻世界各地的美国三军部队进入戒备状态。

根据英国《泰晤士报》的报道,为了配合美国相关行动,美国之音作了"摧毁性的广播轰炸"。从10月23日起,美国之音集中了52部发声机,使用80个频率,对苏联和东欧广播,以尽可能广泛地散布美国封锁古巴的消息。除了用俄语、英语以外,美国之音的匈牙利语、捷克语、乌克兰语、亚美尼亚语、格鲁吉亚语、爱沙尼亚语、拉脱维亚语广播均增强了对这一内容广播的力度。而对古巴的广播更是每天连续24小时不间断,这一广播时数是平时对古巴广播的三倍。②

危机期间,由于外交渠道和其他的联络渠道不够畅通,美国之音其实充当了美国政府的传声筒,并"兼任信息联络官"。实际上,美国政府的强硬表态在美国之音的广播中被强化了。

---

① 数据来源于 http://usinfo.state.gov/regional/ea/mgck/archive04/0205pd.htm。

② 曹长盛,张捷,樊建新.苏联演变进程中的意识形态研究[M].北京:人民出版社,2004:411;毕波.美国之音透视[M].青岛:青岛出版社,1991:35.

1989年春末夏初，中国发生政治风波。美国之音中文广播的播出时间和广播频率不断增加，从平时的9小时增加到14小时，播出频率由5个增加到7个。其不仅利用短波频率，还启用了中波广播。增加的时间主要播报新闻、简明新闻和针对中国政治风波的专题新闻节目。平时美国之音的新闻很短，一般一条消息在200字左右，一篇时事报道在600字左右，而在这些日子则成倍增长。美国之音还停播了很多专题节目，而用大量的篇幅反复报道各个大专院校的大字报、学生的集会、“民主沙龙”。1989年6月4日以后，美国之音中文广播的英文节目也停播了，整天连篇累牍地攻击我国政府和中国人民解放军，并为在国外的形形色色的反共、反社会主义者提供讲坛，成为国际反共、反华“大合唱”中的最高音。①

三、讲究宣传策略

信息研究学者梅尔文·德弗勒认为，宣传是以用巧妙的方式“改变受众的信仰、态度和行为为目的的大众传播内容（不论是新闻报道、广告、戏剧还是别的形式）”②。在国际传播中，“向外国人说教不是转化他们最好的办法”③。因此，国际传播要讲究策略。

美国国际传播实践在策略上下足了功夫。多年来，他们努力寻找每一个宣传活动的适当切入点，注意宣传内容的接近性和本土化，争取以更为合理的方式处理敌对方的宣传信息。他们不但利用美国宣传系统正规军，还利用各种方式，操纵私营媒体为其国际传播活动服务。

（一）注意切入点

宣传心理研究者认为，宣传要注重路径的选择。要选择那些能够引起宣传对象兴趣的、具有接近性的、令其认为绝对真实可信并使其心灵有所触动的内容。因此，国际传播的切入点十分重要，选对了内容和路径切入点，

① 毕波.美国之音透视[M].青岛：青岛出版社，1991：87-88.
② 德弗勒，丹尼斯 E.大众传播通论[M].颜建军，等，译.北京：华夏出版社，1989：536.
③ 奈.软力量：世界政坛的成功之道[M].吴晓辉，钱程，译.北京：东方出版社，2005：121.

一场国际传播战役就成功了一半。

第二次世界大战期间,除了美国之音外,美国广播宣传中较有特色的是美国海军情报处针对德国海军设置的“诺顿”电台。当时,一位名叫罗伯特·李·诺顿的海军指挥官用德语对海上德国潜艇不断进行广播。它选择的内容是德国潜艇上的损失情况。这是所有德国士兵都极感兴趣,又能够体现广播真实性的切入点。在情报部门的帮助下,“诺顿”的广播数据准确、详细,使德国潜艇上的官兵十分惊讶。“德军士兵特别想听,却又不敢听下去。”最后连德军也不得不承认,“诺顿”电台对德国海军的士气有摧毁性影响。①

冷战中,即使是在“和平演变”的最紧张时期,美国的教育文化交流也没有摆出意识形态斗士的架子,而是仍以学术、文化为切入点,实施潜移默化的影响。20 世纪 80—90 年代,随着冷战临近结束以及全球化的发展,世界对英语教育的需求急剧增加,这给美国提供了全新的国际传播机会。美国新闻署迅速推出了大型英语学习系列节目《走遍美国》。

这套集广播、电视以及图书教材为一体的教材的制作历时六年多,最后取得了意想不到的宣传效果。节目播出后,在世界的推广速度很快,并在短时间里代替了在世界各地广播的 *Follow Me* 等节目,成为英语教育的主流教材。② 这是美国“软”宣传的一个成功典范。

这一教材深深影响了中国的很多英语学习者。1994 年,笔者还生活在山东内陆的一个小县城时,就已成为这一教材在中国的第一批使用者。当时对着电视,翻看书本,觉得美国英语爽朗顺口,美国人和蔼可亲,美国的家庭和睦快乐,社会安定美丽,因而对美国充满向往,潜移默化间就接受了很多美国的价值观念。

① 马忠,温金权,周志哲,等.兵不血刃的战争[M].北京:军事科学出版社,1989:162.

② 外语教学与研究出版社宣传语:“《走遍美国》(*Family Album U.S.A*)讲述了生活在纽约的斯图尔特(Stewart)一家三代的生活故事,通过教学节目中演员的出色表演,寓教于乐,妙趣横生,鲜活地展示了美国的风土人情和社会生活的方方面面。全书采用‘交际教学法’使学习者在实际场景中学习英语,培养其听说的运用能力,精心设计的练习又可帮助学习者提高读写水平,实在是不可多得的美语学习教材。因此,自 1993 年引入中国以来,《走遍美国》一直深受广大英语学习者的喜爱,得到了广泛的好评。”

在中国,《走遍美国》一书在过去十年中长盛不衰。"百度"一下"走遍美国",可以找到215 000个中文网页,而其中三成的网页可以提供《走遍美国》的文本或者音频、视频文件下载。

"9·11"之后,美国在中东发行的《你好》杂志,在内容切入点选择上较为独到。根据中东年轻人的心理特征,杂志创办者对其内容也做了特殊规定,将其定位为"非政治性生活杂志",它主要以娱乐新闻、流行音乐、人物专访、时尚运动和美阿文化交流为主。例如,第一期《你好》人物栏目推出的是曾赢得格莱美大奖的美国爵士乐大家诺拉·琼斯,心理咨询栏目则关注"如何建立良好互信的夫妻关系"。

此外,该杂志还特别开辟了一个新栏目,描述阿拉伯语诗歌及瑜伽运动在美国受欢迎的"盛况"。在人物专访栏目中,它对在美国留学的阿拉伯学生的采访,大肆渲染阿拉伯学生在美国的自由自在的生活情形。

这些内容虽然充斥着美国的意识形态和价值观念,但是因为内容做到了"点"上,取得了很好的效果。

(二)宣传内容的本土化选择

宣传内容的接近性是宣传成败的关键因素之一。美国国际传播特别注意其宣传内容的本土化。

冷战之后,为了适应东欧"逐步提高的受众口味",自由欧洲电台内部也在节目和人员的本土化上做出了努力。他们和东欧及苏联地区国家的1 000多名记者建立了联系,请他们做自由记者或者特约记者,由此建立了庞大的本土化采编网络。这使得自由欧洲电台的内容本土化程度大大提高,其受众人数不但没有因为冷战的结束而减少,反倒有所增加。通过及时而快速地转型,自由欧洲电台不但生存了下来,而且有所发展和壮大。1999年,其听众达到了2 000万,每周广播时数达到700小时。①

在新闻信源的选择上,美国国际传播也注意其本土化策略。如在1989年春夏之交中国北京的政治风波中,美国之音不断对某些中国"精英""知名

① 屠苏.国际传播:延续与变革[M].董关鹏,译.北京:新华出版社,2004:44.

人士”等进行采访,从而令其受众更加感到其报道是真实可信的。这对于一部分不了解情况的青年学生来说,具有极大的欺骗性。

“9·11”之后,美国在中东的《你好》杂志也特别注重其风格的本土化。该杂志中的文章几乎全部由阿裔美国人和美国媒体中东地区的特约通讯员撰写。为此,美国国务院还专门成立了编辑委员会以负责对所有来稿进行审阅,对不符合穆斯林读者口味的文章坚决不予以采用。2003 年 7 月,在美国政府的资助下,该杂志在埃及、沙特阿拉伯、摩洛哥等 20 多个伊斯兰国家同时发行,并赢得了大量读者的喜爱。①

市场处理方式的本土化也很重要。在《你好》杂志的发行方式上,美国政府沿用了其在冷战时期的做法。为了达到更好的宣传效果,美国政府采取了幕后支持的方法,委托美国期刊集团代表美国国务院对外发行该杂志,从而避免了可能来自于阿拉伯公众的指责。为了能赢得更多阿拉伯读者的“思想”和“心灵”,美国政府还特别规定该杂志不以赢利为目的。虽然该杂志印刷精美,纸质也好,但每本的售价还不到 2 美元,与海湾国家从英国、法国等西方国家进口的杂志相比,要便宜很多。

(三)对敌对信息不“硬堵”

在传统的宣传手段中,利用新闻检查等方式来对信息的流动进行控制,从而堵住不利于自己的信息的传播是一个惯用手法。直到现在,这仍然是一些国家控制宣传甚至是国际传播的主要方法和手段。

在美国国际传播实践中,以这种方法对宣传内容进行控制的例子也有不少。但是,随着信息全球化的发展以及国际传播领域里不同力量的增加,完全对信息进行控制已经不再是一个明智的选择。虽然美国掌握了世界上最强大的宣传机器,但是在当代国际传播领域,这种努力多以失败告终。

面对这种情况,美国人一方面加强对其国内媒体的“软硬控制”;另一方面也以各种不同的方式,将不利于自己的信息消耗掉。其使用的方法主要有“淹没法”和“转移视线”等。

---

① 廖宏斌.文化、利益与美国公共外交[D].北京:外交学院,2005:141.

所谓“淹没法”就是在敌对方发出不利己的信息时，立刻以己方相关信息全面覆盖这一信息涉及的关键地区，包括在其他国家的媒体上发布信息，以抵消敌方信息的负面影响。

2001 年 10 月 7 日，阿拉伯的半岛电视台首次播放本·拉登的录像时，美国的官员们的第一反应是要通过各种途径阻止阿拉伯的半岛电视台和美国的电视网播放这一消息。但是“现代信息时代，这种做法就像试图阻挡潮水一样没有意义，而且还与美国宣传的开放价值观背道而驰”①。当驻华盛顿的阿拉伯记者要求采访当时的美国国务卿鲍威尔时，也被礼貌地“拒绝”了。当时，美国政府认为，“智能”炸弹和战斧式导弹将向“可能的敌人”解释华盛顿在阿富汗的立场，这要比国务卿文绉绉的措辞有效得多。②

但是，随着阿富汗战争的爆发，白宫和国会大厦似乎“醒悟”了，“就像上面有了命令一样，所有高级官司员都接受阿拉伯媒体的采访，其中包括赖斯、鲍威尔、拉姆斯菲尔德等。后来布什也发表谈话，他不是通过《纽约时报》或有线新闻电视公司，而是通过阿拉伯记者，向‘不稳定国家’居民阐述自己的观点。”③因为美国人发现，回应本·拉登的更好方式是“以美国的声音充斥半岛电视台及其网络，以抵消本·拉登的憎恨言论”④。

此后，美国在半岛电视台的言论有了大幅增加。事实证明，美国这一策略远远比“硬堵”高明得多，在半岛电视台，美国的信息在很大程度上“淹没”了本·拉登的消息，成为其主流消息之一。但是，美国前国务卿鲍威尔以及前总统小布什仍然认为半岛电视台有“偏袒”之嫌。2006 年 4 月，半岛电视台负责人回应说：“迄今为止，半岛电视台播放的美国总统的讲话超过了 500 小时，而播放拉登的讲话还不足 5 小时。”⑤

2005 年 5 月，美国国际传播又遭遇到一次危机。美国的《新闻周刊》报道说，美国士兵把《古兰经》撕烂后扔进了马桶。这是对美国国际传播的一次重大打击。吃一堑，长一智。美国此次并没有试图立即封堵消息，阻止其

---

① 奈.软力量：世界政坛成功之道[M].吴晓辉，钱程，译.北京：东方出版社，2005：119.
②③ 伊琳娜·阿基穆什金娜.美国在世界上为什么不受欢迎[N].独立报，2002-02-22.
④ 同①.
⑤ 引自 2004 年 4 月 24 日中国中央人民广播电台《中国之声》节目。

传播,而是采取了以下应对策略。

首先,国务院和五角大楼都没有否认整个事实,而是对报道本身提出了"不准确"的指控,将设计美国国家形象的议程,引导到美国新闻伦理和道德准则的话题上,从而转移公众的注意力。其次,美国军方公开承认存在一定的粗暴行为,但是并没有将《古兰经》冲入马桶。同时,美国国务院向全球各地的美国使馆发出电文,要求美国驻各国外交使节迅速向所驻国政府及当地媒体重申"美国对宗教信仰持尊重和宽容的态度","谴责所有煽动及暴力示威"。最后,有媒体报道说,"女性再显柔软身段"显现出了亲和力——当时的国务卿赖斯、主管公共外交事务的副国务卿休斯等人相继在媒体上否认或者道歉,"潜移默化"间转移了公众的注意力。[①]

(四)注意利用私营媒体

美国私营媒体是美国国际传播的重要力量。有数据显示,美国的私营媒体占据了当前美国国际传播流量的80%以上,美国政府国际传播自然不会忘记利用私营媒体。

早在第二次世界大战期间,美国就征用私营广播,组建了现在影响力巨大的美国之音广播电台。

在当代美国,私营媒体相对独立。但是,其对内对外似乎有着两套不同的逻辑。对内,美国私营媒体不断"扒粪",不断报道负面新闻;而对外,即在国际传播方面,则一般和政府的理念一致。近年来,在国际传播中还出现了美国私营媒体和美国国际传播机构"共谋"的局面,意即美国私营媒体和美国国际传播越来越"合拍搭调"。这种"共谋"其实就是一种默契,其大前提是美国的国家利益。在重大的国际和外交问题上,特别是牵扯到战争与和平以及地区冲突等重大问题时,美国私营媒体与外交部门的观点往往是一致的。这在很大程度上得益于美国外交对于美国私营媒体的"软调控"。[②]因此,美国国际传播的一个重要策略就是力图与私营媒体形成这种"调控之

---

① 周庆安.美媒体亵渎古兰经事件检验美国公共外交[N].青年参考,2005-06-01.

② 唐勇.美国主流媒体与外交[D].北京:中国传媒大学,2005.

下的共谋关系”。关键时刻，美国政府还经常以爱国主义和民族主义为旗帜，使私营媒体都“自觉自愿围绕在这一旗帜下”。

如果把美国政府对美国之音等官方媒体的“工作指导”看作“硬指挥”的话，那么它对主流私营媒体的海外报道的影响和引导就可视为“软指挥”了，而且也许是更重要的“指挥”。

之所说“软指挥”重要，一方面是因为美国私营媒体具有巨大的全球影响力；另一方面也是因为私营媒体的报道更容易给人客观、公正和真实的印象，从而也更能产生实际效果。

正是意识到这些，美国政府非常注意与私营媒体打交道，不仅投入了大量的人力和财力，还有着一系列行之有效的办法去影响私营媒体、引导舆论。从日常的新闻发布到对总统形象的系统策划，从有针对性的“专题策划”到高官亲自参与制作节目和撰写文章以影响舆论，从与私营媒体老板和记者发展私人关系到以新闻源操纵私营媒体……不一而足。目的只有一个，就是在全球“新闻战”中巩固并发展美国的优势。

事实上，不仅美国政府意识到了与私营媒体合作的必要性，私营媒体也同样清楚必须与官方消息来源保持密切关系，依靠他们，与他们保持良好的合作关系。在《新闻界的火炮》一书中，美国著名记者詹姆斯·雷斯顿写到：“聪明的政府官员不能够‘操纵’记者，聪明的记者事实上也不能够真的‘打败’政府。从两方面来说，如果他们互相合作，并且和正在崛起的少数有思想的人合作，而不是把对方当作‘敌人’的话，他们都将会得到更多的收获。”

在与政府进行了上百年的明争暗斗后，美国媒体特别是私营媒体也逐渐变得“聪明”起来，不仅比美国政府更能够认识到自身力量的局限，而且善于通过双赢的合作扩大自己的利益。作为必要的妥协，为了使其提供给全国公众的消息量增加到最大化，美国媒体有时也不得不半推半就地为政府的某种政策扮演“新闻啦啦队”的角色，这一点在国际新闻报道中体现得尤为充分。①

---

① 张国庆.“硬”指挥与“软”指挥[J].经济，2004(6)：116.

四、重视非政府组织的作用

自冷战开始,美国在国际传播中不但利用其正规军和私营媒体,还注意运用非政府组织这种辅助“部队”来完成国际传播的工作。21 世纪以来,美国在格鲁吉亚和乌克兰导演的“玫瑰革命”和“橙色革命”接连得手后,美国国务院在一个文件中毫不讳言地公然承认非政府组织在美国策划的这些“政权更迭”中起到的重要作用。

(一)非政府组织是美国国际传播的利器

20 世纪七八十年代,非政府组织如雨后春笋般地在世界各地蓬勃发展。美国政府在 80 年代初就发现这些被理论家们称为非国家行为体的非政府组织,其实是一支可以用来更有效地在世界各地“促进民主”的重要宣传力量。

美国国际传播部门认为,利用非政府组织进行国际传播,有两个重要的优势:一是美国的正规国际传播体系现在经常因为其政府属性而不被信任,非政府组织给人以“客观”的感觉;二是非政府组织可以帮助培养对象国家的“民主斗士”,从而有利于美国思想文化渗透的顺利进行。

因此,20 世纪 80 年代中期,美国政府就正式启动“民主计划”,利用非政府组织,打着“促进民主”的旗号,在世界许多国家推行“民主促进”计划。冷战结束后,克林顿政府进一步在亚非拉广大发展中国家和苏联、东欧国家内发动了一场所谓“民主化”的运动,非政府组织在其中发挥了不可替代的重要作用。

小布什上台后,2001 年参议院通过了一项允许美国国际开发署直接向外国非政府组织赠款的法案。2003 年众议院又通过了全球民主促进法(The Global Democracy Promotion Act)。2004 年国会在通过的拨款法案中提出了“促进民主”项目,支持非政府组织加强在国外“促进民主”的活动,要求他们主要集中在三个领域内开展活动:帮助对象国家发展非政府组织、促进法制改革和促进开放自由市场。

过去10年内,美国对将近100个国家提供了"民主援助",每年花费约5亿美元。小布什提出,"在全球传播民主、结束暴政"后,非政府组织将得到更多的重视,发挥更大的作用。

美国国内的非政府组织有200多万个,被政府用作国际传播、文化思想渗透工具的有上万个。其中有相当一部分是打着非政府组织的名号,实际由美国政府建立或资助,如全国民主基金会(The National Endowment for Democracy,NED)、亚洲基金会(The Asian Foundation)和欧亚基金会(The Eurasia Foundation)等。这些组织的经费直接来自美国国会的拨款。

另有部分非政府组织的经费部分靠政府拨款,部分靠社会赞助,如美中关系全国委员会、亚洲协会、史汀生研究中心等都是如此。大量的非政府组织虽并未直接从政府那里得到财政拨款,但他们也常常通过申请"研究项目"从政府那里得到可观的经费资助。

在美国的国际传播系统中,非政府组织作为美国国际传播的"民兵"已经成为美国国际传播,特别是实现思想文化渗透的利器。

(二)非政府组织在美国国际传播中的作用

美国非政府组织在国外的活动深入到政治、经济、文化、宗教、科技等各个领域,按其专业类别可分为政治(包括人权、司法、国际关系等)、经济(包括商会、环保、人道主义援助等)、宗教团体、科技(主要是各种专业的学术性学会和协会)和各种社会团体(工会、妇女组织、青年组织等)。其在美国国际传播方面的作用主要包括两个方面:一是促进国际教育文化交流,进行思想文化渗透;二是资助对象国家所谓"独立媒体"和"反对派媒体"的宣传活动,以达到有利于美国的政权更迭和政权改造的目的。

1.促进教育文化交流,进行思想文化渗透

教育文化交流是美国长线宣传的主要手段。这一手段的具体应用和非政府组织有密切的联系。例如,冷战期间,索罗斯基金和美国国际传播的配合就十分默契,但由于其意识形态目的过于明显,曾经遭到很多国家的专家和学者的强烈谴责。1991年10月,苏联解体前夕,索罗斯基金会打入南斯

拉夫,投入 3 000 万美元,以资助文化、艺术活动为名,并利用为大学编写教材的机会,向青年人传播、散布、灌输反共产主义、反现行社会制度的意识形态。同时,他们在希望获得资助的大学生中,散发长达 15 页的调查表,详细了解这些大学生的思想动态、打算、愿望和态度,收集情报和物色人选,借机发展代理人。

美国著名非政府组织之一“自由之家”(Freedom House)是根据罗斯福总统指示于 1941 年成立的。据该组织 2003 年度报告说,自 1990 年设立访问学者项目以来,截至 2003 年已吸收了 700 名来自东欧、苏联、北非和撒哈拉南部非洲“有前途的”青年,这批访问学者现已在他们各自的国家内当上了部长、大使、市长、非政府组织的著名领导人、人权活动家和媒体的总编辑等。美国许多有影响的非政府组织几乎都设有访问学者项目,它们不同于大学的访问学者项目,一般都是短期访问,2—3 个月的项目已经算是长期的了。邀请对象以中青年为主。访问学者到达美国后,组织方通常都会先带他们参观美国先进科技文化机构和部分政府机构,让他们熟悉美国的制度和生活方式,在参观过程中组织各种座谈会,通过主讲人比较系统地灌输美国的价值观和制度。这些访问学者结束访问后,组织方就会建立档案,与他们保持联系。

另外,还有以宗教团体或宗教非政府组织的名义深入到对象国家,通过布道以及教诲来宣扬和灌输他们的政治理念,帮助组建当地的宗教非政府组织并发展信徒。据统计,20 世纪 90 年代初在美国 120 个宗教利益团体中,以外交政策为关注重点之一的至少有 41 个团体。这些组织常常打着人道主义援助的旗号进入对象国家。仅 1995 年,美国新教和天主教非政府组织用于海外人道主义救济的资金就达 20 亿美元以上。1998 年国会通过了国际宗教自由法后,美国正式把在海外推动宗教自由作为其外交政策的重要组成部分,并在国务院内设立了国际宗教自由法办公室,指派一名大使专门负责海外宗教事务,而以外交政策为关注重点的宗教团体和宗教非政府组织接受这个办公室的指导。

2.资助所谓“独立媒体”和“反对派媒体”的宣传活动，以达到有利于美国的政权更迭和政权改造的目的

早在冷战时期，索罗斯基金会就公开支持他国反对党，向反对党的电台、报刊、电视台提供各种形式的资助。在人权和民主的幌子下，煽动民族纠纷和宗教纠纷。索罗斯基金会在阿尔巴尼亚族聚居的科索沃建立了帮助阿尔巴尼亚族进行分裂活动的机构，为阿尔巴尼亚族分裂活动出谋划策和提供宣传经费。

在21世纪发生的“颜色革命”中，“革命”前就存在合法的反对派，而且反对派拥有能够传递自己声音的电视台或者报纸以及网站。这些媒体多数受到西方特别是美国的支持，在资金、信息等方面享有对官方媒体的绝对优势。此类媒体规模不一，数量众多。其中较有影响的有格鲁吉亚最大的私营电视台鲁斯塔维-2、西方投资乌克兰的卫星电视台“第五频道”、吉尔吉斯斯坦反对派的报纸 *MSN* 等。这些媒体大量、准确地报道反对派声音，宣传“民主”“自由”的政治理念；同时，妖魔化执政当局及其领导人，全面激化社会矛盾，制造谣言，煽风点火。

在“颜色革命”中，“独立媒体”的作用也很突出。苏东剧变后，苏联地区出现了数以千计的“独立媒体”。“独立媒体”本来就不独立，其多是由美国等主要西方国家的基金甚至是有政府背景的基金赞助，而合作方多是一国国内的反对派。比如，2002年开始，具有美国政府背景的基金就在吉尔吉斯斯坦首都比什凯克开办“独立”出版社，印刷了至少60种出版物。这些报纸均和反对派合作，猛烈抨击政府。在乌克兰和格鲁吉亚，发行范围、规模不一的“独立媒体”超过千家。这些媒体均以宣传“民主”“自由”为己任，以支持反对派的主张为头等大事。“革命”开始前，其报道内容主要包括三大部分，其一是鼓吹“民主”和“自由”；其二是抹黑执政当局的负面信息和有关社会阴暗面的新闻；其三是关于反对派的“美白”信息。“革命”开始后，“独立媒体”带着“独立”面孔介入政治，它不是均衡报道政府与反对派的信息，而是配合、支持“反对派媒体”，鼓动群众，推动政权更迭进程。在“颜色革命”中，“独立媒体”“忘记”了其独立的本色，直接介入到“革命”进程中，成为反

对派的另一个“吹鼓手”。

粗略算来,美国现代国际传播的开展已有一个世纪的时间。随着时间的推移、国际形势的不断变化、现代传播科技的不断发展,美国国际传播的形式、特点在不断地发生着变化。当然,学者们研究和总结美国国际传播的视角和分析方式、方法也有所不同,对于美国国际传播特点的认知也会有所不同,本章的分析视角是众多视角中的一个。

从认同追求到意识形态扩张：美国公共外交的历史考察

纵观美国国际传播的发展史，可以分为四个阶段。第一阶段是第一次世界大战之前。这一阶段，美国国际传播仍然以政治领袖的个体行为为主。由于大规模的国际大众传播手段并没有出现，国际传播的主要手段中仍然是相对少数的人员交流和教育文化交流，宣传也缺乏组织。

第二阶段的起点是第一次世界大战的开始，终点是第二次世界大战的结束。这一阶段，美国的“国家宣传机器”已初露锋芒。第二次世界大战中，美国现代国际传播发挥了巨大威力。

第三阶段是指冷战中的国际传播。这一阶段，国际传播成为美国冷战对抗的重要意识形态工具。美国“公共外交”旷日持久的广播宣传与文化战略，在苏东剧变中起了重要作用。

第四阶段是冷战结束后的十多年。20 世纪 90 年代初期，苏联解体，美国成为当今世界唯一超级大国，为了维持并巩固其“霸权地位”，美国历届政府都非常重视以宣传力量和文化吸引力为主体的“软力量”。而要发挥“软力量”的作用，就离不开国际传播。这一阶段，美国国际传播不仅为美国在国际上树立良好形象作出了贡献，还为其称霸世界扫清了种种障碍。“9・11”事件后，美国的“宣传”不仅要对国外继续推销美国的价值观和自由市场，还要对国内公众回答和解释“谁在恨美国”的疑虑。

一、历史源流——早期美国国际传播

目前,国内外均认同的观点是,美国国际传播早在殖民地后期、建国初期已经开始。这一时期一直延续到第一次世界大战、美国开始开展有组织的国际信息传播活动之前。

学界均认为,美国开国元勋、美国历史上优秀的新闻工作者本杰明·富兰克林和托马斯·杰斐逊是美国国际传播的先驱。

1757 年,富兰克林来到英国。他运用各种可能的手段,向英国人民说明当时美洲人民争取独立的情况。在其利用的手段中,他拿出钱在报纸上刊登自己孩子写给自己的信件,这属于国际政治广告的早期形式;他把自己要发表的稿件签署上别人的名字,以给人更为客观的感觉,这是"灰色宣传"的早期形式;他甚至还尝试过利用政治漫画宣传自己的政治主张。在几年时间里,富兰克林成了在英国的"美洲的声音"。

1776 年,富兰克林来到法国。他在这里的国际传播活动取得了更大的成绩,其手段也在进一步拓宽。如他在自己的住所附近建了一所印刷厂,印制小册子,向法国人民说明美国的情况。在这些小册子中,《移民美国手册》是比较著名的一本。在这本小册子中,他以法国人可以理解的方式,全面介绍了美国的情况。这本小册子流传较广,这是书刊国际传播的初期形态。①

1784 年,杰斐逊代替富兰克林出使法国。在到达法国之后,他很快显示出一个杰出的新闻从业者与公关者的优势。他把自己在巴黎的办公室变成了一个信息传播中心,而"宣传美国的情况是他的最爱"②。这实际上是现在美国国际传播机构在全球设立的多个新闻中心的早期形态。在书刊国际传播方面,杰斐逊的成就也超越了富兰克林。他撰写了《弗吉尼亚备忘录》(*Note on Virginia*)一书,该书的内容选择建立在比较系统的调查基础上,回答了当时法国人普遍关心的美国的种族主义、对少数民族的歧视等问题。该书在法国受到广泛欢迎,纠正了法国人对美国的很多错误印象。

---

① GREEN,FITZHUGH. American propaganda abroad[M].New York: Hippocrene Books,1988:8.

② 同①5.

利用人际交流机会,影响法国人民的舆论领袖,是杰斐逊在国际教育文化交流方面的一个突破,也是国际传播的形式之一。他经常与撰写以美国为主题的文章的作家和研究者交谈,借此影响他们的观点,并通过他们的作品进一步影响大众的观点。①

富兰克林与杰斐逊的早期国际传播实践,在赢得英法两国人民对美国的同情和支持中发挥了重要作用。② 其所从事的相关活动是用行动表明了国际传播的意义和内涵,③构成了美国现代国际传播的初期形态。

在此后的100多年中,美国国力不断发展,向外扩张的需求不断增强,对外交往也不断增加。在19世纪末20世纪初,美国更为广泛深入地参与国际事务,开始在世界上崛起。

19世纪后半叶到20世纪初,内战结束后的美国逐渐向工业国家过渡。到1900年,美国工业国的框架已经基本形成。南北战争开始后经济的发展、人口的增长和全国大片丰富自然资源的迅速开发、人们发明创造才能以及政治文化的进步,所有这一切都为一个新兴世界大国的未来提供了保证。④此时,美国的视线进一步转向海外,在努力将拉丁美洲变成其"后院"之后,美国于1898年发动了对西班牙的战争,夺取了古巴和菲律宾等西属殖民地,同期又占领了夏威夷群岛,这为美国向亚太地区扩张提供了跳板。在中国,美国提出了"门户开放"政策,要求与其他列强一起共享在中国的利益。美国经济的发展以及全球扩张的加强为国际传播的发展提供了政治、经济基础,也对其实践提出了新的要求。⑤

给国际传播带来更为直接的实质性影响的是这一时期传播技术的发展。19世纪后半叶,由于电报的使用,现代国际传播体系初显端倪。

1837年,塞缪尔·莫尔斯发明了电报,这一技术不仅被用在商业上,而且还迅速被用在国际传播领域。根据国际电报协会的统计,到1900年,世界

① 韩召颖.输出美国:美国新闻署与美国公众外交[M].天津:天津人民出版社,2000:44.

② Public diplomacy: an old art, a new profession[EB/OL].(2015-12-01)[2016-01-02].http://www.vqronline.org/viewmedia.php/prmMID/8196.

③ 王瑞彬.公共外交引论[D].北京:外交学院,2002:11.

④ 埃默里,埃德温,南希 L.美国新闻史[M].展江,译.北京:中国人民大学出版社,2004:266.

⑤ 王绳祖.国际关系史:第三卷[M].北京:世界知识出版社,1995:9.

的电报线路已经达到 3.29 亿条。[①] 到 1903 年,美国已经兴建起了从旧金山到马尼拉的电报电缆,连接了日本和亚洲大陆。电报的使用大大加快了国际传播的速度,给美国国际传播带来了巨大影响。1901 年,马可尼首次横跨大西洋发送无线电报成功。政治家们认识到,电报的"海底电缆连接端极容易受到攻击,其位置选择也需要多边协商,而无线电波则可以传送到任何地方,不受政治和地理环境的制约"[②]。这一时期,美国新闻事业形成并快速发展。美国出现了像普利策这样影响巨大的新闻出版人,也出现了一批如《纽约先驱报》记者理查德 · 戴维斯、《世界报》记者爱德华 · 哈登那样擅于报道国际、战事新闻的记者和编辑。他们既了解美国,又了解世界,逐渐成为美国国际传播的行家里手。[③]

二、作为战争工具——两次世界大战中的美国国际传播

美国政府正式、有组织地进行国际传播始于第一次世界大战。第二次世界大战期间,技术上已经较为成熟的国际广播成为"美国政府单纯的宣传工具"[④],美国国际传播的各种形态也都出现了。

(一)一战时期的美国国际传播

1914 年,第一次世界大战爆发。这次战争是第一场利用现代大众传播手段作为宣传工具的战争。战争期间,人们很快地认识到,广播在国际传播方面至关重要。"在战争进程期间,人们逐渐意识到,仅仅动员人力和物力是不够的,还必须进行公众舆论上的动员。对公众舆论的控制权,正如对生命和财产的控制权一样,都交到了官方手中。"[⑤]当时,国际广播速度扩展极快。"宣传成为广播自身发展的一部分,它威力巨大,能够影响人们的价值

---

① 马特拉.世界传播与文化霸权[M].陈卫星,译.北京:中央编译出版社,2005:10.

② THUSSU D K. International communication: continuity and change[M].[S.l.]:Hodder Arnold Publication,2001:17.

③ 埃默里,埃德温,南希 L.美国新闻史[M]. 展江,译.北京:中国人民大学出版社,2004:215-355.

④ 屠苏.国际传播——延续与变革[M].董关鹏,译.北京:新华出版社,2004:35.

⑤ 拉斯韦尔.世界大战中的宣传技巧[M].展江,田青,译.北京:中国人民大学出版社,2003:26.

观、信仰和态度。”[①]1917 年,美国宣布参战。美国政府也理所当然运用并控制了宣传这一武器,当时的科技与人才储备的巨大能量显示了出来。

1917 年 4 月,美国总统威尔逊发布命令,成立了公共信息委员会(The Committee on Public Information),全权负责美国所有的宣传和战时传播工作。委员会主席由记者出身的乔治·克里尔(George Creel)担任。[②] “美国的宣传体系在一锤定音之后就一直持续了下去,在整个战争期间都没有做任何大规模的改动。”[③]

公共信息委员会是美国历史上成立的第一个专门负责宣传工作的部门。公共信息委员会中设置的无线电服务处、外国新闻局和外国电影处是其主要部门,因此,该组织战时传播的很大一部分精力用在了国际传播上,学者们由此认为这是美国专职从事国际传播活动的第一个专门组织,是此后从事美国国际传播实践组织和政策制定的美国新闻署的先驱。[④]

公共信息委员会成立后,迅速改变了政府新闻发布混乱的局面,定时公布政府的相关政策,“使盟国和中立国对美国有良好的印象”[⑤]。公共信息委员会还印制了大量的图书和传单,出版物的总数达数千万份。当时无线广播技术并未大规模推广,其使用还主要集中于军内。在美国海军支持下,该委员会被允许将军方的无线电装置用于国际传播。[⑥] 在美国出口商的帮助下,克里尔在国外设立了 650 个分支机构,并将中心所提供的资料展示给当地的新闻界和普通民众。这些机构每天直接向全世界转发大量消息,成为美国“接力传声筒”。[⑦] 一战中,美国 7.5 万名演讲者穿梭在世界各地,做了

① TAYLOR P M. Munitions of the mind : a history of propaganda: 3rd edition [M]. Manchester: Manchester University Press, 2003:34.

② 乔治·克里尔,美国报人,曾先后任职于堪萨斯《独立报》《丹佛邮报》《洛杉矶新闻》,著有《威尔逊语争端》(1916 年出版)、《我们如何为美国做广告》(1920 年出版)和《自由之钟汤姆·潘恩》(1931 年出版)。

③ 拉斯韦尔.世界大战中的宣传技巧[M].展江,田青,译.北京:中国人民大学出版社,2003:28.

④⑤ 韩召颖.输出美国:美国新闻署与美国公共外交[M].天津:天津人民出版社,2000:46.

⑥ 注:真正的国际短波广播是 1925 年苏联开始使用的。此时,广播的国际短波发射技术尚未进入应用领域。

⑦ GREEN, FITZHUGH. American propaganda abroad[M]. New York: Hippocrene Books, 1988:12-13.

约 75.5 万次的战时演讲。[①] 如此高频次的演讲，把媒体和公众全部带入到一种战争的氛围中，对外则取得了足够的理解和支持。私人经营的早期电台被公共信息委员会接管，以“确保对德战争期间其行为正当，从而保证战争的胜利”[②]。当然，这些电台并不是对大众广播的，而是点对点的广播，其信号仍然是电码形式。这些电台将威尔逊关于结束战争的“十四点建议”传送到了欧洲的报社，反响巨大。[③]威尔逊的有关演讲成为宣传史研究中的重要案例。

第一次世界大战结束后，美国对战时传播进行了较为系统的整理。已经完成历史使命的公共信息委员会于 1919 年 6 月被撤销。一战期间的战时传播，在美国历史上第一次系统地应用了各种现代传播手段，检验了美国当时的国际传播能力，为盟国最终赢得战争作出了贡献。

（二）二战时期的美国国际传播

1939 年，第二次世界大战爆发。1941 年 12 月，美国正式参战并于次年成立战时新闻局负责美国的战时宣传。值得注意的是，直到现在仍在美国国际传播中起着重要作用的美国之音广播电台得以组建，并在第二次世界大战的国际传播中发挥了核心作用，开创了美国利用国际广播手段进行国际传播的历史。1943 年，美国之音已经拥有了 23 个发射器，并以 23 种语言播出。战争中，美国的电影等大众传播手段也发挥了十分重要的作用。

1944 年底，二战临近结束，美国国务院进行了机构调整，设置了负责公共事务和文化事务的副国务卿一职。当时的副国务卿麦克什利负责国务院公共事务、文化合作以及国际信息处的工作。

战时新闻局的活动逐渐停止。当时的美国总统杜鲁门认识到，国际传播在和平时期仍然作用巨大。他认为：“美国必须将对外信息活动作为处理

---

① CREEL G. How we advertised America: the first telling of the amazing story of the Committee on Public Information that carried the gospel of Americanism to every corner of the globe[M]. New York: Harper & Brothers, 1920: 31-32.

②③ 福特纳.国际传播——全球都市的历史、冲突及控制[M].刘利群，译.北京：华夏出版社，2000：106.

对外事务不可分割的一部分,这是由我们对外关系的本质所决定的……我们要努力保证,其他国家的人民能够理解美国人的生活、目标以及美国政府的政策,我们要为之提供一幅全面而客观的图画。"①

在杜鲁门的坚持下,1946 年 1 月 1 日,美国国务院国际新闻和文化事务局成立。该机构的国际传播机构分为本部和驻外两个部分,其中驻外的部分叫做美国新闻处。该机构的建立,标志着美国二战后国际传播活动的开端。

三、"和平演变"的战略工具——冷战期间的美国国际传播

冷战构成了美国国际传播近半个世纪的历史背景,也成就了美国国际传播的辉煌时期。这一时期,美国国际传播的主要任务是对苏东以及其他社会主义国家进行思想和文化渗透,并逐渐演变成为美国对社会主义国家进行和平演变的重要战略工具。

(一)冷战开始,国际传播得以加强

1947 年 3 月,当时的美国总统杜鲁门在国会两院联席会议上发表咨文,正式抛出了对苏联和共产主义进行"遏制"的"杜鲁门主义"。他宣称,世界已经分为两个敌对营垒,美国政府决心对"集权主义国家"发动一场全球性的、意识形态的"圣战"。② 杜鲁门的演说和先前丘吉尔的"铁幕演说",成为冷战开始的重要标志之一。同年 7 月,美国的"苏联通"乔治·凯南提出要对苏联进行"长期而又耐心"的"遏制"政策,要采取种种措施使得苏联"软化",并最终使"苏联政权瓦解",建立一个"和今天我们所认识的不同"的俄国政府。③ 实际上,凯南所说就是要促使苏联"和平演变","'和平演变'战略……就这样悄悄出笼了"④。

"和平演变"最重要工具之一就是美国的国际传播。此时的国际传播包

① HENDERSON J W. The United States information agency[M]. Santa Barbara:Praeger,1969:35-36.
② 刘洪潮.西方和平演变社会主义国家的战略、策略、手法[M].武汉:湖北人民出版社,1989:28.
③ 同②5-6.
④ 同②7.

括两个大的部分,其一是以国际广播为主体的大众传播系统,其二是以教育文化交流为主体的“柔性宣传”体系。1947 年,国际新闻和文化事务局更名为国际新闻与教育交流局。在这一调整中,教育交流被正式纳入了国际传播的“兵种”序列中,与国际广播一并成为美国长线国际传播的重要工具。

1953 年年初,艾森豪威尔上任。他决定把美国国际传播活动从国务院分离出来,设立一个独立的机构来加强美国的国际传播活动,从而进一步增强美国对苏联和世界的影响力。国会最终通过了艾森豪威尔的改组方案,决定成立美国新闻署,统一负责美国的国际传播和对外文化教育交流活动。根据改组方案,美国新闻署直接隶属白宫,署长由总统任命并需国会批准。署长直接向总统负责,国务卿则负责指导新闻署的对外政策问题并对其宣传内容进行监控。改组方案规定,新建立的美国新闻署的职能囊括了国际新闻与教育交流局、共同安全署、技术合作署所负责的所有国际传播职能。1953 年 8 月 1 日,美国新闻署正式成立,标志着国际传播在美国政府中赢得了独立的位置,也标志着美国现代国际传播系统的正式形成。

之后,艾森豪威尔又通过行政命令进一步明确了美国新闻署的使命:“向外国人民介绍和解释美国政府的目的和政策;积极地说明美国政策与世界其他国家人民的正当追求是相一致的;对歪曲或阻碍美国目标和政策的不友好活动进行揭露和反击;介绍美国人民生活、文化的一些重要方面,以有利于外国人民理解美国政府的政策和目标。”①从这份命令可以看出,美国国际传播的核心目的是配合美国政府执行其对外政策。

肯尼迪任总统期间,赋予了美国新闻署国际传播的使命。1963 年肯尼迪发布的行政命令规定:美国新闻署的使命是帮助实现美国对外政策的目标;影响其他国家的公众舆论;就外国公众舆论对美国现在的和正在考虑中的政策、项目、官方声明的影响向总统及其在国外的代表和各政府部门提供建议。从这份声明可以看出,国际传播的目的被逐渐明确,即影响其他国家的公众舆论,为美国对外政策制定提供外国舆情,并参与决策。

肯尼迪时期美国对教育和文化交流也高度重视。美国新闻署成立时,

---

① SORENSEN T C. The word war: the story of American propaganda[M]. New York:HarperCollins,2000:49.

主要承担了国际传播的任务。而国际教育文化交流项目仍被留在了国务院,但是工作并没有很大起色。1959 年,国务院成立国际文化事务局,承担了这一部分工作。1961 年,尼克松上台后,设立了专门负责教育文化事务的助理国务卿,从而“推进国务院文化事务局的工作,增进政府和民间组织的联系,加强联邦政府相关部门之间的合作,并以发展教育作为美国对外经济援助的前提条件,同时通过与联合国教科文组织等国家组织的在教育文化事务上的合作,加强美国在这些组织中的领导地位”①。

(二)冷战期间美国国际传播机构的两次调整

卡特政府时期,美国对宣传的管理机构进行了调整。1978 年 4 月 1 日,美国新闻署与国务院的教育文化事务局合并,改称“美国国际交流署”(The United States International Communication Agency,简称 USICA)。同时,成立了“美国公共外交咨询委员会”(The United States Advisory Commission on Public Diplomacy),这一委员会代替了原来的美国国际传播咨询委员会。

卡特提出,美国国际传播必须更加具有艺术性,从而增强其传播效果。“我们不仅要展示我们和我们的生活,而且必须努力以巧妙的方式吸引别人,向他们解释为什么我们要做我们的事情。”②

卡特对美国国际传播机构的改组,奠定了冷战中后期一直到 1999 年美国国际传播组织体系的基础。两个机构的合并提高了国际传播的工作效率。卡特虽然更加强调交流,但是他只改变了以前咄咄逼人的做法,而以更为巧妙的方式完成其宣传美国政策、进行意识形态对抗的根本任务。

里根政府执政后,美苏再度走向对抗,国际传播作为“和平演变”的重要工具也进一步得到美国政府的重视。1983 年 1 月,里根政府的国家安全委员会通过了名为“与国家安全有关的公共外交之管理”的 77 号决议,设立了一个特别规划小组,由总统国家安全事务助理任组长,成员包括国务卿、国防部长、新闻署长、国际开发署长和总统通讯助理等。美国新闻署的地位得

① COOMBS P H. The fourth dimension of foreign policy: educational and cultural affairs:1st edition[M]. New York:Harper & Row,1964:45-48.

② GREEN,FITZHUGH. American propaganda abroad[M].New York:Hippocrene Books,1988:9.

到了提高,获得了与国务院、国防部等重要部门同等的地位。

美国国际传播在冷战中后期的两次大的机构调整基本完成。国际传播的组织得以双轨合一,协调机制的建立也在很大程度上巩固和完善了国际传播的组织体系。

(三)建立、健全国际传播的法律基础

有规矩才能成方圆,任何一项系统的政府活动都必须有法可依。国际传播也不例外。美国有两项法案在国际传播发展方面至关重要,确立了美国国际传播实践在政府活动中的法定地位。这两项法案分别是:1946 年的《富布赖特法案》(Fulbright Act of 1946)以及作为其后续的 1961 年的《富布赖特-海斯法案》(Fulbright-Hays Act of 1961)和 1948 年的《史密斯-蒙特法案》[正式名称为《美国信息与教育交流法案》(United States Information and Educational Exchange Act of 1948)]。[①]

《富布赖特法案》制定于 1944 年。当时,美国参议员富布赖特(William Fulbright) 提出对《1944 年剩余资产法》(Surplus Property Act of 1944)进行修订,明确规定“国务院为美国大陆部分、夏威夷群岛、阿拉斯加(包括阿留申群岛)、波多黎各和维京群岛以外其他地区的剩余资产的唯一处置机关”。其出售剩余资产之所得用于资助美国和外国学生与学者开展国际间的教育及文化交流活动。该法案意在通过人员、知识和技能的交流,增进美国人民与他国人民之间的了解,减少相互之间的敌视。富布赖特的说法是,要在各国之间一点一滴培育起“理解的能力以及对害人性命行为的憎恶”。

法案经时任总统杜鲁门签署生效,由此,具有世界影响力的富布赖特计划(Fulbright Program)开始实施。按照法案规定,计划由国务院管理,通过美国驻各国大使馆实施。计划设立了从本科到博士等不同层次的奖学金,根据法案规定成立的海外奖学金委员会(Foreign Scholarship Board),成员由总统任命,负责对计划的操作提供政策性指导。1961 年,根据前期的实践和现实的需要,肯尼迪又签署了《教育与文化相互交流计划》(又称《富布赖特-

① 参见富布赖特基金会网页:http://www.fulbrightonline.org/。

海斯法案》)。该法案对其他的相关法规加以整合,自此成为由美国政府主导的文化与交流活动的基本文件。该计划内容更为丰富,操作方式进一步细化。比如,“在美国和海外建立文化和技术交流中心,通过学习、培训和研究合作,促使美国和其他国家的关系更为密切,了解更为深入。”引人注目的是,它还规定了针对波兰、匈牙利、捷克斯洛伐克、保加利亚和罗马尼亚等东欧国家的交流方案。

《富布赖特-海斯法案》使美国对外文化交流的基本架构得以确立。根据这项法案,美国对外交流活动的范围扩大,除了原有的对外教育、文化活动外,还增加了体育交流、图书翻译等新任务。总的来说,在艾森豪威尔和肯尼迪时期,国际传播逐步在政府的对外事务中确定了独立的地位,并逐渐走向成熟。

对美国国际传播影响巨大的第二个法案是《史密斯-蒙特法案》(Smith-Mundt Act)。该法案签署于 1948 年,由参议员史密斯(H. Alexander Smith)与众议员蒙特(Karl Mundt)联合提出。

冷战开始之后,美苏在各个领域展开全面争夺。面对苏联文化宣传活动,美国毫不示弱,杜鲁门开展了所谓“真理运动”,与之对抗。到了 1948 年,国会制定并通过《史密斯-蒙特法案》,提出“增进世界人民对美国更深的了解,密切国际关系合作”。法案授权美国政府向海外发布关于美国及其政策的信息。该法案规定:“通过报纸、出版物、电台、电影及其他传播媒介,通过海外信息中心及教师,对关于美国、美国人民及美国政策的信息进行加工,并将其传播向国外。”①

这一法案成为美国政府进行国际教育与文化交流的“宪章”。《史密斯-蒙特法案》最终和《富布赖特法案》等教育与文化交流法案被整合为上文所述的《教育与文化相互交流计划》(*Mutual Educational and Cultural Exchange Program*)。

上述两个法案的实施,加上美国新闻署等机构成立的相关法律文件,使

---

① TUCH H N. Communicating with the U.S. public diplomacy overseas[M].New York:St. Martin's Press, 1990:17.

得美国公共外交进入了法律运作的轨道,从而摆脱了因政府政策的变化而发生的国际传播组织、实践的频繁变化。一直到 1999 年,美国国际传播随着时代的发展,在实践领域有所变化,但是其基本的组织形式以及实践方式等没有发生实质性的变化。

(四)20 世纪 80 年代美国国际传播的再加强

20 世纪 80 年代,国际局势再次发生巨大变化,美苏之间的紧张局势再次加剧。美国国际传播方针也发生了巨大变化。80 年代初期,美国之音内部泄露出来的一份文件写道:"(美国之音)应当破坏苏联及其卫星国的稳定,加剧它的人民和政府的摩擦,……要尽量在共产主义集团和各国领导人之间'打进楔子',使他们相互不满和猜疑;应当煽起民族主义的火焰,鼓励铁幕后面的宗教感情的复萌;要把苏联描述成地球上最后一个掠夺性的大帝国。"①

1982 年,在美国时任国务卿舒尔茨的建议下,里根政府的"广播星球大战计划"成型。这一计划规定,美国政府将追加投资 15 亿美元,以现有功率最大的 500 万千瓦的发射机为主,把美国之音进一步武装起来,向苏联和东欧国家以至全世界发出更加强大的广播信号,"加倍努力促进国际民主势力的发展"②。

根据这项计划,美国之音改造了华盛顿总部的播控系统,新建和改建了国外转播发射台,建立了世界范围的发射和网络控制系统。到 1988 年,美国之音广播的语言种类已经增加了 43 种,每周的播出时数也增加到1 209小时。③ 这些数字创造了冷战中美国对外广播的新高。

里根政府"广播星球大战计划"的出台,意味着冷战中后期在宣传和意识形态领域里最后一次大规模对抗的开始。显然,美国倾其全力,展开了对"共产主义"国家的"和平演变"。这种投入的高潮一直延续到冷战结束,并在冷战结束后很长一段时间里仍然影响巨大。

---

① 毕波.美国之音透视[M].青岛:青岛出版社,1991:38-39.

② 同①40-41.

③ United States advisory commission on public diplomacy(annual report)[R].[S.l.:s.n.],1989:37.

20世纪80年代末,老布什上台。他继承了里根的“广播星球大战”计划。此后,美国之音能够获得的预算不断增加。1990年,美国新闻署的预算为近7亿美元,其中1.72亿拨给了美国之音。1989年,老布什完成了他的首次东欧之行,回国之后对广播的作用感慨很深。他说:“我亲眼看到了我们过去30年的工作没有白做……我们西方各国要打一场没有硝烟的新的世界大战,熔化掉社会主义。”

20世纪80年代末90年代初,在苏联和东欧地区发生了大规模的社会动荡。几年之中,多个社会主义国家易旗换帜。以美国为首的西方国家的“和平演变”策略取得了暂时的成功,世界共产主义运动进入低谷期。

在这一进程中,国际传播功不可没。在苏东剧变的关键时刻,它使出浑身解数,鼓吹资本主义民主,支持苏东各国反对派的斗争,成为美国的“民主斗士”之一。

(五)冷战中的主要国际传播活动

冷战中,美国人发明了“公共外交”一词,取代“宣传”的说法,但是,其内容和实质并没有改变。在历史上,冷战中的国际传播活动具有样式多、力度强的特点。各类宣传活动配合进行,服从和服务于美国“和平演变”社会主义的总体目标,成为颠覆社会主义政权的“功臣”之一。

1.国际广播活动

冷战中,美国国际广播活动包括两个大的部分,一部分是传统意义上的音频国际广播;另一部分是国际卫星电视。国际广播的这两个部分都发挥了巨大的作用,在当时的国际传播体系中,美国以其巨大的科技和资金实力占据了先机。

美国之音是美国国际传播的主要力量。20世纪50年代,美国之音延续了二战期间的做法,成为美国政府的“传声筒”,并最终对政府负责。1953年之后,美国之音成为美国新闻署的最大单位。美国之音的全球网络建成后,它对美国的“敌对国家”进行破坏性广播和信息误导,混淆视听。①

① 屠苏.国际传播——延续与变革[M].北京:新华出版社,2004:40.

冷战中,自由欧洲电台和自由电台也仍然是美国公共外交国际广播体系的主要组成部分。1973 年,这两个部门脱离中情局,归属新成立的国际广播局管理。1987—1988 年,时任苏联领导人戈尔巴乔夫先后停止了对美国之音和自由欧洲电台的干扰。于是,自由欧洲电台和自由电台的信号能够到达更多的听众。“这两家电台对该地区共产主义的消亡的影响”[①]已成为公认的事实。该台的一位广播员曾经说:“在铁幕生锈之前……已经被广播的声音打穿了孔。”[②]1989 年国际广播局的年度报告称,该电台“仍然是美国以积极、和平的方式影响东欧和苏联发展进程的最有力的工具”[③]。1983 年 10 月,时任总统里根正式签署了《对古巴电台广播法》,建立了针对古巴的马蒂电台。[④]

美国国际卫星电视也加入到美国宣传的阵营中来。1983 年,美国新闻署建立了“世界网”,开始利用卫星电视进行国际传播。这一电视系统设计先进,为交互式设计。外国记者可以利用该系统采访美国决策人或者其他代表。美国新闻署为“世界网”架设了 95 座电视接收天线,其中 46 座在欧洲,27 座在拉丁美洲,9 座在非洲,13 座在亚洲和中东地区。[⑤] 到 20 世纪 90 年代末,“世界网”已提供英语、西班牙语、法语和阿拉伯语节目,成为“美国政府让国外精英们了解其观点的有效工具”。

2.教育文化交流活动

这一时期,美国为了进行思想和文化的渗透,也特别注意教育文化交流项目的推行。影响比较大的项目主要有:

富布赖特项目

这一项目由很多子项目组成。值得一提的是赫伯特 · 汉弗莱奖学金项

---

① SOSIN G. Sparks of liberty: an insider's memoir of radio liberty[M].Pennsylvania: Pennsylvania State University Press,1999.

② PARTOS. The world that came in from the cold: perspectives from East and West on the Cold War[M].[S.l.]:Royal Institute of International Affairs,1993:91.

③ Board of international broadcasting(annual report)[R].[S.l.:s.n.],1993.

④ 台名取自何塞 · 马蒂,他是 19 世纪古巴政治活动家,是独立斗争的英雄。

⑤ TUCH H N.Communicating with the world: U.S. public diplomacy overseas[M].New York:St. Maitin's Press,1990:103.

目。这一项目主要资助来自东欧和苏联各个领域的年轻顶尖专家。该项目的一个主要标准是看申请者是否可能成为这一领域的领导者。该项目的出现，既是富布赖特和意识形态对抗行为进一步密切的标志，也是美国国际传播进一步加强对苏东国家影响的一个重要标志。

短期交流项目

美国新闻署还经常会不定期组织一些短期旅行和访问项目。冷战中后期，美国新闻署每年都要组织大约700名美国人到其他国家讲解美国的社会和政策。①

图书国际传播项目

美国的图书馆以及图书项目对冷战期间的“和平演变”有很大的推进作用。美国新闻中心和海外的图书馆最早出现于公共外交的成型期，在冷战前期有了较大规模的发展。美国新闻署前领导人查尔斯·威克曾指出：“无论是对于我们的短期还是长期信息和政策目标，(图书馆项目)都作用非凡。”②

英语教学及相关项目

冷战中后期，美国新闻署专设英语项目处，负责包括培训外国英语教师，安排美国英语教学专家编辑教材、组织英语教学方面的国际交流，出版《英语教学论坛》等方面的工作。

美国研究和东西方交流中心的发展

这两个项目在20世纪80年代中期之后也有所发展。美国新闻署向国外研究人员和美国研究机构提供的资料和图书在这一段时间有所增加。③而关于美国研究的短训班频次也有所提升。在东西方交流中心方面，1987年，美国新闻署给这一中心的拨款增加到具有历史性的2 800万美元。④

3.相关机构以及组织的公共外交行为

冷战中后期，美国公共外交另外一个明显特征是越来越多的机构和组

① United States Advisory Commission on Public Diplomacy(annual report)[R].[S.l.:s.n.],1982:27.
② 同①141.
③ HANSEN A C. Public diplomacy in the computer age[M].Santa Barbara:Praeger,1984:164-165.
④ United States Advisory Commission on Public Diplomacy(annual report)[R].[S.l.:s.n.],1993:30.

织介入到公共外交实践中。这标志着美国公共外交体系中，美国新闻署作为主要单一行为体的时期逐渐逝去，因此从一个"实施者"变成了一个"主导者"。这些机构和组织有的是美国新闻署业务需要其加入，有的则是美国新闻署的代言人，有的则是美国新闻署的合作者。这些机构和组织主要包括：

和平队

和平队由肯尼迪竞选总统时倡导，1961 年成立，1981 年成为独立的美国联邦机构。和平队被看作美国价值观的载体，一直被美国政府视为国际传播的重要组成部分。①

国际开发署

国际开发署是美国最重要的对外援助机构。按照国际开发署的说法，对外援助"向世界展示了我们国家的真正特性"。冷战中后期，美国国际开发署的主要工作之一就是推动苏联以及东欧各国向着"民主化"发展。在苏东剧变前期，国际开发署集中财力为相关国家的一些组织提供资助，全面执行"推广民主和自由市场经济"，其实这本身就是在间接介入政治援助。1983 年，就是在国际开发署的资金支持下，直到现在仍在世界各地频繁活动的"全国民主基金会"②成立。这就是国际开发署介入意识形态对抗的关键一招。

独立基金会与公共外交

美国公共外交在各个阶段实际上都得到了诸多独立基金会的帮助；同时，这些基金会又在某种意义上得到了美国新闻署的帮助。实际上，美国新闻署以及美国相关基金会在很长一段时间里都存在默契。这种关系在冷战中后期体现地极为明显。福特基金会、索罗斯基金会、卡耐基基金会、全国民主基金会……这些基金会均和美国国际传播有着千丝万缕的联系。

中央情报局

虽然从美国中央情报局的性质这一角度上不能将其看作美国公共外交的一部分，也不能说其进行的一些秘密行为具有公共外交属性。但是，其所

① 赵红权.超越冷战：神话还是现实？——非冷战视角下的美国和平队[D].北京：北京大学，2005.
② 关于全国民主基金会请参看下文。

从事的和公共外交体系密切相关、甚至从属于公共外交实践体系的活动，仍然是公共外交活动。①

4.媒介公关与媒介事务

冷战中，美国新闻署的一个重要任务是与本国私营媒体及外国媒体保持密切的关系，并在关键时刻利用信息提供、广告等手段，为实现美国国际传播目标服务。

媒介公关与媒介事务处理的实践主要包括三个部分，第一部分是在纽约、华盛顿、洛杉矶设立的新闻中心仍在努力为外国记者提供服务，从而逐步密切外国记者和美国政府的关系，因为“争取到了这些记者的理解，公共外交的目的就达到了三成”。②

第二部分是利用记者招待会、首脑会、国事访问等官方活动，努力影响媒体对这些实践的看法，从而达到让媒体进行积极、正面报道的目的。

第三部分是政治广告和专题片、民意调查等手段的应用，这往往发生在危机到来时。例如海湾战争正式开始前夕，美国新闻署就曾制作了很多“阐述伊拉克国内现实”的专题片并将其提供给国内外媒体。而战争开始后，宣扬反对伊拉克侵略战争的广告也开始通过“世界网”和美国国内、国际的传播媒体反复播放。

5.出版物国际传播

针对不同的对象，美国新闻署出版了不同版本的刊物。这些刊物刊载美国领导人最新的讲话，美国政界、文化等领域的新动向，美国新闻署以及国际开发署的项目等方面的内容。这些刊物种类繁多，内容因对象国家受众的不同而有所不同。冷战中后期，这种出版物成为很重要的交流手段。

四、从推销“民主”到反对恐怖主义——冷战后的美国国际传播

1991年12月25日，在克里姆林宫上空飘扬了68个年头的苏联国旗悄

① 桑德斯.文化冷战与中央情报局[M].曹大鹏，译.北京：国际文化出版公司，2002.

② LEONARD M，STEAD C，SMEWING C. Public diplomacy [M]. Washington，D. C.：Foreign Policy Centre，2002：37.

然落地,“苏维埃社会主义联盟共和国的历史终结了,两极格局中的一极无可挽回地消失了”①,冷战结束了。

冷战结束后,美国处于一种没有敌手的霸权地位,“无论是硬实力还是软实力,它都远远超过其他任何一个国家。在可预见的将来,美国人没有理由担心共产主义的威胁”②。但是,美国政府并没有因此放慢向世界推行资本主义民主、自由价值观的步伐。老布什政府认为,在冷战后期,“只有美国同时具有道义上的声望和维持这一声望的力量”。所以,国际传播应在文化和意识形态输出中发挥“核心作用”。③ 在克林顿执政时期,美国政府逐渐确立起了较为明晰的外交战略,并将对外推行资本主义自由和民主价值观作为其战略支柱之一。

1999 年克林顿政府在《参与和扩展的国家安全战略报告》中将安全、经济和民主视为美国外交的三大支柱,并指出“促进美国在全世界利益的最佳途径是扩大全世界民主国家的数量和自由市场制度”④。而小布什在其就职演说中明确表示要继续向世界推销民主。“9·11”事件之后,美国国际传播成为反对恐怖主义,“修复”美国在世界各地糟糕形象的重要工具。

(一)“9·11”之前的国际传播

1.国际传播管理的调整

从冷战结束至 2001 年“9·11”事件发生期间,美国国际传播的组织体系几经变化。先是美国新闻署内部的调整、美国新闻署被并入国务院,之后美国国际传播管理随着反恐战争的开始而得到加强。

冷战之后,国际传播并没有像很多专家所分析的那样“迅速迷失了方向”,而是利用冷战期间的惯性继续向前发展。

---

① 刘洪潮.沧桑巨变的十年[M].广州:广东经济出版社,2002:92.

② 罗赛蒂 A.美国对外政策的政治学[M].周启朋,等,译.北京:世界知识出版社,1997:457.

③ BUSH G Senior. National security strategy of the U.S. 1990-1991[M].Washington D.C.: Brassey's Press,1990.

④ CLINTON B.National security strategy of the U.S. 1994-1995: enlargement and engagement[M]. Washington D.C.:Brassey's Press,1994:7-13.

1992 年的总统大选中,比尔·克林顿胜出。1993 年,他正式就任美国总统。当年 4 月,曾任全国民主基金会主席的约瑟夫·达菲被调入美国新闻署。他上任后,对美国新闻署进行了改组。改组后的美国新闻署按职能分成了四个局:负责广播电台、电影、电视的广播局;负责教育文化交流艺术、图书馆以及相关图书活动的教育文化事务局;负责政策指导、通讯社、展览、出版以及同外国新闻界联系的政策与项目局;负责内容事务协调管理的管理局。管理局又按照地域分为非洲事务处、美洲事务处、东亚与太平洋事务处、欧洲事务处和北非、近东、南亚事务处。

另外,这次改革强调,美国新闻署要更好地接受公共外交咨询委员会、古巴广播咨询委员会以及富布赖特奖学金委员会的监督。① 也就是说,达菲时期的美国国际传播的体系中,国际传播的监督体系更加明确。这一次调整改变了冷战中国际传播主要以意识形态对抗为己任的状态,开始逐步探索国际传播新的方向,并试图在组织方面做好准备。

达菲时期,美国新闻署力图调整的方向已见端倪,那就是"提高世界人民对美国价值观念的了解水平……向致力于建立民主政府和开放的市场经济的其他国家的人民提供援助"②。1993 年美国公共外交咨询委员会在年度报告中指出,在信息时代美国必须继续开展公共外交工作,"公共外交对和平演变和民主改革十分重要"③。

1994 年 4 月,克林顿上任后不久签署了《国际广播法案》。根据这个法案建立的隶属于美国新闻署的国际广播局(The International Broadcasting Bureau)和国际广播的监督机构——广播理事会(The Broadcasting Board of Governors)④,负责监督所有美国的非军事国际广播。

根据这一法案,自由欧洲电台和自由电台等也被归入美国新闻署的管

① 韩照颖.输出美国:美国新闻署与美国公众外交[M].天津:天津人民出版社,2000:139.

② BOGART L. Cool words, cold war: a new look at U.S.I.A.'s premises for propaganda[M]. Lanham: University Publishing Association, 1995:157.

③ United States advisory commission on public diplomacy[R].[S.l.:s.n.],1993:15-17.

④ 广播理事会由 9 名跨党派成员组成,由总统任命、国会批准。国务卿也是成员之一,负责向理事会提供有关对外政策事务的信息和指导。广播理事会的职责是把国会的国际广播预算分配至各个广播媒体,建立和维持广播水准,设定各语种广播的重点,监督节目的质量、有效性和职业道德等。另外,还负责监督和指导国际广播局的工作。

理。美国新闻署在历史上第一次实现了对国际广播的统一管理。

从 1995 年开始,冷战后的美国国际传播的定位已经基本明晰。一方面,美国政府认识到,美国的私营媒体发展迅速,“与私人媒体的广泛接触足以把美国的意旨散播于世界各地”①,同时“对苏东国家的围堵政策的后续应当是一种扩张战略,应是世界自由市场和民主政治的扩张”②。因此,克林顿为国际传播找到的定位是“推行自由市场经济、自由贸易、美国竞争力和美国民主的利器”③。

1997 年 4 月,进入第二任期的克林顿政府在一项改革方案中提出,将在两年内将美国新闻署并入国务院,白宫文件称这样做是为了“中止为冷战而设计的官僚机构”,“将公共外交置于美国对外政策的核心”。

1998 年 1 月,美国国会通过了《1998 年对外事务改革和重组法案》(*Foreign Affairs Reform and Restructuring Act of* 1998)。根据这项法案,美国新闻署将被撤销,其大部分业务转入美国国务院,同时设立一位负责公共外交的副国务卿。这名副国务卿将管理两个部门:国际信息局(Office of International Information Programs)和教育文化交流局(Bureau of Educational and Cultural Affairs)。

该法案规定“国际广播应该继续作为美国对外政策的重要工具”,因为“世界人民之间信息和思想的自由传播有助于国际和平与稳定,推动这样的传播符合美国的利益”。原隶属于美国新闻署的国际广播局以及广播理事会不并入国务院,成为独立的政府机构,继续管理和监督美国的国际广播业务。

1999 年 10 月,创建于 1953 年的美国新闻署作为一个独立的联邦政府机构被正式撤销,并入国务院(见图 1)。其4 025名工作人员(包括2 079名海外工作人员)也被全部并入国务院的国际信息局、教育文化事务局及各地区局和职能局。克林顿任命伊芙琳·利伯曼(Evelyn S. Lieberman)为美国首

---

① 唐小松,王义桅.美国公共外交研究的兴起及其对美国对外政策的反思[J].世界政治与经济,2003(4):24.

② SNOW N E. United states information agency[J].Foreign policy online,1997,2.

③ 周庆安.全球反恐政策背景下的美国对中东公共外交初探[M]//李希光.全球传媒报告:第 1 期,上海:复旦大学出版社,2005:122.

任负责公共外交与公共事务的副国务卿。美国新闻署并入国务院后，国务院内公共外交方面的最高职位是负责公共外交与公共事务的副国务卿（Under Secretary for Public Diplomacy and Public Affairs），掌管三个机构：教育与文化事务局、公共事务局和国际信息局。另外还有大量从事国际传播的工作人员分布在国务院的各地区局和职能局及美国驻外使馆，不过这些人员并不直接向负责公共外交与公共事务的副国务卿汇报工作，而是对各自的部门领导负责。

在驻外使馆中，负责公共外交的官员也是向该使馆的领导（通常是大使）负责。负责公共外交与公共事务的副国务卿虽然不直接管理这部分公共外交人员，但是对他们的工作有指导的权威。

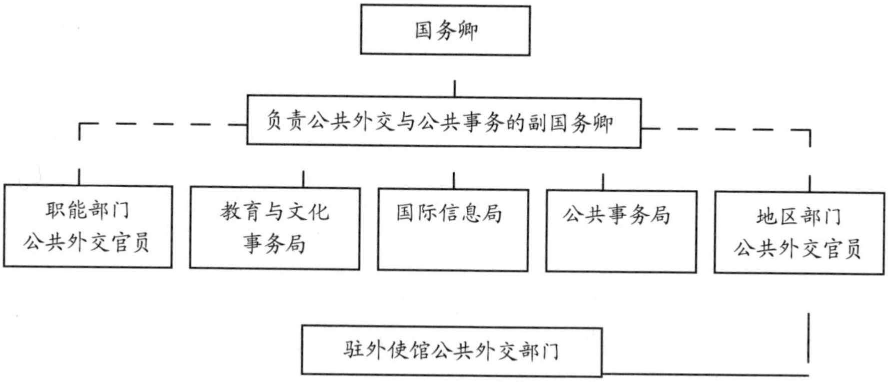

图 1　1999 年调整后的美国国务院公共外交工作机构

将美国新闻署并入国务院的初衷是把公共外交与对外政策的决策更紧密地结合起来，其想法可谓一石二鸟：既要完善对外政策的决策过程，又要增强公共外交在对外事务中发挥的作用。正如克林顿在 1998 年 12 月提交给国会的“重组方案和报告”中所说的那样：“尽早地把美国新闻署并入国务院并带进公共外交的视角将能产生对外国民众更加有说服力的有效的对外政策。它将带进（国务院）公共外交的战略手段、开放风格、与非政府组织的密切联系、开放的传播技术和对互联网的熟练运用，这些都将使美国的对外政策更加灵活。”①“我们的目标是通过把公共外交融入决策过程中来增强公共外交的效果。”②

2.国际传播的转向

冷战之后,美国国际传播的方向有所改变,但是意识特征仍极为明显。根据美国之音的台长杰弗里·科恩介绍,冷战之后美国之音有六大任务,其中对抗共产党和极权国家是其第一大任务。

国际新闻工作者协会机关刊物《民主新闻工作者》刊发的文章透露,美国国会的一个文件里写到:电台广播是能够颠覆社会主义制度的唯一手段,广播是推行对外政策的最宝贵的工具。美国国际广播管理局负责人曾说:“自由欧洲电台和自由电台在向东欧、苏联自由传播信息和思想方面,被证明是有效的。它们的存在是(美国)国家利益之所在。”

冷战之后,美国之音持续关注着东欧地区一些原属于苏联共和国的“民主尚未巩固”的地区。其广播的基本内容有两个重要变化。其一,将对民主制度的大而泛的颂扬和赞美变为主要介绍民主制度和经济制度在西方怎样运用和发挥作用。其二,苏东剧变之后,这一地区的开放使得美国更加了解这一地区,因而美国之音的广播也更加具有针对性。

例如,1991 年南斯拉夫联盟共和国分裂后,美国之音于 1993 年 2 月把对南斯拉夫的广播分成克罗地亚语和塞尔维亚语两个部分。这两个节目的播出时间都增加了,从而保持了对巴尔干地区持续和稳定的影响。1996 年,美国之音又增加了波斯尼亚语的广播节目。同年 10 月,克罗地亚语调频 101 开始转播美国之音的克罗地亚语节目,成为冷战后这一地区首家播出国际节目的电台。这一年,美国之音的塞尔维亚语广播每天达两个半小时以上。

1997 年 2 月,阿尔巴尼亚首都以及其他城市发生骚乱。美国之音成为阿尔巴尼亚居民获取新闻的一个重要来源。在阿尔巴尼亚危机进入高峰期以后,美国之音通过短波和中波频率增加播出时间,以最大限度地给对象国

---

①② Consolidation of USIA into the State Department an assessment after one year[R/OL].(2006-01-06)[2006-01-08].http://www.state.gov/www/policy/pdadcom/acpdreport.pdf.

家的受众提供新闻。[①]

冷战的结束，使美国在国际传播上有所转向。对俄罗斯等国家的广播数量在2000年之后逐步减少[②]，而对中国等社会主义国家的广播却日益增加。2001年恐怖袭击事件之后，美国把主要的力量用于反恐，但是对中国、朝鲜、古巴的广播时数并没有减少。在这期间，美国主要完成了国际广播体系的两次大的扩张，一次是针对中国及其周边地区，一次是针对阿拉伯地区。

1994年2月25日，美国国会参议院投票通过了拨款3 000万美元建立自由亚洲电台的法案。1993年6月15日，克林顿称，自由亚洲电台是要向中国人民提供一个所谓“独立的、不受控制的新闻来源”，“我们将把自由的消息告诉中国人民。我们将建立自由亚洲电台，增加美国之音对中国的广播并创办每周一次的美国之音电视节目”。经过多年的准备，自由亚洲电台于1996年9月30日正式开播。它是以中国、越南、朝鲜、老挝、柬埔寨等为主要宣传对象而成立的一个对外电台。其主要对象是中国。

在开播半年后，其对中国播出时数增加到每天4小时。从1998年起，增长速度进一步加快。当年7月3日又增加2小时；仅仅过了一个多月，到8月5日，又增加2小时；从9月1日起，其对中国广播时间增加到每天12小时。此外，它还有每天3小时的藏语节目。这样，这家电台迅速赶上了经营了几十年的美国之音对中国广播的规模。

总体来看，在2001年之前，美国的对外教育文化交流项目受到了一定的影响，但是这种影响并不是“关乎生死”的，而只是影响到了教育文化交流的效果。另外，美国教育文化交流也进行了转向。这一转向包括两个方面，一方面是加大对东欧以及苏联地区的交流投入，培育这些国家精英阶层的亲美意识，进一步巩固美国冷战的成果；另一方面，加强对中国等社会主义国家的教育文化交流项目投入，为这些国家向着“民主社会转化”添一把柴。同冷战时期相比，其“任务”确实是加重了，而此时经费预算的削减看起来更加糟糕。

---

① 韩召颖.输出美国：美国新闻署与美国公众外交[M].天津：天津人民出版社，2000：173.

② 福特纳.国际传播——全球都市的历史、冲突及控制[M].刘利群，译.北京：华夏出版社，2000：230.

不过,值得美国国际传播实践界庆幸的是,美国在冷战期间建立起来的实践体系,包括基金会等辅助体系,都较为完整地保留了下来。虽然在很多方面有了微调,但是总体框架并没有受到破坏。因此,美国国际传播中的教育文化交流以及援助体系仍然发挥着十分重要的作用。这一作用具体体现在发生于东欧以及苏联和各共和国的系列"颜色革命"中。在这些以街头政治导致的政权更迭中,美国媒体和美国基金会的身影几乎随处可见。①

(二)"9·11"事件后美国国际传播的重新调整

"9·11"事件之后,小布什意识到,"正如必须调整外交机构以加强和他国的沟通,我们也需要一个崭新的全方位的'公共外交',来帮助全世界人民了解和理解美国"②。为此,美国国际传播从组织管理到策略方针都进行了大幅度的重新调整。

1.及时任命负责公共外交和公共事务的副国务卿

在第一任期刚开始时,小布什对国际传播事务漠不关心。他并没有及时提名任命负责公共外交和公共事务的副国务卿。但是,在 2001 年 10 月,"9·11"事件发生后不到一个月,小布什迅速任命比尔斯出任国务院负责公共外交与公共事务的副国务卿,结束了这个职位自他上任以来的空缺状态。比尔斯曾是美国广告界叱咤风云的女强人,担任过奥美广告公司的首席执行官和智威·汤逊广告公司的董事长,这两家广告公司都位列美国十大广告公司之列。这个任命也显示了小布什政府希望美国的公共外交能借鉴私营企业的市场营销战略来推销"美国的形象"。

2.设立全球传播办公室

"9·11"事件后,美国开始重视国际传播的跨部门合作,加强了公共外交的协调。白宫也建立了数个临时的协调机构,如 2001 年阿富汗战争期间在华盛顿、伦敦和伊斯兰堡建立的"联军信息中心"(Coalition Information

---

① 刘明.大众传媒与政权更迭——从苏东剧变和"颜色革命"看传媒的作用.现代传播,2006(1):104-105.

② The White House. The national security strategy of the United States of America,2002:5-7.

Center),其任务是纠正可能对美军造成不良影响的报道,尽可能提供有利于美国的新闻。为了进一步协调美国的公共外交,2003 年 1 月 21 日小布什签署了行政命令,组建全球传播办公室(Office of Global Communication),由一位负责全球传播事务的副总统助理担任主任,原有的"联军信息中心"也被并入这个办公室。全球传播办公室的使命为:为总统及相关的政府部门首长提供建议,内容包括美国政府应该如何使用最有效的手段来确保其所发布信息的连贯性,确保这些信息能够增进美国在海外的利益、防止误解、获取美国盟友的支持,并为国际受众所接受。同时,这个办公室还负责向明显带有美国官方色彩或被公众认为是由美国政府主办的活动提供建议。在伊拉克战争中,全球传播办公室事实上成为美军统一进行国际传播的指挥机构。

3.增设阿拉伯和伊斯兰世界公共外交咨询小组

公共外交咨询委员会是美国公共外交的监督机构,负责对美国国务院、驻外使馆和其他政府机构的公共外交政策和项目进行监督和评估,最早于 1948 年根据《史密斯-蒙特法案》建立,是一个由 7 人组成的跨党派委员会,成员由总统任命并经参议院批准,职责为"对美国政府旨在了解、提供信息及影响外国民众的活动实行监督""向总统、国会、国务卿和美国人民提供调查报告及建议"①。2003 年 6 月,为了应对阿拉伯和伊斯兰国家日益高涨的反美情绪,公共外交咨询委员会特别下设了"阿拉伯和伊斯兰世界公共外交咨询小组",由美籍穆斯林学者和学术界人士组成,为美国的公共外交工作提供意见,并推荐能够亲自将信息传递给国外听众的演讲人。

至此,加上原有的国际传播机构,小布什政府完成了国际传播管理系统的重建工作。这一系统包括白宫的全球传播办公室、国务院原有的公共外交机构、政府广播管理委员会、国防部和中央情报局,同时,美国国际发展署也在其中发挥了一定的作用。各个机构以白宫的全球传播办公室为主轴,经由特殊的渠道直接与总统沟通。为了加强公共外交机构之间的协调,小布什政府还于 2002 年 9 月成立了战略传播政策协调委员会,这一委员会成

① Charter of the United States advisory commission on public diplomacy[EB/OL].(2003-07-15)[2003-09-20].http://www.state.gov/r/adcompd/c2439.htm.

员包括了国务卿等政府主要官员,它的长期目标是制定国家宣传战略。

美国国务院是主导国际传播项目规划和执行的机构,主管公共外交与公共事务的副国务卿的职权不断增强,也逐渐开始参与外交决策的制定过程,其主要负责对公共外交的整体领导与协调。同时,公共外交人员也分布在国务院的地区与职能司,但是他们只向所在部门汇报而不是向负责公共外交与公共事务的副国务卿汇报。美国驻外使馆的公共事务官员负责执行具体的公共外交项目,他们主要对驻在国使团团长负责。

美国总统对公共外交的重视和介入也是美国公共外交一个显著的变化。美国总统是影响世界对美国态度的最关键的人物和公共外交的最终指挥者。美国公共外交只有在得到总统持续和强有力的支持以及发挥跨机构的协调作用时,才能保证政策制订者和执行者与公共外交的官员用一个声音说话。

4.公共外交资源的增加与调配

2002 年,美国前助理国务卿夏洛特・比尔斯在一场题为《美国对阿拉伯与伊斯兰世界的公共外交》的演讲中指出,美国针对中东和其他地区的穆斯林的公共外交制定了四大战略性目标:第一,准确、清晰、及时地宣传美国的政策;第二,宣扬美国政策所体现出来的价值观和信仰;第三,展现民主在争取和平、繁荣与机会中所起到的作用;第四,支持教育发展,为穆斯林带来希望和机会。她的阐述反映了美国政府对公共外交重视程度的增强。①

"9・11"事件后美国国务院增加了公共外交的整体资源,给予伊斯兰世界最多的资源。公共外交的财政预算从 2001 年的 5.44 亿美元增加到 2003 年的 5. 94 亿美元,同比增加了 9%。同期,美国海外的公共外交人员的数量从 484 人增加到 539 人,增加了 11%。尽管美国国务院的欧洲司与欧亚司仍然享有海外公共外交最多的资源,但是"9・11"事件之后,公共外交投入增长最快的是南亚与近东事务司,而这些国家有大量的穆斯林。在南亚,公共外交资金投入从2 400万美元增加到3 900万美元,在近东则从3 900万美元增加到6 200万美元,分别增长了 63%和 58%。在南亚的公共外交人员从 27 个

① 王宏伟."9・11"后的美国公众外交[J].国际论坛,2003(1):46-50.

增加到 31 个,在近东的从 45 个增加到 57 个,分别增加了 15%和 27%。表 1 显示了美国公共外交资源调整的情况。

表 1　2001 年—2003 年美国公共外交投入情况(单位:资金:百万,人员:个)①

地区		2001	2003	增长的百分比
南亚	资金	$ 24	$ 39	63%
	人员	27	31	15%
非洲	资金	$ 55	$ 65	18%
	人员	79	89	13%
亚太地区	资金	$ 78	$ 86	9%
	人员	80	83	4%
西半球	资金	$ 77	$ 80	4%
	人员	92	99	8%
欧洲	资金	$ 161	$ 160	0%
	人员	161	180	12%
近东	资金	$ 39	$ 62	58%
	人员	45	57	27%

总体来看,冷战结束后美国国际传播不仅没有因为苏联的解体而放松意识形态对抗的惯性,反而及时调整目标和对象,开始实施新一轮的宣传战略,其"民主攻势"有增无减。"9·11"事件后的短短 4 年中,美国国际传播完成了历史上新一轮的扩张和完善。在这一轮中,美国在保存了原有国际传播系统的前提下,有针对性地加强了对阿拉伯地区的宣传行为,为美国新时期的反恐战略的实施奠定了坚实的信息传播基础。虽然针对阿拉伯世界的新的国际传播的效果已经显现了出来,但是真正要实现美国所想看到的伊斯兰世界的"民主化",恐怕极为困难。

① U.S. General Accounting Office. U.S. public diplomacy: state department expands efforts but faces significant challenges:GAO-03-051[R].Washington,D.C.:[s.n.],2003.

形象“塑造”与破坏之间:美国公共外交实践的反讽

“塑造”美国的国家形象成为美国对外传播的中心任务。美国拥有世界上最为强大的对外传播“联合作战部队”,这些部队历经锤炼,策略得当,技巧娴熟,完成这一任务应该不是难事。但是,冷战之后,特别是21世纪以来,美国的国家形象却每况愈下,世界反美浪潮此起彼伏。

“9·11”事件之后,美国紧急启动了国家形象的“修复”工程,大力调集人力和物力资源,加强对外传播工作。但是,这种努力并没有改变美国国家形象“糟糕”的局面。伊拉克战争前后,反美、反战的浪潮再次在全世界掀起。在美国对外传播着力最多的阿拉伯世界,针对美国士兵的袭击不断增加。在巴基斯坦,穆斯林在大街上焚烧美国国旗。

面对这种情况,从时任美国总统小布什到国务卿赖斯,从主管公共外交事务的副国务卿到美国国防部长拉姆斯菲尔德,以至于到美国普通公民都非常困惑。他们始终不明白,世界为何如此憎恨美国?

2001年10月,时任美国总统小布什在白宫新闻发布会上直接表达了这种困惑。他说:“我惊讶地发现,人们对我们的国家的误解如此之深以至于会憎恨我们……像许多美国人一样,我就是无法相信这一点。”①

那么,美国的国家形象究竟怎么了?是美国对外传播没有很好完成它的任务吗?到底是谁在破坏美国的国家形象呢?

---

① 奈.软力量:世界政坛成功之道[M].吴晓辉,钱程,译.北京:东方出版社,2005:134.

持之以恒
——美国倾力“打造”国家形象

美国一直都很重视国家形象。早在冷战期间,时任美国总统肯尼迪就曾因为要改变美国“帝国主义者”的形象而准备设立“国际访问学者”项目,邀请来自第三世界国家的教师、学者、编辑记者以及官员到美国访问并到美国的各地观光。里根特别注意塑造美国“民主与自由国度”的国家形象。克林顿对美国的国家形象尤其重视,美国对于国际舆论和国家形象问题的调查就始自克林顿时期。1997 年,克林顿在国情咨文中特别提出,美国要特别注意国家形象的塑造。

一、传统上“塑造”国家形象的努力

早在冷战前,美国就已经开始采取种种措施,树立美国的国家形象。第二次世界大战期间,美国主要塑造的是“法西斯有力的反击者”的国家形象。

(一)第二次世界大战与“法西斯有力的反击者”

在第二次世界大战的宣传中,美国人一方面发动了对法西斯国家的宣传战;另一方面,也不忘展开针对盟国的宣传。

1942 年美国之音建立后,不但开办了针对德国的广播,还用法语、意大利语、英语播出。当年 6 月,美国之音开始播出汉语普通话和广东话节目。[①]这些广播不断播报关于美国军队在战争中胜利的消息,塑造了美国“正义之师”的形象。

美国战时新闻局还在法国出版了一份名叫《战争中的美国》的小报,到 1944 年,这份报纸的发行量已经达到了每周 700 万份。一本名叫 *yank* 的杂志,有 22 个版本,发行量达 250 万。这些报纸和杂志都着力介绍美国国内的

① 福特纳.国际传播——全球都市的历史、冲突及控制[M].刘利群,译.北京:华夏出版社,2000:139.

情况,向世界解释美国的国家政策。

二战时期,美国政府与好莱坞合作共同塑造美国国家和军队的形象。1942 年春,好莱坞制作完成了电影《缅甸公路上的一个美国佬》。著名演员贝雷·尼尔逊在片中扮演一位性格顽强的美国汽车司机。当他在缅甸公路上帮助运输战地物资的中国车队时,自己却陷入了日本人的圈套,但他万难不屈,杀出了重围,表现了一个"正直的、敢做敢为的美国人对太平洋战争的反应"。

另外,大量被派出的战地记者和驻外记者,发出了"美国的声音",宣传了美国的国家形象。大多数观察家认为,美国的报纸和电台对第二次世界大战的报道十分出色,这一成就主要归功于通讯社、报纸、杂志和电台的驻外记者及战地记者。二战期间,美国派驻国外的专职记者一度多达 500 人。另外,美国武装部队共委派了1 646名新闻人员。[①] 这些新闻工作者的派出,大大增加了美国在世界范围内发言的能力,也在一定程度上促进了美国对外传播的发展,增强了人们对美国"法西斯有力的反击者"形象的认识。

(二)冷战中"民主自由"的化身

冷战在很大程度上是美国和苏联国家形象的一次博弈。美国人认为,全球社会主义国家特别是苏联的媒体在不断对美国形象进行攻击和诬蔑。因此,美国的对外传播系统要做好三个方面的工作:第一,要通过以对外广播为主的各种手段"真实"地介绍美国的现状和人民"幸福"的生活状况;第二,要对苏联及其他社会主义国家的"诬蔑"进行有针对性的反击;第三,通过教育文化交流和人员往来,让人们认识到一个"真实、全面、民主、自由"的美国。

在美国之音及其"替代"广播系统的广播中,美国特别推出了如《今日美国》《谈谈美国》等节目,"吹嘘"美国的生活方式。美国之音在 80 年代初制作播放了广播剧《我的邻居》,它通过一个在美国生活了 30 多年的经营饭馆

① 福特纳.国际传播——全球都市的历史、冲突及控制[M].刘利群,译.北京:华夏出版社,2000:438-439.

的中国家庭介绍形形色色的美国社会的日常生活，描绘了一个“充满自由，赛过天堂”的美国社会。①

对其他国家的有损于美国国家形象的报道进行反击也是冷战期间美国对外传播的重要工作。20世纪六七十年代，最令美国人不舒服的就是社会主义国家关于“美帝国主义”的宣传。针对这一概念，美国在对外传播体系中一直把自己的国家形象定位为“民主、自由的国度”。每每遇到重大事件发生，美国的广播中一定会有关于美国的“民主和自由”及其为世界的和平稳定谋福利的报道。

冷战期间的美国广播充满了意识形态色彩。美国人塑造美国形象的一个有力方式就是通过教育文化交流展示美国的国家形象。就连冷战的发起人、传统现实主义的代表人物乔治·凯南也说要“以文化接触手段来打消世界舆论对美国的负面印象”。他曾表示，“愿意为此用所剩的全部的政治宣传储备来换取单纯用文化接触就可实现的结果”。美国时任总统艾森豪威尔也强调，要“找出上千种而非一种(广播②)方式逐渐增进人们之间的了解”。③

因此，冷战期间，美国对外传播系统中的教育文化交流项目数量和质量都得到了空前的增加和提高。美国政府多方筹措资金，加大对传统项目的投入，并不断推出新的交流项目。例如，对富布赖特项目的拨款从1980年的3 700万美元上升到了1990年9 100万美元。肯尼迪在位期间还创立了“国际访问学者”等多个新项目，以加强美国国家形象的“塑造”和“传播”。

美国的对外传播在一定程度上改变了美国在一些国家心目中的国家形象。一位苏联音乐家在多年“欣赏”美国的演出之后，得出结论，苏联所说的美国是“堕落、腐朽、垂死的资本主义国家”的宣传是不真实的，“堕落的西方怎么会有这么出色的乐团？”④

(三)冷战后“民主与自由的推销者”与“人权捍卫者”

冷战后，苏联的解体以及美国经济近十年的持续增长成就了美国世界

---

① 毕波.美国之音透视[M].青岛：青岛出版社，1991：65.

② 笔者注。

③④ 奈.软力量：世界政坛成功之道[M].吴晓辉，钱程，译.北京：东方出版社，2005：47.

唯一超级大国的地位。美国国内曾经出现了"公共外交无用论"的论调。很多学者认为,美国政府由于国内政治斗争等多方面的原因,忽视了公共外交的作用,使得美国在世界上的国家形象恶化了。[①] 但事实并非如此,从拨款等多个方面看,美国公共外交并没有被忽视,而是在正常发展,有一些起伏也属于正常调整。美国也没有因此放弃对美国作为"民主与自由推销者"与"人权捍卫者"等形象的塑造。

美国国家审计署的有关资料显示,美国历史上对公共外交和对外传播的实际投入于1994年达到最高(见图1)。此后,虽有下降,但是并没有如有些学者所说,"一度降到冰点",被"打入冷宫"。[②]

美国的对外传播对于美国国家形象的传播与塑造的力度也没有因为冷战的结束而降低。美国的对外广播和文化教育系统迅速完成了自己的转型,从针对苏联转移到针对包括中国在内的社会主义国家。实际上,冷战之后,美国的对外传播仍然在执行着冷战时期的任务,塑造、传播、捍卫美国国家形象,巩固所谓的"民主政权"。这一时期的一个显著特点是美国对外政策和对外传播不但将美国继续塑造成"民主和自由的化身",还增加了对"人权捍卫者"形象的塑造。

有中国学者认为,冷战后美国塑造国家形象的努力,很大程度上是通过妖魔化其他国家的形象并利用其与"美国的比照"进行的。

1996年,一本被美国新闻学者和国际关系学者称为"中国民族主义者杰作"的《中国可以说不》问世。作者对美国媒体上关于中国的报道提出了尖锐的批评,认为美国媒体关于中国的报道不公正,妖魔化了中国的国家形象。

由清华大学学者李希光等人撰写的《妖魔化中国的背后》指出:"长期以来,我们在美国的报纸、杂志、图书、电视、电台、电影以及最先进的国际互联网上可以频频看到或听到下列词:政治运动、极权主义、阶级斗争、勾心斗角、贪污腐化、帝王统治、异见分子、惨无人道、阴谋、荒淫无耻、侵犯人权、核

① 目前,多数研究公共外交的文章和著作都持这一观点。

② 唐小松,王义桅.从"进攻"到"防御":美国公共外交战略的角色变迁[J].美国研究,2003(3):74-86.

扩散、走私军火、盗版、堕胎、饥饿、猥琐、愚昧、性无能、兴奋剂、西藏问题、台湾问题等等。”他们认为,美国就是利用这样“一堆零碎而又尖锐的玻璃碴”来构筑中国的形象。“这不是在丑化中国,不是,比丑化更严重,是妖魔化中国。”①

在之后的《妖魔化与媒体轰炸》一书中,作者更直言不讳地认为,美国媒体的报道是极有偏见的,是用“媒体轰炸”的方式继续妖魔化中国的国家形象。

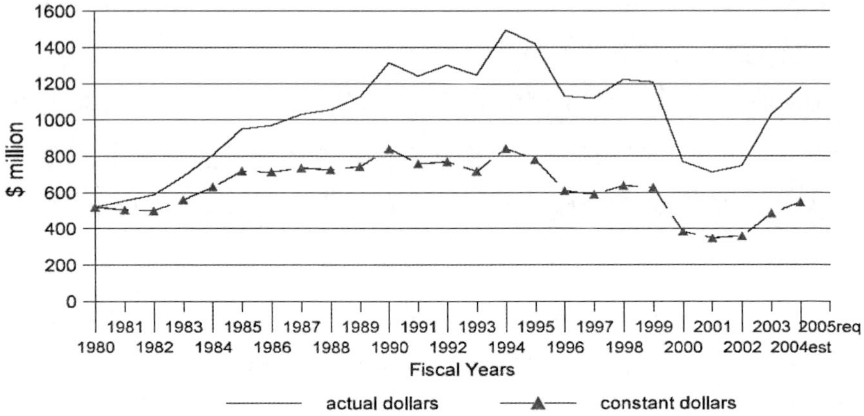

图 1　20 世纪 80 年代以后美国公共外交投入统计图

(数据来源:Office of Management and Budget, and CRS calculations)

这一时期,美国对外传播对美国国家形象的塑造与维护,更多体现在危机处理上。科索沃战争之前,美国之音等美国媒体调准调门,一致谴责米洛舍维奇是“破坏人权的刽子手”,塑造美国“坚定地、不惜用战争捍卫人权”的国家形象。

我国驻南斯拉夫联盟大使馆被炸后,美国的对外传播系统更是“一致对外”。当时,美国对外传播的机器全面启动,为美国声辩。当美国媒体把美国驻华大使透过破碎的玻璃观察使馆外面抗议活动的画面播出后,美国俨然成了“中国民族主义狂潮”的受害者。中国学者认为,在这一危机处理过

① 李希光.妖魔化中国的背后[M].北京:中国社会科学出版社,1996.

程中,美国维护其国家形象的技巧是值得我们学习的。①

二、“9·11”事件后美国国家形象的“修复”和“塑造”

美国国家形象成为一个热点问题是在2001年的“9·11”事件之后。

当时,美国对外传播一方面加强对其“受害者”形象的塑造,争取世界的同情;另一方面,小布什政府并没有深入反思这一事件的根本原因,而是把责任归咎到了“公共外交投入不足”“和世界沟通不力”上面。“小布什政府认识到,美国正面临着在全球特别是在伊斯兰世界的严重‘形象危机’”,而且“美国的形象危机不仅仅是一个地区问题,而是一个全球问题”。因此,“‘形象问题’已经成了美国国家安全的重要组成部分”。②

美国众议院议员亨利·海德说:“外国公众的看法影响到了我们的国内事务。”时任美国总统小布什也认为:“需要更好地展示我们的案例。”③“必须更好地让别人了解我们。”④

2001年10月后,美国立即采取措施,进一步加强对外传播工作,“修复”美国的国家形象。

(一)开展舆论调查

冷战后,舆论调查一直是美国对外传播的重要工具。这种调研为美国确定对外传播的目标,改进对外传播的策略和手法提供了重要依据。“9·11”事件后不到一年的时间,美国政府就和美国皮尤中心合作,迅速启动了皮尤全球态度项目(Global Attitudes Survey)。这一项目由该中心主席安德鲁·科哈特以及美国前国务卿奥尔布赖特共同负责。

2002年7月到10月,全球态度项目调查采访了44个国家的38 000千人,多数采访是当地的民意调查公司到被访者家中做的面谈采访,问卷的主

---

① 李希光,刘康.妖魔化与媒体轰炸[M].南京:江苏人民出版社,1999.

②③ 唐小松,王义桅.从“进攻”到“防御”:美国公共外交战略的角色变迁[J].美国研究,2003(3):74-86.

④ SHARP M L.American's international problem[J]. USA today magazine,2002(5):26.

题是这些国家的人民如何看待美国和美国关心的议题。按照严格的统计学标准,在这 44 个国家中,有 29 个国家的民意调查代表全民的态度。

到 2005 年 6 月份,皮尤中心已经完成了 6 次关于美国中心的调查,涉及到 50 个国家的 9 万人。调查目标既包括美国的传统盟国,也包括被认为"憎恨"美国的伊斯兰国家。调查通过电话访问、问卷调查等方式全面展开。每次调查之后,皮尤中心都会同美国的公共外交专家一起对得出的数据进行分析,并根据分析结果给美国政府的公共外交政策提出建议。

如 2002 年的调查显示,有三个因素和外国人亲美与否直接有关:年龄、受教育程度及与美国接触的程度。基本上,年龄越大的人越反美。在很多国家,尤其是处于经济转型期的国家,年龄越大的人一般越穷,也越反美,这一点在东欧尤其明显。而在中东地区,青年人占绝大多数,他们反美,但是仍能被改造。于是,美国对中东的形象战略更多的是针对中东的年轻人。

(二)整体加强对穆斯林地区的对外传播和形象塑造

1.扩张国际广播体系

"9·11"事件后,美国斥巨资在中东地区先后开办了多个"替代电台",并在相关国家建立了广播节目信号中继站,在中东的"替代电台"主要有针对阿富汗的"自由阿富汗电台"①(2002 年 1 月)、针对阿拉伯国家的"萨瓦电台"(Radio Sawa②,2002 年 3 月)、针对伊朗的波斯语广播"法达电台"(Radio Farda③,2002 年 12 月),等等。美国还于 2004 年 2 月委托一个名为"中东电视网"(The Middle East Television Network)的非营利性公司开办了一个针对中东地区的卫星电视台——"自由电视台"(Alhurra)④。

上述的几家电台和电视台,均在很短时间里建立并开始运作。其信号几乎覆盖了整个中东地区。例如,美国开办的自由电视台在中东地区最火。

---

① 电台建在捷克首都布拉格,是在自由欧洲电台的基础上建立的。

② "萨瓦"在阿拉伯语里是"在一起"的意思。

③ Farda 在波斯语中是"明天"的意思,法达电台由自由欧洲电台和美国之音合资创办。

④ 24 小时阿拉伯语卫星电视台,Alhurra 在阿拉伯语中的意思为"自由人"(The Free One),因此简称为自由电视台。

它的频率十分强大,处于"阿拉伯星"上最显著的位置,任何一个安装卫星接收器的阿拉伯人,想避开它都不容易。

而萨瓦电台的作用是代替美国之音的阿拉伯语广播。它以美国之音阿拉伯语节目组为基础,只是又扩编了不少,由一个组变成了一个电台,用阿拉伯语和英语 24 小时轮流对中东播音,总部仍位于美国之音总部大厦的一楼。在约旦、科威特和卡塔尔等国,萨瓦电台用中波发送信号,在埃及、黎巴嫩和叙利亚等国,用短波发送信号。它在 2004 年的预算达到2 600万,这在一定程度上扭转了冷战后美国对中东地区国际广播投入不断降低的趋势。

面对阿拉伯国家民众这样一个文化相对单一、"较难渗透"的受众群体,这些电台和电视台都在采编思路上进行了创新。这些电台和电视台的共同特点是淡化政治色彩,以轻松的娱乐时尚节目(如流行音乐等)为主,中间插播一些新闻,目标受众为中东地区的年轻人。电台播出的方式也由原来的短波为主发展为短波、中波、调频并重,大大增强了收听效果。

自由电视台每天播出 24 小时,除整点播出新闻外,还有大量的访谈节目。节目主持都是用重金聘请的阿拉伯人,他们的阿拉伯语非常地道,而且在形式上,也多聘用美女主持人,以吸引观众的眼球。①

2.增加宣传手段

美国国务院曾经从"突发事件反应基金"中拿出1 500万美元制作有关美籍穆斯林在美国的生活情况的纪录片,并通过"付费媒体"的形式在阿拉伯国家的媒体上反复播放。在伊斯兰斋月期间,美国国务院通过付费的形式在印度尼西亚、巴基斯坦、科威特、马来西亚等国买下了当地媒体的时段,连续 5 个星期播放美国制作的纪录片。据美国国务院估计,有 2.88 亿人收看到了这些节目。②

美国还在印度尼西亚借助当地媒体以同声传译的方式直播小布什在国会发表的国情咨文。另外,美国国务院加强了跨部门的合作,例如埃及不允

---

① 李文云,黄培昭,卢冠林,等.配合"变革外交"美国媒体跟着白宫战略跑[N].环球时报,2006-03-25(7).

② 数据来源于美国审计署 2003 年 9 月向众议院国际关系委员会提交的报告 GAO-03-951。

许播放美国国务院制作的宣传片，却允许播放美国国际开发署制作的纪录片。

上述纪录片的内容有很强的针对性，其主旨只有一个，那就是向伊斯兰世界说明，美国是一个能够接纳穆斯林的“民主、自由和开放的国度”。

3.大量出版宣传手册和杂志

“9·11”事件后，美国国务院出版的最典型的宣传手册是《恐怖主义网》(*The Network of Terrorism*)，该手册概括地介绍了“9·11”事件中恐怖主义攻击的情况及其同恐怖主义网的联系，记录了在塔利班政权压迫下的阿富汗人民的生活状况及美国向阿富汗提供的人道主义援助。《恐怖主义网》被译成36种文字，分发到美国驻世界各地大使馆供读者使用，美国政府还借助许多私营媒体来散发，例如夹在《新闻周刊》(*Newsweek*)中赠送。《恐怖主义网》因此成为有史以来美国国务院发行规模最大的一份公共外交印刷品。另外还有大量宣传手册和杂志，如宣传册《伊拉克：从恐惧到自由》，向外国公众介绍美国的对伊拉克的政策；印刷版与电子版的宣传册《自由之声》，由伊拉克的学者们描述了萨达姆政权的残暴，并表达了他们对伊拉克未来的希望；用8种语言配音的18分钟纪录片《重建阿富汗》，展现了美国与其盟军为重建阿富汗的努力，塑造美军的“美好形象”。

2003年7月，小布什政府在中东地区推出了全阿拉伯语的时尚杂志月刊《你好》(*Hi*)，读者群瞄准中东的年轻一代，希望能用不包含政治内容的报道影响阿拉伯国家的年轻人。美国国务院宣称出版这本杂志“将驱除对美国的诬蔑和误解”。

4.公关与媒介事件

利用公关活动制造媒介事件，也是美国在阿拉伯国家的一种宣传方式。规模比较大的一项公共外交宣传活动，是2002年国务院公共事务司开展的一场主题为“共同价值”的活动。其以在阿拉伯媒体播放纪录片为核心宣传战略，目的是促进美国人民与伊斯兰世界人民的对话，增进彼此的理解，改变伊斯兰世界对美国及其外交政策的误解，表明美国尊重伊斯兰教的价值观。这部由美国国务院制作的系列微型纪录片想要告诉世人：美国是一个开放的国家,美国并不是穆斯林的敌人,美国人与穆斯林拥有许多共同的价值观与信念。这部微型纪录片分别用阿拉伯语、乌尔都语、巴哈萨语与法语配音。美国国务院在伊斯兰教的斋月期间通过付费媒体面向印度尼西亚、巴基斯坦、科威特和马来西亚播出,但是埃及、摩洛哥和黎巴嫩等国禁止播出该片,视其为美国政府的宣传片。该片也在众多阿拉伯媒体中播出,其中的卫星广播可以覆盖众多阿拉伯国家。美国政府预计,这个项目在中东、南亚和东亚的受众将达到约 2.88 亿。

5.推进教育文化交流活动

教育文化交流项目在美国对伊斯兰世界的公共外交中扮演着十分重要的角色。作为“改造伊斯兰文明”的长远战略,跨国教育文化交流的重要性,从战略意义上说甚至超越了国际传播而成为美国对中东公共外交的重要一环。

2003 年,美国国务院教育与文化事务局推出了“学习合作伙伴关系”(Partnerships for Learning)计划,把美国政府资助的交流项目扩大到大学本科生和高中生,以加强同伊斯兰世界的交流。这一项目主要针对受众的年轻化与多样化,主要内容包括互派国际访问者、开展公民交流项目等学术与专业交流活动。同时还新增了“中东伙伴创议”项目,这一创议包括向阿富汗政府新聘用的女性职员提供计算机与英语培训,为阿拉伯国家的妇女观察与探讨美国的选举过程提供帮助。

“9·11”事件以来,美国国务院为美国官员和专家组织了1 000多次数字可视会议以与外国观众交流。2003 年美国国务院在全球范围内赞助了30 000个学术性、职业性及其他类型的交流项目,①并向中东地区的10 000个小学图书馆提供阿拉伯语书籍,把原定用于培训东欧国家记者的计划挪用到中东地区。

纵观美国各个阶段的对外传播工作后发现,美国人用心不可谓不专。他们不惜血本,投入大量的人力、物力,想让人们认可美国是一个“民主和自

① 数据来自美国主管公共外交与公共事务的副国务卿 2004 年 4 月在参议院听证会上的发言。

由的国度”,是“世界文明的灯塔”“民主的榜样”。① 与其长期而执着的努力相比,这个目标似乎也并不过分。但是,事与愿违,美国的国家形象一直不是很好,特别是新世纪以来,甚至出现了每况愈下的趋势。

适得其反
——当前美国形象越来越糟糕

坐拥世界上最强大的新闻传播力量,美国在塑造其国际形象时可谓不遗余力。可是,在世界上,美国的国家形象却一直不是很好。从建国早期开始一直到冷战后,美国从来都没和坏名声绝缘过。“冒牌货”“美帝国主义者”“高傲”“虚伪”“霸道”“世界警察”“侵略者”等名词在不同时期成为描述美国国家形象的必要因素。②

冷战胜利后,美国人一直沉浸在胜利的喜悦中。有美国学者甚至提出,历史已经终结,资本主义取得了胜利。③ 冷战后的十年间,美国经济的强劲增长进一步提高了美国人的优越感。负责公共事务的一位官员承认,美国人“自认为是世界上最聪明的人,其他人都是傻瓜”。④ 其实,这个时候,美国的国家形象已经随着其“傲慢”的行为不断恶化了。

一、美国国家形象不断恶化

美国对于国家形象问题的调查始于 1999 年克林顿在位时期,一直到现在都还在进行中。美国的舆论调查主要针对两个重要的问题:第一,美国的吸引力到底是下降了还是上升了;第二,世界人民对美国“爱”与“恨”的比例如何。在看到调查结果后,美国人乐观不起来了。

2002 年,皮尤中心的全球态度项目得出的结果显示,和 1999 年的调查

① 张勇.霸道惹得众人嫌[N].人民日报,2005-06-29(7).
② 奈.软力量:世界政坛成功之道[M].吴晓辉,钱程,译.北京:东方出版社,2005:40.
③ 福山.历史的终结及最后之人[M].黄胜强,等,译.北京:中国社会科学出版社,2003.
④ 阿基穆什金娜.美国在世界上为什么不受欢迎[N].独立报,2002-02-22.

结果进行比照,美国的国家形象不断恶化。

1999—2000 年美国国务院委托皮尤中心调查了 27 个国家的民众对美国的态度。在相关的跟踪调查中,这 27 个国家中有 19 个国家对美国的好感或多或少地下降了。对美国的好感流失较快的国家包括土耳其(从 52%下降到 30%)、德国(从 78%下降到 61%)、阿根廷(从 50%下降到 34%)。本来就反感美国的巴基斯坦对美国的好感更是日渐低落,从 23%下降到 10%。

美国调查机构盖洛普于“9·11”事件之后在 9 个伊斯兰国家的调查显示,53%的穆斯林对美国没有好感。本来已经恶化了的美国国家形象于 2003 年在伊拉克战争开始之后变得更为糟糕。2003 年 3 月,美国发动伊拉克战争引发了世界范围内的反战和反美浪潮。

在美国向伊拉克开战时,美国在欧洲平均损失了 30%的支持率,在伊斯兰国家的支持率更低。根据皮尤中心 2003 年 6 月对 19 个国家(随机抽取)的调查结果显示,几乎 2/3 的国家的大多数民众对美国印象不佳。①

伊拉克战争开始后,全世界的反美情绪持续高涨。美国媒体的民意测验结果显示,对美国有好感的欧洲人的比例在 2003 年下降约 30%,美国在从摩洛哥到印度尼西亚的伊斯兰世界的支持率也骤降。2000 年,近 3/4 的印度尼西亚人对美国有好感,而到了 2003 年 5 月,这一比例骤减到 15%。2004 年在约旦和巴基斯坦进行的一项民意测验结果显示,喜欢本·拉丹的人比喜欢小布什的人多。②

2004 年 9 月至 10 月,法国、韩国、以色列等 10 个国家的新闻媒体相继举行了关于美国大选及其国家形象的民意调查活动。调查结果显示:有 68%的人认为美国发兵伊拉克是错误的;57%的人认为在过去的 2 至 3 年间里美国变得越来越糟了。这表明自“9·11”事件以来,美国政府所推行的旨在改变本国国家形象的全球公共外交活动全面失败了。③

此后,虽然美国国务院对对外传播和形象塑造工作进行了新一轮的加

---

① 奈.软力量:世界政坛成功之道[M].吴晓辉,钱程,译.北京:东方出版社,2005:38.

② NYE J S,Jr. Can america regain its soft power after abu ghraib? [EB/OL].(2004-07-29)[2004-08-15].http://yaleglobal.yale.edu/display.article? id=4302.

③ 廖宏斌.美国,国际形象不好怪包装[N].人民日报,2004-11-01(3).

强,但2005年6月,皮尤中心对16个国家的1.7万民众的调查结果仍然显示,美国国家形象并没有实质性的改善。其中,2/3国家的民众对美国持负面态度;在约旦,认为美国形象还可以的人数仅有21%;在16个国家中,平均只有20%的民众认为美国的国家形象属于正面的。①

2005年12月,美国佐格比国际民意调查所公布了一项关于美国在中东推行民主的调查结果显示阿拉伯国家的民众对小布什政府在中东地区推行民主的动机表示怀疑。69%的受访者怀疑美国在中东地区推行民主的真正动机。大多数受访者把美国视为对这些阿拉伯国家威胁最大的国家之一。而时任美国总统小布什也被列入了最不受阿拉伯国家民众欢迎的政治人物之列。②

皮尤研究中心的报告认为,伊拉克战争之后,世界反美情绪的深度和广度超过了现代历史上的任何一个时期。而且这种情况不仅限于阿拉伯和伊斯兰国家,西欧、拉美和亚洲的民众也对美国的单边主义、自大、自私、伪善、自我沉溺与轻蔑其他国家的做法非常反感。美国的国家形象大打折扣。"打伊倒萨战争后,美国在阿拉伯和伊斯兰国家的声誉每况愈下。"③

二、美国人深感担忧

美国的国家形象问题困扰着美国政府和美国民众,他们对于美国对外传播领域里所采取的措施则倍感沮丧。但是面对越来越糟糕的民意调查数据,他们似乎无能为力。

2005年6月,美国国务院发言人雷利就皮尤中心当月发布的全球态度调查结果发表评论时说:"无论是否有这次民意调查,我们都知道自己在公共外交上面临挑战,挑战在短时间内不可能减弱。"④而就是在这次调查中,仅有26%的美国民众认为美国在世界上是受欢迎的。

---

① 谭新木.美国形象这么糟,还不思悔改[N].新华每日电讯,2005-06-28.

② 潘云召,杨晴川.民调显示:阿拉伯民众怀疑美推行"民主"动机[EB/OL].(2005-12-03)[2006-01-11].http://news.sina.com.cn/w/2005-12-03/12307610542s.shtml.

③ 齐前进.公众外交:政府决策与公众参与[J].世界知识,2003(15):59.

④ 徐驰.美国国际形象不佳,受布什之累?[N].新华每日电讯,2005-06-25(4).

在波士顿大学的一次讨论会上,一位研究生在课堂上说:“我在越南和泰国就感觉到,尽管我不认为做一个美国人是耻辱的,但是至少目前做一个美国人是比较危险的。”“几乎所有来自国外的学生都认为,美国的国家形象糟透了,而几乎所有的美国学生也都认为,美国的国家形象的确糟透了。”①

美国独立调查机构“公众议程”的一项调查显示,美国公众对美国在国际社会尤其是在伊斯兰世界中的国家形象一落千丈而感到担心。“公众议程”的创办人之一、民意测验专家丹尼尔·扬可洛维奇称,美国人其实一向很关注自己国家的形象。

扬可洛维奇说:“曾经有多个调查报告表明,美国民众对我们在伊拉克的事务越来越感到忧虑。我通过这次调查所发现的特别有意思的一点是:公众心目中对伊拉克问题的忧虑的确来自一种更大范围的担心,也就是美国和其他国家的关系问题。尤其让美国人忧心忡忡的是伊斯兰国家日益仇恨美国,而且美国还正在失去其他友好国家的信任。”②美国的西方盟国对美国人的印象也越来越差。伊拉克战争中,多数支持美国的国家都是美国的西方盟国。然而,在伊拉克战争后的民意调查中,美国在其很多盟国的人民中也未得到支持,且形象不佳。调查表明,西欧国家、日本和加拿大的国民对美国核心价值观、美国式民主和美国式资本主义都表示怀疑。如果说穆斯林不信任美国人还可以理解,那么其在盟国内部的形象衰落则是美国人无法想象的。这让美国人对于其国家形象的担心又深了一层。

其实,美国也在极力采取措施以增强自身的对外传播能力,解释本国政策,努力“修复”自己的国家形象。然而,无论是增强领导还是增加力量,美国人不但无法修复其国家形象的旧伤,而且还新伤不断,美国国家形象不断恶化。美国人现在更加不明白了:国家形象恶化的原因本来是公共外交与对外传播做得不好,那么为什么我们加强公共外交与对外传播的解决办法不奏效呢?我们试图和世界特别是伊斯兰世界“沟通”“交流”,我们如此努力地去改变国家形象,为什么世界还是如此憎恨我们?我们的国际形象为

---

① 杨一帆.美国有着先进的生活方式和糟糕的政治[N].国际先驱导报,2004-06-03.

② 杨一帆.美国:在天堂和地狱之间[N].国际先驱导报,2004-05-28.

什么仍在不断恶化?

"世界为何憎恨我们"
——美国人的困惑与解答

如上文所述,美国人本来把"9·11"事件的发生、美国形象的恶化归于政府对对外传播的重视不够,认为政府没有很好地把"美国对外政策的高尚目的"传达给对象国家,特别是伊斯兰国家的人民。但是,后来经过连续几年的努力,在美国的公共外交大规模加强并发挥作用之后,美国的国家形象非但没有被"修复",反倒是越来越糟糕了。美国分析家开始寻找别的原因,那么这个原因到底是什么呢?

在小布什第一轮公共外交行动失败后,从美国公共外交咨询委员会到美国审计署,从南加州的美国公共外交研究中心到美国奥美公共关系公司的研究室,各种相关机构纷纷出谋划策。他们开出的诊断书一如既往,认为美国国家形象持续恶化的原因,仍是美国对外传播政策不力,美国政府没能更好地解释美国的对外政策,从而使得世界对美国有太多的误解。①

一、欠债过多,公共外交资源供给仍相对滞后

美国公共外交咨询委员会找到的首要原因是美国对中东地区的公共外交长时间不重视,欠下巨债,无论是在人力还是在财力方面,都难以在短时间内还清。

美国审计署的报告强调,"9·11"事件之后,美国加大了对公共外交的资金投入,但对伊斯兰世界的公共外交的资金投入仍然相对滞后。美国国务院2003年投入公共外交的资金约10亿美元,投入政府广播委员会的资金为5.4亿美元。

此外,中东合作创议计划投入1亿美元增加该地区的政治、经济和教育

① 可以参照美国公共外交咨询委员会和美国审计署的有关年度报告;兰德公司、南加州大学公共外交研究中心、奥美公关公司研究室等单位有关美国公共外交的研究报告。

机会,并给予妇女更多的帮助。另外很大一部分钱用于交流项目和支付工作人员的工资。由于缺乏资金,很多公共外交活动都只能集中在各国的首都地区。

曾经有美国专家计算,目前美国国防、外交、公共外交的经费比例约为100:7:0.25。① 即使再花费4倍的价钱,也不过是"每花费1美元来传播思想,就要投资100美元来发射核弹"②。

美国公共外交咨询委员会主席哈罗·帕西奥希望政府之外的企业和公民能够分担一部分公共外交的工作,他说:"我们如果真想改进我们立足于长远目标的宣传,就需要鼓励更多的美国企业来进行专业人员的交流,号召更多的美国公民在国外代表美国。"

美国审计署2003年9月的调查报道还将美国公共外交执行不力归结于人才原因。目前,美国十分缺乏专门从事阿拉伯公共外交事务的人员。成功的公共外交需要训练有素的工作人员,他们应该深刻了解对象国家的文化,并能流利运用当地语言。虽然美国国务院增加了公共外交人员的数量,但是人力资源仍相对缺乏。虽然他们已经意识到了这些问题,并试图改变,但这似乎不能在朝夕之间完成。

一个针对伊斯兰世界的公共外交咨询小组认为,针对伊斯兰世界的公共外交,最大的问题是其工作人员的语言能力问题。最新的统计数据表明,美国国务院的阿拉伯语外交官只有1/5能够熟练使用阿拉伯语,只有很少人能在电视上充分解释美国的政策。语言问题以及这背后所体现的公共外交人员的能力和素质培训问题,成为妨碍美国公共外交有效进行,却又不能被快速剔除的巨大障碍。

二、新公共外交体系仍待磨合

这是美国审计署和一些公共外交分析学者归结的目前美国公共外交执行不力、国家形象持续恶化的第二个原因。他们认为,公共外交的运作应该

---

① 数据来自美国审计署2003年9月向众议院国际关系委员会提交的报告GAO-03-951。

② 奈.软力量:世界政坛的成功之道[M].吴晓辉,钱程,译.北京:东方出版社,2005:132.

是战略性和系统性的,并且应该成为美国国家安全战略的组成部分。尽管美国政府试图提升公共外交的作用,但是公共外交并没有得到所有政府部门的重视。美国国防部长甚至在特定场合说,他不知道何为公共外交。①

“公共外交的地位应该从国家对外政策的边缘走向中心,应该成为外交决策的重要一环,保证政策在制定的时候就充分考虑到外国公众的反应,保证外交官能够清楚地阐明和解释政策,尊重和珍视外国公民以及他们的思考方式。公共外交不应该是糟糕的外交政策的‘解毒剂’,而应该更为积极,其传递的信息不能只为了消极地‘安抚紧张’。但是,美国公共外交没有进入决策中心的最主要原因在于它没有国内强大的同质体。”②

同时,尽管“9·11”事件之后美国承担公共外交的政府部门之间加强了协调,但在实际运作过程中,这些部门要么没有发挥应有的作用,要么彼此之间欠缺沟通和合作。它们的公共外交活动,大多是从本机构的视角和利益出发的,而不是从美国的整体国家形象出发来制定统一的战略,在实施过程中也缺少合作与灵活协调。③

三、短期项目与长期项目间缺乏平衡

“诊断书”的第三点仍然集中在公共外交执行层面。他们认为,美国对外传播在应对短期的新闻管理、战略沟通以及长期的项目关系时,没有实现这些公共外交维度之间的平衡。

“危机处理既需要快速应对,又需要与长期的目标保持一致。但是美国在反恐战争期间的公共外交的种种努力并没有取得令人满意的结果。五角大楼在‘9·11’事件之后迅速成立了战略影响办公室,国务院也制作了装帧精美且非常煽情的反恐小册子,美国总统与哈马斯支持者共进晚餐。但是战略影响办公室只是一个昙花一现的机构,希望以感情打动人心的宣传册也并没有唤起太多的同情和支持,而总统的政治秀无疑适得其反。这些都

① PETERON P G. Public diplomacy and the war on terrorism[J]. Foreign Policy 2002(5):81.

②③ LAQUEUR W.Save public diplomacy[J]. Foreign Affairs,1994(5):21.

表明美国的公共外交缺乏长期和一致的战略。”①

四、对宣传对象缺乏研究

“诊断书”中的第四点为美国的对外传播没有充分研究受众的“购买习惯”。

有研究报告认为,穆斯林对类似宣传的公共外交始终持排斥的态度。穆斯林对世界事务的认知方式与美国人存在巨大的差异。所以,任何形式的单向传播只会加深其对美国的恐惧和敌视。

“美国对伊斯兰世界公共外交的有效的互动模式应该是平等对待,仔细倾听,寻求共同点而不是将分歧最小化,在彼此平等与互利的基础之上进行对话与辩论,通过对话改善伊斯兰世界看待事务的方式,而不仅仅是急于改善形象。”“问题的关键不是我们(美国)的品牌,而是他们(穆斯林)的购买习惯。”②

公共外交专家和学者们为美国国家形象恶化开出的“诊断书”还有很多,如“文明的冲突”等。但是,其基本逻辑只有一个:美国国家形象不佳,是因为美国对外传播活动不能做到十全十美,仍存在缺陷。其潜在逻辑是:对外传播是国家形象改善的关键因素,对外传播改善了,国家形象就应该好一些。根据这一潜在逻辑,“9·11”事件之后,美国的公共外交得到了加强和改善,那么美国国家形象就应该好一些。

然而,这一逻辑是经不起推敲的。因为根据这一逻辑,在对外传播得到加强之后,美国的国家形象虽然不至于立即好起来,至少不应该恶化,而事实正相反。因此,上述“诊断”的逻辑根本无法解释美国国家形象不断恶化这一现实。

因此,我们可以判断,在对外传播背后,可能有一种或者几种因素不仅不能够促进美国国家形象的改善,反而还在不断破坏美国国家形象。也就是说,美国对外传播在努力“塑造”美国良好的国家形象,而这种因素却在不

---

①② MURAVCHIK J. Heart,minds,and the war against terrorism[J].Commentary,2002(5):29.

断破坏美国的国家形象，而且破坏的威力比对外传播的力量还要大，从而导致了美国国家形象不断恶化。

那么这种因素到底是什么？或者说，到底是谁在破坏美国国家形象呢？

“根”在哪里
——到底是谁在破坏美国国家形象

美国对外传播的一个基本原则是服从和服务于美国的对外政策，后者决定了宣传的原则、内容以及形式。而美国对外传播的主要目的之一就是对外解释美国政策，使之在世界范围内合法化，并得到世界人民的认同，从而“塑造”和“维护”美国的国家形象，促进对外政策的执行。从根本上说，对外传播完成的是一个“兜售”的过程。①

然而，“最好的广告也没法销售不受欢迎的产品”②，当美国的对外政策不能为世界所接受时，再好的宣传也无济于事，“麦迪逊大街（美国大广告公司云集的一条街道）式的华丽包装无法推销自相矛盾的信息或者令人糊涂的信息”③。

笔者认为，美国国家形象的恶化，其根源在于美国的对外政策。多年来，美国的对外政策中单边主义和强权政治倾向明显，在一些重大问题，如巴以问题上所持立场并不公正。而小布什上台以来，美国对外政策中的单边主义色彩愈加浓厚。“9·11”事件之后，小布什政府又将“反恐”简单化，颇有借助“反恐”之名消除异己、谋求超霸权力之嫌，因而受到包括其欧洲盟友在内的其他国家的质疑。从某种意义上说，恰恰是美国的对外政策扮演了美国国家形象破坏者的角色。在美国外交和对外传播历史上，很多例子都可以证明这一判断。

---

① 奈.软力量：世界政坛成功之道[M].吴晓辉，钱程，译.北京：东方出版社，2005：120.
② 同①120-121.
③ 同①121.

一、越南战争的“教训”

美国学者约瑟夫·奈认为,在美国历史上,美国对外政策导致美国国家形象受损有四个非常典型的时期。越南战争是其中一个。①

1962 年,美国正式动用军事力量介入越南。当时,这一行动遭到了包括中国、苏联、英国、法国、德国和意大利等国家的强烈反对。因此,这一行为本身就缺乏合法的基础。

在越南战争中,美国的对外传播机构竭尽全力地调动资源,展开了争夺人心的全面战争。战争开始不长时间,时任美国总统约翰逊就授命美国新闻署全权负责美国在越南的战时传播行动。1965 年,“跨部门联合心理战工作组”(Interagency Psyops Working Group)成立,当时的美国新闻署副署长休森·瑞安任组长,成员包括来自美国新闻署、国务院、国防部、国际开发署、中央情报局和白宫的代表。同年 4 月,“美国公共事务联合办事处”(The Joint U.S. Public Affairs Office)在越南西贡成立。这一机构的全部工作人约有 200 人,是美国新闻署其他驻外机构的 10 倍左右。② 另外,其办公室还有约 450 个越南雇员。

该机构的主要任务是让越南人民理解和支持美国的对越政策;让世界上其他国家同情和支持美国的对越政策。③ 20 世纪 60 年代中期以后,越南问题成为美国新闻署的工作核心之一。美国新闻署驻世界其他地区的许多人员被调往越南。美国之音等机器都开动起来,为美国的对越政策辩护。美国对外传播机构可谓用心良苦。然而,美国政府在越南战争中越陷越深,来自国际、国内的反对声一浪高过一浪。越南战争长达 12 年,美军死亡 5.6 万余人,30 多万人受伤,耗资4 000多亿美元,给美国造成了难以愈合的心灵创伤。“美国可以离开越南,但是越南战争势将永远缠绕美国。”④

---

① 奈.软力量:世界政坛成功之道[M].吴晓辉,钱程,译.北京:东方出版社,2005:39.

② DIZARD W P Jr. Inventing public diplomacy: the story of the U.S. Information Agency[M]. Boulder: Lynne Rienner Publishers,2004:99-101.

③ 韩召颖.输出美国:美国新闻署与美国公众外交[M].天津:天津人民出版社,2000:107.

④ 埃默里 M,埃默里 E,罗伯茨 L.美国新闻史[M].展江,译.北京:中国人民大学出版社,2004:393.

越南战争损害了美国在世界上的国家形象。1965 年到 1972 年，美国的支持率在英国下降了 23 个百分点，在德国下降了 32 个百分点，在意大利下降了 13 个百分点，在法国下降了 7 个百分点。20 世纪 70 年代初，在世界很多地区，反美情绪一度高涨，其主要原因之一就是美国“对越南的侵略”被看作是“美帝国主义”寻求世界霸权的一个重要例证。

越南战争之后，美国的对外传播系统曾经进行过一个集中的总结，认为公共外交的一个巨大缺陷是，它不是主导性的，而更多是附属性的。也就是说，它所传播的内容和主体是美国的理念和政策。越南战争的失败重创了美国的公共外交，这证明仅仅靠公共外交而没有正确的对外政策是不行的。

一位美国学者评论道：“虽然公共事务联合办事处向越南宣传部不断注入思想、提供装备，但总的来说，它仍然显得无能与被动。……宣传是不会使糟糕的政策受欢迎的。”①原因其实很简单，如果政策是错误的，或者是不为人们所接受的，那么无论公共外交的言辞多么华丽，公共外交计划如何缜密，到头来都将是竹篮打水一场空。

二、单边主义与强权政治的恶果

美国国家形象的受损，也是美国单边主义与强权政治结下的恶果之一。

冷战结束后，美国成为全球唯一的超级大国。两极对峙国际格局的消失，使美国在对外扩张方面更是有恃无恐。在冷战结束后的 10 余年时间里，美国以各种名义进行的对外干涉活动就达 20 多起。

20 世纪末到 21 世纪初，美国参与了《全面禁止核试验条约》《气候变化京都议定书》等多个国际条约的谈判。然而，最终全部不予签署。其实，美国是《全面禁止核试验条约》谈判的提出者，但其最终却以美国仍需要进行核试验为由拒绝签署。这种行为被称为“自己打自己的脸”②。小布什上台之后就拒绝签署《气候变化京都议定书》，这被看作是小布什单边主义政策

① SORENSEN T C. The word war: the story of American propaganda[M]. New York: HarperCollins, 2000: 284-292.

② 张毓强.别打自己的耳光[J].半月谈，1999(23)：60-62.

的重要例证。"小布什对此事的处理方式招致了有损美国软力量的外来反应。"①

2003年,美国绕开联合国,以子虚乌有的"大规模杀伤性武器"为理由发动的伊拉克战争是美国单边主义外交政策的一个重要例证。正是这一行为,在全球引发了大规模的反美浪潮。美国的外交和对外传播机器虽然都高速运转,但是未能阻止世界上大规模的反战、反美游行示威。单边主义行动"事后的合法化将远不只是对单边主义行动造成的损失进行赔偿那么简单"②。

曾经组织过越战的美国前国防部长罗伯特·麦克拉马拉就指出:"如果我们接受越战的教训,就不会攻打伊拉克。"然而,美国政府并没有听从他的意见。当时美国鹰派的代表人物、副总统迪克·切尼反对说:"过于依赖国际共识是危险的,因为这种方式'等同于一事无成'。"③

在伊拉克战争中,美国称世界上有41个国家支持其对伊拉克动武,这一点也值得怀疑。然而,根据中国学者刘洪潮分析,"堂堂大国处境孤立,多丢人呀!""他们还会千方百计地'证明'自己不孤立。"④"美国可以轻取巴格达,拿下伊拉克,推翻萨达姆,但是,它却永远不能赢得世人的尊敬和佩服。"⑤

实际上,伊拉克战争后,美国在世界上的国家形象受到了巨大损害。即使是在美国的传统盟国中,伊拉克战争也使得多数人对美国有了负面的印象。其中9成的德国人和法国人认为,美国单边主义的威胁超过了朝鲜和伊朗大规模杀伤性武器的威胁。

在伊拉克战争之后,美国虽然致力于进一步加强对外传播的力量,但是其单边主义的政策仍在不断破坏这一努力。

伊拉克战争之后,新保守派的核心人物珀尔曾不厌其烦地鼓吹,对那些

---

① 奈.软力量:世界政坛成功之道[M].吴晓辉,钱程,译.北京:东方出版社,2005:65.

② 同①64.

③ 同①66.

④ 刘洪潮.美国的"支持者"析[M]//刘洪潮.冷观世界风云——刘洪潮自选集.北京:中国传媒大学出版社,2004:90.

⑤ 同④88.

试图获得大规模杀伤性武器的“无赖国家”来说，伊拉克战争就意味着“你将是下一个”。[①] 这在很大程度上强化了国际社会对美国单边主义威胁的形象认识。

2005年10月，就在美国进一步加紧实施“公共外交”，修补其千疮百孔的国家形象时，美国单边主义又使出一记重拳。在教科文组织的近200个成员当中，美国成为唯一反对《文化多样性公约》的国家。“在围绕该公约进行的三项程序性表决中，美国已经是孤家寡人，其立场先后以1∶54、1∶53和1∶158的比例与他人相左。”[②]美国的这一行为遭到了世界舆论的一致批评。大部分评论把这一行为和美国曾经退出联合国教科文组织、拒绝签订《气候变化京都议定书》等联系在一起。这对美国的国家形象又是一次重大打击。

我国学者丁刚认为：“关于美国应如何与世界相处，小布什政府的信条是：如果美国不能得到别国的支持，那么最好还是由自己来做，一个无拘无束的美国意味着一个更加安全的美国。从短期看，美国的单边主义也许会在一定程度上奏效，但长此以往，它势必会增加国际社会对美国的不信任、冷漠甚至仇恨，把美国变成一个孤独的、无法实现自己目标的超级大国。”[③]

而美国学者约瑟夫·奈也持同样的观点。他认为：“单边主义者的政策和口气应该对美国海外吸引力的下降直接负责。”[④]

三、虐俘事件是美国公共外交的“滑铁卢”吗

在世界上，美国一向以“人权卫士”自居，它不但每年发布《年度人权报告》，肆意攻击他国人权状况，还曾以此为借口发兵科索沃。人权，是美国人的理想，也是美国赖以充当国际警察的冠冕。然而，2004年4月，美国却被曝出“虐囚丑闻”，“人权卫士”的面具被揭了下来，其行为被评价为“公然向人权开战”。[⑤] “虐俘丑闻”成为美国公共外交体系有史以来遇到的极为棘手

---

① 丁刚.美单边主义埋下仇恨的种子[N].环球时报,2003-12-24.
② 赖丁.美国接下来反对的是文化多样性公约[N].国际先驱论坛报,2005-10-12.
③ 同①.
④ 奈.软力量:世界政坛成功之道[M].吴晓辉,钱程,译.北京:东方出版社,2005:64.
⑤ 罗斯.关塔那摩:美国向人权开战[M].许大壮,等,译.北京:世界知识出版社,2005.

的危机之一。有学者评价说,这是美国公共外交的"滑铁卢"。[①] 笔者认为,这是美国对外行为与其宣传理念的一次重大冲突。从这一意义上说,它更应该被看作美国对外传播与政策自相矛盾的一次集中展示,而并不仅仅是美国对外传播的失败。

2004年4月28日,美国哥伦比亚广播公司将美军在伊拉克阿布格莱布监狱虐待囚犯的照片公布于众。紧跟着,美国媒体爆出了2003年下半年至2004年的一系列美军虐待伊拉克战俘的事件。之后,媒体对这一问题保持着持续关注,直到2006年上半年,仍然有新的虐囚图像和视频资料曝光。

事件发生后,美国启动了对外传播的危机处理机制,美国公共外交国际传播体系也并没有沉默,而是开始以各种形式进行申辩。事情发生之初,在萨瓦等电台以及自由电视台等的画面中,美国官员一方面辩称报道的真实性需要进行调查,一方面大量引用包括赖斯、拉姆斯菲尔等政府官员的话,强调虐俘事件仅仅是个体行为,并非普遍存在,也非军方的命令使然。当所有的调查包括国际上有关组织的调查大规模展开并证明"虐俘"确有其事,并且在阿布格莱布以及关塔那摩等监狱普遍存在之后,公共外交国际广播体系强调的内容有所转变。一方面,他们强调美国军方已经成立了调查小组调查此事,另一方面,也强调对于事故的责任人将严惩不贷,决不姑息。同时,他们仍将事件的责任归咎于士兵的个人素质问题。在解决危机的同时,美国政府还通过各种不同的渠道向有关媒体施加压力,要求其对所做的报道进行进一步核实。当和"虐俘"相关的几个士兵受到审判并被处理之后,公共外交体系一边利用召开记者招待会的机会向国内外媒体广泛散布这一消息,一边利用自己的广播体系大肆宣传报道。

然而,无论美国公共外交如何努力,都似乎于事无补。

"虐俘"行为严重违反了国际人权准则,引发了国际舆论的一致谴责。美国在国际上的道义准则受到挑战,美国的国家形象受到了巨大损害。

世界舆论认为,本来,在伊拉克战争中,美军试图扮演"解放者"角色,他们打着"民主与自由"和维护人权的旗帜进入伊拉克,试图以这种思想全面

---

① 林坚.虐待战俘事件成为美国公共外交的"滑铁卢"[N].国际先驱导报,2004-06-01.

改造中东地区。美国大兵的行为却彻底破坏了这一计划。

“事情再次表明,赢得人心的战斗何等重要,我们做得又是多么差”,五角大楼前发言人克劳利说:“我们难以做到一方面鼓吹民主,一方面我们的做法却又不民主……从而削弱我们作为有效变革催化剂的能力,特别是在中东作为变革催化剂的能力。”①

在这一事件中,美国国家形象受损的主要原因不是公共外交体系本身的缺陷,而是事件本质上违反了人类最根本的道德底线,也就是说事件本身的性质决定了公共外交在这一事件中的运作不太可能成功。美国中央情报局国家情报委员会前副主席兼中东问题分析家格雷厄姆·富勒在就公关外交问题会见美国两党顾问委员会时说:“如果我们的基本政策被人看出了破绽,那么再好的包装和宣传,其效果也会大打折扣。”②

这一事件也说明,就国家形象工程而言,创业不易,守业更难,一招不慎,苦心经营的国家形象就可能毁于一旦。小布什竞选班子“大内总管”卡尔·罗夫说,虐俘事件后,“重塑美国形象至少需要50年!”《纽约时报》专栏作家弗里德曼也指出,“美国正处在失去自己在全球的道义权威的危险边缘。在我有生之年还是首次见到美国或其总统被世人恨之入骨”③。

四、中东:美国对外政策与公共外交悖论

目前,美国的对外战略的核心之一是反对恐怖主义。美国的公共外交是其对外战略的解释、说明和兜售者,其对象主要是中东地区的伊斯兰国家。然而,美国历史上的中东政策和美国公共外交却形成了一对悖论,制约着美国对外传播力量在这一地区发挥作用。

历史上,美国是中东和平进程与构建中东地区安全机制的主导力量,是中东地区格局演变的主要线索。④ 巴以问题是美国对伊斯兰世界外交政策的核

---

① 最新虐囚照片使美国国际形象遭到双重打击[EB/OL].(2006-02-20)[2006-03-01].http://news.sohu.com/20060220/n241918106.shtml.

② 王义桅.世界是椭圆的:未来国际秩序展望[M].上海:同济大学出版社,2007:40.

③ 林坚.虐待战俘事件成为美国公共外交的“滑铁卢”[N].国际先驱导报,2004-06-01.

④ 东方晓.“9·11”之后美国霸权下的中东[J].西亚北非(双月刊),2002(6):4-5.

心,美国一直采取偏袒以色列的立场,这引起了阿拉伯国家的强烈不满。

“9·11”事件之后,美国在伊斯兰世界除了推行反恐政策以外,还将扩大该地区的民主化作为其对外政策的重要目标。美国一方面依靠军事干预等手段,强迫该地区国家改变体制,实行霸权式的民主化;另一方面通过文化、经济援助等手段,诱导或是强迫该地区国家改变政治体制,以实现美国在该地区的战略利益。

此外,美国的公共外交宣扬自身的民主和自由,然而美国政府却支持和包容该地区的贵族政权;美国公共外交宣扬多样性和宽容,然而美国政府严格控制阿拉伯的留学生,甚至出现了“9·11”事件之后排斥阿拉伯人的现象;美国极力塑造一个关注国际事务的大国形象,然而美国在国际事务中展现的则是一意孤行、不负责任、漠视不发达国家的形象。这种口是心非和言行不一只会让伊斯兰国家对美国的印象恶化。①

美国外交政策的实质决定了其对外传播不能从根本上改变伊斯兰世界的公众舆论。这揭示了美国外交政策中的一个悖论,即美国政府宣称其政策是为了帮助伊斯兰世界实现西方的民主、自由等价值理念、促进当地的改革等,但其采取的行动通常阻碍了这一目标的实现。这就是在美国对外政策体系中,形成了对外传播与总体对外政策的矛盾。② 曾任美国国务院公共外交特别协调人的克里斯托弗·罗斯也指出,如果美国在中东地区的“形象工程”与其外交政策捆绑销售,只会使美国的形象“越描越黑”。

总之,美国在对外传播中一向宣称自己是“自由的灯塔”“民主的化身”“人权卫士”,然而在政策行为中,却抱着霸权主义与强权政治的思维不放,言行不一,这构成了美国对外政策和对外传播的基本矛盾关系。③ 这一矛盾将长期存在,难以克服。在这样的美国对外政策环境中,对外传播也好,公

---

① 李江宁.“9·11”之后美国队伊斯兰世界公共外交评析[D].北京:中国人民大学,2005.

② 虽然直到现在,当时美国国际广播管理局撤换美国之音高层领导的意图还没被确切考证,但是有分析家认为,这么做是因为美国之音高层过于“专业主义”和“理想主义”的做法,造成了公共外交实践上的损害,因此最终被撤职。

③ 固山.美国际声望降至历史最低点专家解析四大原因[EB/OL].(2005-10-31)[2005-11-20].http://news.xinhuanet.com/world/2005-10/31/content_3707624.htm;奈尔斯.作为伪教育的美国公共外交[J].郑天喆,译.国外外理论动态,2004(12):18-21.

共外交也罢,都难以取得令人满意的效果。它们将只能作为美国国家形象的"创可贴",哪里破了往哪里贴。"公共外交也许可以暂时掩盖美国国家形象的个别伤口,但是一个满脸创可贴的山姆大叔,其本质上是很难'白白净净'示人的。"①

"药方何在"
——"国家形象"问题中的悖论能解决吗

一个矛盾难以克服,并不意味着没有克服的办法。美国学者约瑟夫认为:若一个沟通策略与政策相抵触,那么就难以奏效。② 他还认为,如果仅为"硬力量"作嫁衣,公共外交不可能取得成功。

那么,美国国家形象传播中的对外政策与对外传播之间的矛盾是否就是一个"死结",无药可救呢? 办法也有,而且已有美国学者和中国学者提出过解决办法。只是,美国政府能否采用还是一个问题。

一、克服矛盾的"良方"

解决这一矛盾要从两个方面着手。

一方面,仍是进一步加强美国宣传的力量,采用更有策略性和技巧性的方式展开"赢得人心"的斗争,从而最终说服人们理解并接受美国的单边主义行为和霸权主义、强权政治的政策。有美国学者开出"药方"说,要再造"观念市场",走向"聪明权利",战胜"憎恨媒体"。③ 无论是从历史还是从现实的角度考虑,让人们最终接受美国的霸权主义和强权政治的政策是不可能的事情。

那么第二条路线是什么呢? 那就要从这一矛盾的另外一个方面也就是

---

① 周庆安.全球反恐政策背景下的美国对中东公共外交初探[M]//李希光,全球传媒报告:第1期.上海:复旦大学出版社,2005:122.

② 奈.软力量:世界政坛成功之道[M].吴晓辉,钱程,译.北京:东方出版社,2005:120.

③ 唐小松,王义桅.美国公共外交研究的兴起及其对美国对外政策的反思[J].世界经济与政治,2003(4):22-27.

美国对外政策入手了。

美国若想重新赢得世界人民的尊重，就必须进行深刻的自我反省，放弃那种早已过时的强权外交和霸权主义，实行更加民主的、符合国际潮流的外交政策，这才是问题的解决之道。否则，无异于缘木求鱼，劳而无功。

美国学者约瑟夫·奈指出："我们还需要改进我们的政策。美国要想重新获得软实力，就必须对现行政策进行修改。例如，在伊拉克找到政治解决办法，在推进中东和平进程方面加大投入，并与盟国以及国际机构更加紧密地合作。"

皮尤中心的分析专家斯多克思和麦金道也认为，美国如果愿意做的话，现在还有机会重塑其在海外的形象。皮尤中心的调查显示了，美国需要的不是给自己的形象"整形"，而是给政策"整形"。①

这就意味着，如果美国仍然继续搞单边主义，自大、自私、伪善、自我沉溺与轻蔑其他国家的话，美国的国家形象即使再多花50年也依然无法改变。"美国要么做个站在雪山之巅岌岌可危的'孤家寡人'，要么放弃'我是大佬我怕谁'的念头"，改弦更张，不再搞霸权主义与强权政治。如此才能从根本上改变美国日益恶化的国家形象。然而，美国人能够做到吗？

二、不可能完成的任务

要美国改变对外政策，似乎并不容易，至少美国不会从根本上放弃霸权主义的对外政策。"9·11"事件后，美国政府在短暂的"闭门思过"之后，其对外政策中的"进攻性"变得更强了。2002年9月，小布什向国会提交了《国家安全战略》，正式提出"先发制人"战略。小布什宣布，美国将改变其在冷战时期奉行的"遏制战略"，取而代之的将是对那些依靠阴谋获得大规模杀伤性武器的恐怖分子和国家进行"先发制人"的打击。这个被《纽约时报》评论为"自从里根总统以来，过去20年美国最强有力甚至带有侵略意味的维护国家安全的战略蓝图"，无疑对国际社会的秩序构成了极大的威胁。《洛杉矶时报》指出，小布什向国会提交的美国《国家安全战略》，将使已经对美

① 陈雅莉.美国人，你们现在明白了吗？[J].华盛顿观察，2002(16).

国一意孤行做法感到不满的国家进一步疏远美国。此后的几年中,美国不断向世界发出强硬的信号。从朝鲜到叙利亚一直到伊朗,都听到了美国“高傲的训斥”。

当然,美国人改变美国国家形象的决心也并非就这么大。当代美国新保守派思想家布鲁姆指出,“美国再怎样都不会为了让别国人民高兴而伤害或减少追求自己的国家利益。利益对于任何一个国家来讲都是永恒的。所以对于反美主义,美国最多可以控制、管理,而不是解决和消除”①。美国不可能改变自己多年积累下来的行事方式去适应别国人民。

因此,在很大程度上,美国加强公共外交的目的是增强美国的软实力,以美国的思想和价值观念去整合其他国家的行为,为其全球战略服务。直到现在,美国并没有从根本上承认其国家形象恶劣的原因,只是迫于世界各国的压力,无奈地一些“整形”罢了。

至少在可以预见的未来,让美国彻底解决其国家形象传播中的矛盾,应该是一个“不可能完成的任务”。

---

① 陈雅莉.美国为什么在世界上不受欢迎[J].华盛顿观察,2002(16).

2010 年后美国公共外交的发展及其主要任务*

近半个世纪以来,美国公共外交的研究和发展一直处于世界领先位置。尤其是"9·11"事件后,美国愈加认识到公共外交的重要性,不仅加强了对公共外交的行政管理,如 2002 年 9 月设立战略传播政策协调委员会(Strategic Communication Policy Coordinating Committee),2007 年建立反恐交流中心(Counter Terrorism Communication Center),2009 年于国家安全委员会设立全球接触科(Goble Engagement Directorate),还加大了对公共外交领域的资金投入和人员配置:美国国务院对公共外交拨款总数正逐年增长,预计到 2010 年,拨款将从 2008 年的 890 889 000美元增加到1 253 985 000美元①;预计到 2010 年,公共外交的职位总数将从 2008 年的 3 034 个增加到 3 122 个②。

随着网络的发展,尤其是奥巴马政府上台后,美国提出了"公共外交 2.0"这一新概念,即更注重网络的作用,利用网络的交互性,在著名的交互性网站如 Facebook、Twitter 等上建立白宫、国防部等政府机构的主页,并为政府机构建立专门的博客,从而拉近民众与美国政府的关系,促进民众与美国政府的交流,从而更好地发挥公共外交的作用。美国的公共外交进入了一个快速的、多元化的发展阶段。

---

* 本文与周颖合作。

① U.S.Department of State, Congressional Budget Justification, Fiscal Year 2010.

② U.S. Department of State, Congressional Budget Justification, Fiscal Year 2009.

一、当前美国公共外交的发展趋势

（一）公共外交的最新国家战略

战略传播和公共外交政策协作委员会（PCC）于2007年6月颁布了《美国公共外交和战略传播的国家战略》，该战略阐述了美国公共外交的目的：从其基本价值观出发，鼓励排斥暴力极端分子，并培养美国人与其他国家人民的共同利益和价值观。[1] 然而，这份战略在构建和实施方面都因存在不足而饱受国内各界诟病。因而，美国2009财年《国防授权法案》要求总统提交一份新的公共外交和对外传播的国家战略，以便让美国有效地融入全球传播环境中，并为公共外交找寻一条经过深思熟虑、能够使整个政府都有效并灵活地运作的道路，最终达成美国对外政策的目标。

了解全球传播环境是进行有效公共外交的重要一步。随着新型信息与通讯技术（NICT）和新媒体的发展，越来越多的人参与到传播这一活动中来。政府、非政府组织、公司、个人都能通过具有庞大容量的网络提高自己的传播能力。不同于传统"一对多"的传播方式，即通过一个信息源将一条信息传播给一群人，如今"多对多"的传播方式使得受众能够从连续的双向对话中相互接收并传递信息。在这种趋势下，美国公共外交的工作愈加复杂。由于信息源增多，美国之音这样的传统公共外交工具便失去了以往的优势。找到一条有效的、能够同时面对来自传统媒体的推广和新媒体技术的发展双重挑战的途径，是美国政府最新国家战略的重点考虑方案。

与外国公众进行有效沟通，是美国公共外交的主要目的，也是传统公共外交的原则之一。首先，美国公共外交工作将会遵循传统的公共外交原则，因为他们认为保持与外国民众，尤其是民众中的"领导者"的双向交流，并增加双方的共识，是推行公共外交的重要方式。"增加共识包括更多地教授给

[1] Strategic Communication and Public Diplomacy Policy Coordinating Committee. U.S. National Strategy for Public Diplomacy and Strategic Communication[EB/OL].(2007-05-31)[2007-07-22].http://uscpublicdiplomacy.org/pdfs/stratcommo_plan_070531.pdf.

美国人有关外国以及外国人民的文化、语言和兴趣的知识。”①其次，由于伊拉克战争给美国国家形象带来了恶劣影响，美国意识到盲目推广其价值观可能会遭到外国民众的反抗，因而其决定集中力量传播对手的不足从而规避自己的错误，并且通过影响外国民众中具有号召力的个人，传播对于自己有利的信息。最后，网络的威力使得美国发现，与外国民众建立一个可靠的、长期的关系网络是十分必要的。这种网络能够使美国获得优先的话语权，并且提高美国传播对于自己有利的信息的速率。

强大的政府执行力也是美国公共外交战略的重要一环。由于目前美国多个政府机构都在处理公共外交的相关事宜，整合并规划这些机构的行动便显得尤为重要。全球接触科就是奥巴马政府为协调包括传播在内的国家力量的各个部分而设立的一个机构。下文将具体分析美国政府综合各个部门公共外交职能的情况。

（二）公共外交机构的新气象

自 1999 年美国新闻署撤销、公共外交工作转入美国国务院至今，国务院是美国政府中公共外交工作的领头羊。国务院设有公共外交和公共事务副国务卿，负责并领导美国政府整体的公共外交工作。其下主要包括“三局两室”，教育文化事务局（主要负责美国对外的教育和文化交流）、国际情资计划局（主要负责对外的出版、网络传播等对外交流）、公共事务局（主要负责告知美国民众政府的对外政策）和政策及计划资讯办公室（主要负责向副国务卿提供有关公共外交和公共事务的战略规划与进行业绩衡量）、私营部门外联办公室（主要负责与美国的企业、大学和基金会中私营部门的领导进行联系）。

然而，美国国务院不是唯一进行公共外交活动的机构。美国国防部也进行着一系列的公共外交活动，他们称之为“战略传播”。这种旨在影响外国民众、军事对手、合作伙伴以及其他政府的战略传播随着“9·11”事件的

---

① Defense Science Board. Final report of the DSB Task Force on strategic communication [R]. Washington, D. C.: Voices of America, 2008: 38-39.

出现和伊拉克战争的爆发变得日益重要。“9·11”事件后，美国国防部迅速增加其战略传播的开支，总数最少能够达到100亿美元。国防部主要在其采取军事行动的地区（如伊拉克和阿富汗）进行与外国公众的沟通，因为美国意识到，在这种可能出现“恐怖分子和叛乱分子”的地区进行价值观和意识形态的输出，对于赢得“民心”并重塑美国国家形象至关重要。

美国国防部公共外交活动的主要运作部门是国防战略通信活动部。在2007年，国防部还设立了负责公共外交事务的国防部副部长办公室，其职责是协调国防部与其他政府机构的通讯工作。除此之外，国防部还运用先进的网络技术，更为精确地确定关键受众，进行有效的传播活动；使用独立的督察队来直接与外国民众进行交流，从而改进自己的传播方式及方法，更有效地达成其公共外交的目的。

但是，这种所谓的“战略传播”有着不可忽视的缺陷。这种以战争或是军事冲突为背景进行的传播以军方作为传播主体，必定会在一定程度上引起民众的反感和排斥。因而国防部主张让外国民众更多地了解美国，他们在外国的媒体中植入关于美国的最新信息，并运作新闻网站和娱乐网站（如Magharebia.com）。因为这种网站中不带有“mil”（军事）或“gov”（政府）的字样，可以提高部分外国民众对于传播主体的接受度。不过，虽然国防部做了大量工作，但国务院依然处于公共外交工作的领导地位。

同时，广播理事会亦是独立进行公共外交工作的一个关键机构。随着1994年美国《国际广播法案》的颁布，美国所有的国际广播都合并到了广播理事会。广播理事会由国务卿进行指导，并负责指导监督国际广播局（IBB）的运作。该理事会管理的广播包括美国之音、全球电视网、自由欧洲之声、马蒂电台、萨瓦电台、法达电台以及自由亚洲电台。这些广播均是美国进行对外传播的重要工具，如美国之音以46种语言通过无线电、电视和网络向世界各地提供多种节目，正面宣传美国。

美国国际开发署（USAID）是美国进行公共外交活动的又一个重要角色，其承担了美国大部分的对外非军事援助。它有自己的公共外交官员——开发拓展与交流官员。这些官员负责在美国进行对外援助时，“告知”被援助国人民有关美国的援助活动。同时，美国在进行对外非军事援助时,在其援助的物资上或是在其提供的大型工程项目中,都会标示出“来自美国人民”(from the American people)以及美国国际开发署的标志。

(三)公共外交官员的任命与培养

公共外交职位近几年一直处于增长趋势,但与美国新闻署时期相比,公共外交官员的任用率却处于较低水平。目前美国国务院通过外交事务官员测试(Foreign Service Officer Test)和口头评估(Oral Assessment)来选拔、评价公共外交官员。美国公共外交咨询委员会提出,雇佣有经验的官员能够迅速提升对外联系工作。但是,美国国务院并没有积极招募拥有公共外交经验、技巧的人员。并且,由于公共外交官员或升职或退休,目前美国公共外交系统中缺乏中层管理人员。有建议指出,可以短期聘用前任公共外交官员暂时填补差距,不过目前公共外交事务中的优秀人才依旧匮乏。

在美国公共外交官员的岗位任命中依然存在着一些问题。相当一部分公共外交官员在第三、四次调职之后才会被真正指派到公共外交的职位上。而之前,很多公共外交的相关职位都被来自经济、政治、管理等部门的事业外交机关职员(FSO)占据。如此一来,具有公共外交专业背景的官员发挥作用的时间大大减少,其能够发挥的效用也受到影响。同时,目前美国国务院给予了公共外交官员较重的行政职务,如在大使馆中辅助大使进行行政工作等,他们不能专心致志于公共外交事务的规划和推广。再者,2008 年美国国务院的员工评估报告(EER)中没有关于公共外交职位的评估部分。而这份报告曾经是决定官员升职的重要评价标准。在部分公共外交官员的工作需求发言(WRS)中,有 1/11 的工作需求是关于公共外交活动的实质性推广的,剩余的实质上都是行政工作。这样做会影响公共外交官员对于职业生涯的期望值。所有这些问题目前都遭到了诟病。

关于公共外交官员的培训,美国政府采取了一些举措,例如增加有关公共外交的课程,但是将重点放在了如管理交流项目之类的管理方法上,而缺少公共外交理论、相关技巧和执行方式等方面的课程。由于语言沟通对于公共外交官员来说十分重要,所以进行相关的外语培训也是势在必行。

(四)公共外交的监管与评价

通常,美国通过投票数据来监测其在世界人民心中的形象。如"9·11"事件后,美国获得了几乎全世界的支持。但随着伊拉克战争的爆发和"反恐"行动的开展,美国又引发了世界各地民众的众多不满。2009 年初,奥巴马就任美国总统。由于大选时的宣传力度很强,加上奥巴马本身的演说才能,世界各地民众对他的好感水平较高。① 但是,投票数量并不能代表外界对于该国家的真实想法。一次或几次的投票选择只是针对当时情况的一种暂时反应,并不能说明长期、稳定的态度。因而,建立一个综合的系统,根据公共外交的工作绩效与国家战略中列出的战略目标,评价美国公共外交活动的有效性,是促进美国公共外交有效评价的途径之一。

美国政府中的行政和管理预算局(OMB)的职责之一是协助总统检查行政部门的组织机构和管理状况,并向总统提出改善管理工作的建议。近年来,该预算局对公共外交工作的评价是"没有作为",因为公共外交工作的结果并没有实质性的效果来证明。然而教育文化交流局(ECA)的工作则得到了极大的赞许。他们的评价系统可以作为一个参考:一方面从交流者处搜集数据,另一方面建立一个良好、长期的校友交流网站,双管齐下地来检测这些交流项目对于交流者和其家乡及国家的影响。但是鉴于其他公共外交活动的受众数量和差异都极为庞大,消息常常更加分散,因此更难评估其活动对受众造成的影响。所以,这种方法想要移植到其他机构的评价体系中去,确实较为困难。

随着网络传播的发展,美国还在网络上开展对公共外交活动的研究和评价。由于此种传播方式的范围正在不断地扩张,信息来源和信息量更是成倍地增长,从中分析出有效信息就变得相对困难。公共外交活动事务繁杂且形式多样,要想设计出一个有效的、完整的综合评价体系,使它既能够搜集不同地区受众对于美国公共外交活动的态度和看法,又能对搜集的资

① The pew global attitudes project, confidence in Obama lifts U.S. image around the world[EB/OL].(2009-07-23)[2009-08-09]. http://pewglobal.org/reports/pdf/264.pdf; GfK Custom Research North America.

料进行科学的自动化情感分析，以便确定公共外交活动所造成的影响并确定更好的传播策略，依旧困难重重。

二、当前美国公共外交的主要任务

（一）多元化传播：创造公众沟通的有效方法

1.对外交流项目是主力

鉴于以往公共外交的经验，对外交流项目一直是美国进行有效对外传播的方式之一，并得到了美国政府的大力支持。这种方式通过影响外国重要知识分子，向他们输出美国社会的生活方式和价值取向，由此建立起一种相互理解的交流环境，与外国建立长期的联系并加强彼此的合作和理解。近年来，用于对外交流项目的资金有所增长，公众的参与度也有所提升。在交流项目中，伊斯兰国家的人民以及美国的穆斯林参与人数也有所增长。

教育文化事务局是开展这些项目的主要机构。由其下属的学术交流项目办公室管理的富布赖特计划是进行得最为顺利的项目。在2008—2009学年度，其可用资金达到约2.6亿美元，产生了近7 000名新的富布莱特奖获得者，其中包括2 700名访问学生和900名访问学者。教育文化事务局下属的民众交流办公室则管理文化、专业、体育及青年的项目。例如“文化特使计划”，通过向外国派出舞蹈家进行美国舞蹈教学，派出非百老汇戏剧公司宣传美国的表演艺术等，用传播美国的艺术的方式来进行文化输出。“国际访问者计划”也是进行民间文化交流的项目之一。该项目自1980年在中国开展以来，已有几百位中国的政府官员、学者、科学家、经济学家、艺术家及其他方面专家、学者赴美访问。

奥巴马政府对于这种对外交流持肯定的态度。这些项目包括世界各地、多种行业（教育业、新闻业、文体界等）的外国公民，为输出各种类型的美国社会价值观开辟了一条有效途径。

2.英语教学是长期策略

一国语言是了解一国文化的窗口。推广本国语言亦是推行公共外交活动的重要方式。美国在这方面进行的最成功的语言教学是由美国新闻总署资助的英语教学节目《走遍美国》。该节目采用电视剧集的形式,讲述了一个典型美国家庭的生活。该节目制作之初就对全世界105个国家的英语教学者进行了广泛咨询,确定了其传播效果。全片具有人情味和幽默感,因此,该节目一问世就大获成功,不计其数的外国人通过该节目学习英语,在一定程度上接受和认同了美国社会生活方式及其价值观。仅从中国来说,该教学节目影响了几代中国人的英语学习,对于中国人了解美国生活、美国社会以及美国价值观产生了极大的正面促进作用。

由于意识到了英语教学是与外国人建立长久、持续联系的重要途径,也是正面输出价值观并赢得外国人对美国好感的捷径,近年来,美国政府的对外使团更加积极地参加到更多的英语教学中去,如向当地大学、图书馆及咨询中心捐赠英语原版书籍,利用英语课堂让外国民众建立起英语学习的校友群等。部分英语教学是有偿行为,因而必须保持收费低廉,同时还需要保证英语教师的质量,以便创造良好的教学效果并提升自身的信誉度。

3.重建"美国中心"

在冷战和美国新闻署撤销之前,世界各地存在着大量的"美国中心"。这些中心对外国民众开放,其中的图书馆、阅览室有大量有关美国的资料和文化产品,是美国社会的一个文化意义上的缩影。然而在冷战结束后,由于美国认为意识形态的战争已经获得压倒性的胜利,认为这些中心已完成其使命,便关闭了其中的大多数。后来,美国政府为延续"美国中心"所产生的效用,便在大使馆设立信息咨询中心(Information Resource Centers),向外国民众提供有关美国的各种资料,但远远少于"美国中心"曾经提供的数量。并且由于反恐的需要,同美国使馆一样,信息咨询中心也制定了严格的安保措施,外国公民需要预约才能进入参观。外国公众的流动量受到限制,该中心的效用便随之受到影响。

由于"美国中心"提供的有关美国的信息和服务有利于增强美国与外国民众的联系,所以部分美国专家认为应当将美国的对外联系置于安全利益之上,重建"美国中心",使其成为推进美国公共外交事务的重要力量。目织结构上做出改进和新一步的调整，而不是重建美国新闻署，或是专门设立一个独立的公共外交政府机构。因为建立一个新的机构会花费大量的精力和时间，并且会造成机构臃肿和领导人员冗杂。

3.国际广播的问题

有一些问题针对国际广播的组织结构。国际广播局管理着部分广播，如美国之音、古巴广播电台等，但是自由欧洲之声、自由亚洲电台以及萨瓦电台等代理广播直接隶属于广播理事会。这样会造成组织的效率低下和机构冗杂，广播技术也受到批判，如缺乏对新媒体的有效利用。由于美国之音等带有极大政治烙印的广播会造成许多国家人民的不信任，有人建议将代理广播私有化，以确保其可信度。①

各种广播电台本身也遭到了批判。如美国将大量资金花费在中东广播网，而美国之音针对阿拉伯世界的节目则未得到提升；萨瓦电台的主要内容偏向流行音乐而不是新闻资讯节目；当自由电视台为了与半岛电视台和阿拉伯电视台抢占市场份额，允许恐怖组织自由地传播他们的观点时，国会和其他地方纷纷提出大量的批评。自由电视台不得不对频道的话语公开度进行限制，并声称这种限制影响到了该电视台在阿拉伯人民心中的可信度。这些问题都造成了美国对外广播系统的效率低下，导致其公共外交效果远不如冷战时期那样有力。

4.建立独立支持机构的有关建议

虽然建立一个独立的公共外交政府机构不被看好，但是有建议指出可以建立一个支持组织，以便协调美国政府与来自学术界、非政府组织和商界但属于某些非公部门的专家之间的工作。这种组织可以直接雇用这些专家，跳过与非公部门签订合同等繁杂的程序。

专家们设想，这个组织能够为美国公共外交工作进行新技术的研究，并将其适时运用到美国公共外交人员的身上；提高政府中个别机构制定、执行公共外交事务的能力；利用公共外交和其他传播行为的结果数据进行研究，

---

① JOHNSON S，DALE H C，CRONIN P.Strengthening U.S. public diplomacy requires organization，coordination，and strategy[R].Washington，D.C.：the heritage foundation，2005：2.

为公共外交活动提供更好的科学数据支持;与私有机构建立伙伴关系,向其提供用于开展新的公共外交工作的资金;从各界募集资金,拨给有政府用途和商业用途的传播活动。

结　语

在新媒体条件下,美国公共外交进入到一个多元的发展阶段。各种新变革也带来了或多或少的问题。在美国公共外交如火如荼进行的时候,我们也要考虑中国公共外交的发展状况。从美国目前的公共外交发展情况中,我们可以批判地吸收一些经验,尤其是关于对外交流项目以及建立相关"中心"(例如目前的孔子学院)的经验,以便更好地向外传播中国的优秀文化和价值观。

图书在版编目(CIP)数据

国际传播:思想谱系与实践迷思 / 张毓强著.—北京:中国传媒大学出版社,2017.9
(软力量丛书 / 胡正荣主编)
ISBN 978-7-5657-1990-5

Ⅰ.①国… Ⅱ.①张… Ⅲ.①传播学 Ⅳ.①G206

中国版本图书馆 CIP 数据核字(2017)第 092396 号

国际传播:思想谱系与实践迷思
GUOJI CHUANBO:SIXIANG PUXI YU SHIJIAN MISI

著　　者	张毓强
责任编辑	李　莉　张　玥
特约编辑	陈　默　刘　英　沈梦绮　魏　征
封面设计	拓美设计
责任印制	曹　辉
出版发行	中国传媒大学出版社
社　　址	北京市朝阳区定福庄东街 1 号　邮编:100024
电　　话	86-10-65450528　65450532　传真:65779405
网　　址	http://www.cucp.com.cn
经　　销	全国新华书店
印　　刷	北京玺诚印务有限公司
开　　本	710mm×1000mm　1/16
印　　张	14.5
字　　数	223 千字
版　　次	2017 年 9 月第 1 版　2017 年 9 月第 1 次印刷
书　　号	ISBN 978-7-5657-1990-5/G · 1990　**定　　价**　58.00 元

版权所有　翻印必究　印装错误　负责调换